Decision Making in
Emergency Management

应急管理决策

［美］ 贾恩·格拉鲁姆（Jan Glarum）
卡尔·阿德里安诺波利（Carl Adrianopoli） 著

吴立志　任少云　等译

化学工业出版社
·北京·

Decision Making in Emergency Management, the first edition
Jan Glarum, Carl Adrianopoli
ISBN: 978-0-12-815769-5
Copyright © 2020 Elsevier Inc. All rights reserved.
Authorized Chinese translation published by Chemical Industry Press Co.,Ltd.
《应急管理决策》（第1版）（吴立志　任少云　等译）
ISBN:978-7-122-41666-7
Copyright © Elsevier Inc. And Chemical Industry Press Co.,Ltd. All rights reserved.
No part of this publication may be reproduced or transmitted in any form or by any means, electronic or mechanical, including photocopying, recording, or any information storage and retrieval system, without permission in writing from Elsevier (Singapore) Pte Ltd. Details on how to seek permission, further information about the Elsevier's permissions policies and arrangements with organizations such as the Copyright Clearance Center and the Copyright Licensing Agency, can be found at our website: www.elsevier.com/permissions.

This book and the individual contributions contained in it are protected under copyright by Elsevier Inc. and Chemical Industry Press Co.,Ltd. (other than as may be noted herein).

This edition of Decision Making In Emergency Management is published by Chemical Industry Press Co.,Ltd. under arrangement with ELSEVIER INC.

This edition is authorized for sale in China only, excluding Hong Kong, Macau and Taiwan. Unauthorized export of this edition is a violation of the Copyright Act. Violation of this Law is subject to Civil and Criminal Penalties.

本版由 ELSEVIER INC.授权化学工业出版社在中国大陆地区（不包括香港、澳门以及台湾地区）出版发行。

本版仅限在中国大陆地区（不包括香港、澳门以及台湾地区）出版及标价销售。未经许可之出口，视为违反著作权法，将受民事及刑事法律之制裁。

本书封底贴有 Elsevier 防伪标签，无标签者不得销售。

注意

本书涉及领域的知识和实践标准在不断变化。新的研究和经验拓展我们的理解，因此须对研究方法、专业实践或医疗方法作出调整。从业者和研究人员必须始终依靠自身经验和知识来评估和使用本书中提到的所有信息、方法、化合物或本书中描述的实验。在使用这些信息或方法时，他们应注意自身和他人的安全，包括注意他们负有专业责任的当事人的安全。在法律允许的最大范围内，爱思唯尔、译文的原文作者、原文编辑及原文内容提供者均不会因产品责任、疏忽或其他人身或财产伤害及/或损失承担责任，亦不对由于使用或操作文中提到的方法、产品、说明或思想而导致的人身或财产伤害及/或损失承担责任。

北京市版权局著作权合同登记号：01-2022-6806

图书在版编目（CIP）数据

应急管理决策 /（美）贾恩·格拉鲁姆（Jan Glarum），（美）卡尔·阿德里安诺波利（Carl Adrianopoli）著；吴立志等译. —北京：化学工业出版社，2022.10 (2025.1重印)
书名原文：Decision Making in Emergency Management
ISBN 978-7-122-41666-7

Ⅰ.①应… Ⅱ.①贾… ②卡… ③吴… Ⅲ.①危机管理-管理决策 Ⅳ.①C934

中国版本图书馆 CIP 数据核字（2022）第 104185 号

责任编辑：窦　臻　林　媛　　　　　　　　装帧设计：王晓宇
责任校对：赵懿桐

出版发行：化学工业出版社（北京市东城区青年湖南街13号 邮政编码100011）
印　　装：北京虎彩文化传播有限公司
710mm×1000mm　1/16　印张16　字数278千字　2025年1月北京第1版第3次印刷

购书咨询：010-64518888　　　　　　　　　售后服务：010-64518899
网　　址：http://www.cip.com.cn
凡购买本书，如有缺损质量问题，本社销售中心负责调换。

定　　价：89.00元　　　　　　　　　　　　　　　版权所有　违者必究

作者简介

Jan Glarum 在紧急医疗服务、消防、执法、医院、公共卫生和应急管理等部门拥有超过 35 年的经验,也处理过联邦政府宣布的重大灾害。他在地方、县、区、州和联邦政府的规划、培训、教育和应对等方面都有丰富的经验。1999 年,他成为俄勒冈州灾难医疗援助小组(DMAT)的创始成员,此后一直与该小组保持联系。

他与多人合著了数本书,其中包括《医院应急小组》和《医疗事故管理操作指南》。此外,他还撰写了许多关于紧急情况和灾害规划与处置的文章。他是应急管理、灾害规划方面的专家和发言人,曾负责医院危险品事件应急小组的工作。他为医院人员开发了一系列事故指挥系统课程,为事故管理团队培养具有相关业务能力的成员。

Dr. Adrianopoli 是一位经验丰富的专业人士,在准备、管理和应对自然灾害和人为灾害的公共卫生和医疗处置方面拥有超过 26 年的经验。在长达 21 年的时间里,他一直担任美国卫生和公众服务部(该部门在联邦政府多个地方设置,曾在联邦应急管理局工作 3 年)的准备与响应助理部长办公室联邦第五区的区域行政长官/区域紧急协调员。他曾参与过 1993 年芝加哥热浪、1995 年美国中西部大洪水、1993 年世贸中心爆炸和 2001 年"9·11"事件、卡特里娜飓风以及包括严重洪水、森林火灾、冰暴、龙卷风等在内的许多自然灾害的应急管理工作,甚至曾经为一次潜在的小行星撞击(幸运的是这次撞击发生在海上)和多国特别安全事件进行过大规模的力量部署和重新分配资源。他在 2002 年参与管理国家 TOPOFF 演习,多次参加 TOPOFF 和其他演习,其中包括由美国中部地震联合会协调的一些地震演习。作为区域紧急协调员,他协助建立三个灾害医疗救援小组和一个救灾停尸房援助队,全面负责并协助建立 24 个大都会医疗响应系统(和他的工作人员一起)。

2006 年,他被卫生和公众服务部选为联合项目负责人,负责统计当时联邦应急管理局的所有国家灾难医疗系统和相关资产,然后把这些信息放在联邦应急管理局,并带回美国卫生和公共服务部。近十年来,他一直在库克县(芝加哥)法医应急小组工作,并承担重大灾难现场的法医检验培训工作。在这段时间里,他写了很多文章,出版了一本书,并在应急管理准备、响应和缓解的各个方面做了多次讲座。

序

中国消防协会第七届灭火救援技术专业委员会根据消防和应急救援工作面临的新情况、新形势、新任务，审时度势，主动作为，研究决定翻译引进系列国外优秀的消防和应急救援类著作，以便于我国消防和应急救援人员学习和研究国外相对成熟和先进的消防救援理论和方法。专委会组织翻译的第一部著作《灭火策略与战术》，自 2019 年 5 月出版以来，受到了消防科研工作者、消防教育培训机构和广大消防救援人员的一致好评，一度成为专业领域的畅销书；第二部著作《消防安全评估》于 2021 年 7 月出版，社会反响也很好，这更加坚定了我们做好这项工作的信心和决心。

为了防范和化解安全风险，提高防灾减灾能力，2018 年我国组建了应急管理部。目前，多所高等院校相继成立了应急管理学院，培养应急管理专业人才。目前我国应急管理的书籍主要研究安全事故、环境事故、火灾预防等，研究应急决策的论著不多。由专委会副主任委员兼秘书长吴立志教授牵头组成课题组，经过多次专题调研选题论证后，决定翻译爱思唯尔出版公司的《应急管理决策》一书。本书旨在培养应急管理人员在应对各种突发事故时制定科学有效的决策方案。本书重点介绍了决策过程、决策研究简史、突发事件决策、决策中常见错误、美国国家事件管理系统存在的问题、部门"筒仓"效应的负面影响、全球灾害管理办法。此外还深入分析了成功和失败的应急管理决策的案例，为读者提供各种环境下的决策技能。

翻译团队通过一年多的辛勤劳动，反复研讨和校对，在中国人民警察大学、化学工业出版社以及相关学者的支持和帮助下，译著《应急管理决策》即将付梓。在此，我谨代表中国消防协会第七届灭火救援技术专业委员会，向翻译团队和为该书出版提供各种支持和帮助的各位领导和专家学者表示衷心的感谢，也殷切期待该译著能为我国应急管理研究者、教育培训机构和广大消防救援人员提供有益的参考和帮助，发挥应有的作用。

杨 隽
中国消防协会第七届灭火救援技术专业委员会主任
2022 年 5 月

译者前言

为学习和借鉴国外应急管理决策的经验和方法，推进应急管理工作的国际化，我们经过专题调研和选题论证后，翻译了爱思唯尔出版公司的《应急管理决策》一书。该书是美国应急领域专家的著作，旨在培养应急管理人员在应对各种突发事故时制定科学有效的决策方案。本书作者 Jan Glarum 在紧急医疗服务、消防、执法、医院、公共卫生和应急管理等部门拥有超过 35 年的工作经验，曾为地方、县、区、州和联邦政府进行规划、培训、教育和应急处置，是紧急情况管理、灾难规划的专家。Carl Adrianopoli 是一位经验丰富的专业人员，在准备、管理和应对自然灾害和人为灾害的公共健康和医疗方面，拥有超过 26 年的工作经验。

在突发事件处置过程中，需要采取相应的防范及应对措施，但是并非所有紧急情况都会有一个已知的解决方案，需要现场灵活制定决策。《应急管理决策》一书详细阐述了决策过程、决策研究简史、突发事件决策、决策中常见错误、美国国家事件管理系统存在的问题、部门"筒仓"效应的负面影响等，介绍了不同环境下如何制定决策，给应急管理人员提供了从他人决策中学习的机会。《应急管理决策》的内容包含了作者自身经历的应急管理决策案例，分析了案例失败或成功的原因，阐述这些案例的目的是给大家提供最准确的决策过程信息，使应急管理人员明白仅仅通过实践、理论并不能获得高水平的应急管理的能力，还需要具有高效的、正确的决策能力。应急管理人员只有投入大量的时间和精力，才能提升自己的决策能力。该书章节编排合理，前后章节内容紧密衔接，可作为应急管理领域理论研究和实际工作的参考书，也可作为高等院校相关专业教学和社会培训机构的辅助教材。

本书共计 11 章，由中国人民警察大学的吴立志、任少云、焦爱红、夏登友、辛晶、张云博、闫红菊等老师翻译。其中，第 1 章由夏登友翻译，第 2、3 章由任少云翻译，第 4 章由张云博翻译，第 5 章由辛晶翻译，第 6~8 章由焦爱红翻译，第 9 章和第 11 章由吴立志翻译，第 10 章由闫红菊翻译。张建丰和楼乾邦两位研究生参与了部分翻译和校对工作。全书由任少云统稿。

在翻译过程中，我们最大限度地尊重作者的思路，力求原汁原味地呈现原著内容，但需要说明的是，由于美国与我国的国情和政治制度有很大差异，两国应急管理体制也有所不同，本书中的一些观点和结论在我国不一定适用。读者在参考借鉴时要结合上下文阅读，注意具体问题的甄别。限于我们的翻译水平有限，文中存在疏漏、不妥之处在所难免，敬请广大读者批评指正。

吴立志　任少云
2022 年 5 月

前言

这本应急管理决策教科书是在三十多年的参与和观察各种灾害的基础上诞生的。将受害者/病人死亡率尽可能降低到零仍然是我们的首要任务。基础设施、财政损失和类似问题固然重要,但相比较而言仍然是次要问题。随着时间的推移,我们清楚地认识到,决策是我们活动的核心。事实上,决策是我们的主要活动,有时是在管理灾害的方面,有时是在与他人合作过程中。这些灾害事件包括:国家重大恐怖袭击事件(1993年和2001年)、洪水泛滥、严重的冬季风暴(包括冰暴)、飓风、巨大的龙卷风、致命的热浪事件、需要救灾停尸房援助队参与的重大汽车火车事故,甚至包括大桥坍塌导致人员死亡的事故。我们参与了许多培训和灾害演习(新马德里、所有的顶级演习、千年虫部署),也包括预先部署,为遭受重大流星袭击(避免在人口稠密地区登陆)可能造成的损失准备物资,以及为一些大型职业体育赛事、八国峰会、二十国峰会等进行预先安排,以防出现差池。作者多次周游全国,为了完成这一切工作,偶尔也会到日本、加拿大和许多其他国家。我们除了参与各种应急管理任务外,还教授、研究、撰写了书籍和文章,并在这个主题领域发表论文。

我们分两部分内容来撰写这本应急管理决策教科书,这本书也是爱思唯尔(Elsevier)希望我们完成的。首先,我们回顾、总结并介绍了决策的研究简史,从孔子、希腊和罗马哲学家开始,到今天流行的改进决策的热点,包括一个有百年历史的军事决策过程(MDMP),这个军事决策过程必须准确,并且要快,否则可能导致不必要的死亡。其次,可以看到,我们需要有效地分析灾害情况,只有这样应急管理人员才能作出迅速和准确的决定,例如,洪水、飓风等,甚至包括恐怖事件,恐怖事件的结果往往与自然发生的灾害后果非常相似,都需要尽快治疗和运输受伤患者,修复受损的基础设施,还涉及洪水保险、联邦应急管理局补偿等问题,以及其他相关的复杂问题。

我们需要将所学到的和研究的关于灾难情况下应急管理决策的知识融入故事中,从而提供一个非"正常或预期"的应急管理视角。这就需要我们的研究结果遵循一些基本规则。最严重的应急管理错误往往发生在高层指挥人员身上。虽然我们可以保证现场护理人员或急诊室医生、护士能做出正确的救人决定,但不敢保证高层指挥人员也会这样，尤其是政治任命的高层指挥人员。我们还必须认识到，这一级别的决策是困难的，并且受到许多非常严格的限制。所有这一切使我们明白应急管理需要解决许多令人不安的事情。在决策过程中，我们曾犯过显而易见的错误，也取得过明显的成功，阐述这些案例的目的是给大家提供最准确的信息。通常我们在对"错误案例"进行分析时，除了那些已经被大众媒体广泛报道的公众人物之外，我们会删除相关人员的名字。认真阅读了这本书后，应急管理人员将会把决策视为一个可以改进的重要过程，但也必须投入大量的时间和精力才能做到。换言之，一位应急管理人员不能仅通过实践、知识和才能来获得高水平的灾害处置和准备的能力，还需要具有高效的、不断自省的决策能力。

目录

第 1 章　应急管理决策导论　001

第 2 章　军事决策程序　009

2.1　简单的 OODA 循环　012
2.2　复杂的 OODA 循环　013
  2.2.1　观察　013
  2.2.2　定位　014
  2.2.3　决策　016
  2.2.4　行动　017

第 3 章　决策研究简史　019

3.1　渐进决策　021
3.2　思考，快与慢　024
3.3　干扰决策的因素及避免的方法　027
  3.3.1　框架效应　027
  3.3.2　熟悉效应　027
  3.3.3　确认偏误　028
  3.3.4　光环效应　029
  3.3.5　群体思维　029
3.4　狂热者　031

3.5	盲目自信的专家	031
3.6	数学算法更准确	032
3.7	"黑天鹅"事件：意外事件的影响	033
3.8	Allan Jacobs：如何思考	034
3.9	政府部门的影响和制约	036
	3.9.1 模式一：理性原则	037
	3.9.2 模式二：部门合作	037
	3.9.3 模式三：官僚政治	039
3.10	应急管理部门的官僚体系	039
3.11	是否能改善决策？	041
	3.11.1 避开大脑思维的局限性	043
	3.11.2 检查清单在决策中的作用	046
3.12	进化论与博弈论	047

第 4 章　突发事件、自然灾害以及灾难性事件中的决策　　051

4.1	影响应急管理决策的历史事件及应急管理决策的新趋势	055
4.2	"9·11"事件以及美国国土安全部的成立和发展变革	057
4.3	2004 年、2005 年的卡特里娜飓风和瑞塔飓风	059
4.4	各地政府及其在应急管理工作中的作用	063
4.5	面对灾害，全球变得更加脆弱	065
4.6	应急管理的职业化	068
4.7	应急管理中的贫困和高危人群	070
4.8	灾害应对时的私营通信手段使用（美国电话电报公司）	073
4.9	重视在灾难事件中"罢工的"基础设施	074
4.10	天气原因引发的灾害、技术性灾害以及衍生灾害（使用大规模杀伤性武器的恐怖袭击）	075
4.11	全球性的城镇化建设	076
4.12	与天气相关的风险	078
	4.12.1 洪水	078
	4.12.2 沿海地区洪灾	081

       4.12.3　地震   084
       4.12.4　火山   088
       4.12.5　海啸   090
       4.12.6　飓风   092
4.13　国家灾害医疗系统的灾害医疗救援队在初期飓风应对中
      的关键作用   095
4.14　冬季风暴   100
4.15　龙卷风   102
4.16　干旱和山火   105
4.17　热浪   108
4.18　城市热岛   109
4.19　技术性灾害   112
       4.19.1　三英里岛反应堆灾难给行业的教训   113
       4.19.2　三英里岛反应堆事故对监管者的教训   113
4.20　恐怖主义   114

第 5 章　突发事件决策中常见的错误　　117

5.1　把完成官僚政治程序和完成实质性救灾任务相混淆   118
5.2　群体正确决策的问题   120
      5.2.1　群体决策   121
      5.2.2　群体思维   121
5.3　突发事件决策中专家判断的问题   121
5.4　与联邦应急管理局的联邦协调官打交道时可能遇到的问题   122
5.5　没有预先部署符合实际情况的人员和资源   124
5.6　认为联邦应急管理局会帮助没有做好防灾准备的州和地方
     应急管理机构摆脱困境   126
5.7　信息缺乏或信息错误导致灾害初期决策错误   128
5.8　忽视灾害后恢复和灾害减缓工作   129
5.9　忽视有效的公共关系   130
5.10　灾害响应和灾后恢复时忽视经济、健康状况（残疾）、语言
      和种族差异问题   132

5.11 应急管理决策时忽视个体倾向、个体差异和个体特征的问题　134
5.12 应急管理人员不考虑政治，后果会不堪设想　136
5.13 不要指望联邦应急管理局或任何联邦机构在灾害或突发事件期间承担安全责任　141
5.14 灾害后恢复或响应时忽视公共卫生问题　142
5.15 忽视第一响应人员或受灾群众的心理健康问题　143
5.16 很多时候会和精神病患者打交道　144
5.17 永远不要忘记巨灾对历史产生的重大影响　145
5.18 忽视科学研究　146

第 6 章　资金本身不是问题，但不是解决问题的关键　147

6.1 政府外包：导致政府浪费和失败的两难选择　149
6.2 政府（州和地方政府、营利性组织、非营利组织）代理机构　151
 6.2.1 州和地方政府　151
 6.2.2 营利性组织　151
 6.2.3 非营利组织　151
6.3 联邦承包商　152
 6.3.1 案例一：卡特里娜飓风后的卡车运输合同　154
 6.3.2 案例二：救援机构通信设备过时　155
 6.3.3 案例三：美国环境保护局的一位环境保护承包商　155
6.4 减灾是有效的，但各级政府通常存在资金严重不足的情况　156
6.5 联邦、州和地方政府的总体救灾支出信息很少　157
6.6 联邦应急管理局不能始终如一地做好资金管理工作　158
6.7 联邦工作人员　159

第 7 章　国家突发事件管理系统真的适用于管理重大事件吗？　163

7.1 应急管理人员掌握 NIMS/ICS 有那么重要吗？　171
7.2 突发事件指挥系统训练模式出问题了吗？　173
7.3 训练不足　176

第 8 章　害人的"筒仓"　　　　　　　　　　181

8.1　组织/机构中的"筒仓"　　　　　　　　182
8.2　专业和学科不同而产生的"筒仓"　　　　184
8.3　由于价值观、偏见和不确定的心理所造成的"筒仓"　　187
　　8.3.1　偏见和归纳　　　　　　　　　　188
　　8.3.2　确认偏误导致的"筒仓"　　　　189
8.4　如何打破"筒仓"　　　　　　　　　　189

第 9 章　集思广益　博采众长　　　　　　　193

第 10 章　全球灾害管理方法　　　　　　　199

10.1　国际灾害响应　　　　　　　　　　　　204
10.2　国际公共卫生和医疗响应及救济　　　　205
10.3　复杂的人道主义突发事件（CHEs）的国际响应　　206
10.4　联合国的灾害管理工作　　　　　　　　207
10.5　美国国内灾害研究和国际灾害研究进展　　208
10.6　国际救济行动的不恰当做法　　　　　　211

第 11 章　其他案例研究　　　　　　　　　213

11.1　优秀的领导者也会作出错误的决策　　　214
　　11.1.1　概况　　　　　　　　　　　　　214
　　11.1.2　教训　　　　　　　　　　　　　216
11.2　以自我为中心的决策和幕后力量的干扰　　217
　　11.2.1　概况　　　　　　　　　　　　　217
　　11.2.2　教训　　　　　　　　　　　　　217
11.3　六名需要撤离的病危患者滞留在萨摩亚的机场　　218
　　11.3.1　概况　　　　　　　　　　　　　218
　　11.3.2　教训　　　　　　　　　　　　　219
11.4　年轻且经验不足的气象科学家"拯救了世界"　　220
　　11.4.1　概况　　　　　　　　　　　　　220
　　11.4.2　教训　　　　　　　　　　　　　220

11.5	跨区救援时要注意保持低调	221
	11.5.1　概况	221
	11.5.2　教训	221
11.6	地方/州/联邦的新兵训练	222
	11.6.1　概况	222
	11.6.2　教训	222
11.7	必须认清并着手处理军队发展中出现的各种变化	223
	11.7.1　概况	223
	11.7.2　教训	223
11.8	令人遗憾的是，联邦机构总是重复犯下大错，而不会从中吸取教训	224
	11.8.1　概况	224
	11.8.2　教训	225
11.9	只有自身经得起考验，应急管理人员才能获得他人信任	225
	11.9.1　概况	225
	11.9.2　教训	226
11.10	应急管理人员需要学会随机应变	226
	11.10.1　概况	226
	11.10.2　教训	228

参考文献　229

Introduction to decision making for emergency managers in perspective

第1章
应急管理决策导论

美国联邦应急管理局工作人员在卡特里娜飓风期间失误的例子

本书两位作者长期从事应急管理工作，撰写本书的目的是提高应急管理人员决策的效率。为此，他们开诚布公地讨论了很多鲜为人知的客观事实，并列举了一些很少被公开的真实案例。他们具有丰富的应急管理教学和咨询经验，撰写了大量书籍和文章，也参与过大量突发事件救援工作和指挥演习任务，这些都为研究应急管理决策奠定了基础。他们参与过1993年第一次世界贸易中心爆炸事件、2001年"9·11"世界贸易中心爆炸及炭疽袭击事件、1995年美国中西部大洪水、1995年芝加哥热浪及各种国际性会议（如八国集团峰会、二十国集团峰会等）、2005年卡特里娜飓风及2013年桑迪飓风的应急管理工作。通过分析上述事件，两位作者取得了大量的研究成果。

观察会开阔人的思维。两位作者通过观察发现：大多数情况下，最严重的组织问题和错误通常来自州、地方和联邦机构或组织的上层。无论这些组织或机构的应急管理人员是否由政府任命，错综复杂的紧急形势常常导致他们无法完成主要的任务和既定的目标。其实，这个层级的应急管理人员犯的错误要比护理人员更多，后果更严重。例如，护理人员在进行复杂和专业的护理工作时，基本上不受任何外部限制，但是政府任命的应急管理人员（党派或组织）则会受到各种限制。如果应急管理人员在决策时考虑复杂的政治因素，他们的权力就会变小。一个人的职位越高，他就会越自负，就越有可能影响决策过程。实际上，在任何情况下人的问题都比事的问题更复杂。

例如，医疗救护人员通过开放气道或静脉注射可以挽救生命，其决策过程很合理，治疗方案相对有限。而当联邦应急管理局的现场指挥员要求提供"舒适号"美国海军医疗舰（该医疗舰几天内能运送数百床位和医务人员）时，却遭到了当地内科医生的强烈抗议。医生们认为这个庞大的免费医疗服务会损害他们的私人医疗救助体系。保守的州长和当地医生的意见一致。尽管有个承包商已经与联邦政府签订了合同，但实际上该承包商没有转运病人的能力，所以当"舒适号"海军医疗舰到达现场时，根本没有巴士把这些病人送到医疗舰上。虽然联邦应急管理局区域负责人的政治权力很大，但是他与州长分属不同的党派。并且州长才是该州金融服务机构的管理者。（图1-1）

在过去的几十年里，人们对于行为经济学、心理学、商业和政治学有关的决策进行了大量的科学研究，大量媒体集中报道了基于"直觉"或本能的决策，特别是基于知识和经验的决策。越来越多的人也认识到认知偏差和情感等外部因素会降低"逻辑"决策能力。作者们总结了这些最新的发现，并把这些发现以及他们几十年来在应急领域中学习、积累的经验教训应用到应急管理中,希望通过"智能化"程序的学习,提高各级应急管理人员的决策能力。虽然学习联邦应急管理局的经验教训、相关课程和管理过程有助于应急管理决策,但是往往会因为资金、机构重组和优先事项等问题而影响应急管理人员的决策效率。

图 1-1　正如利用轮床将病人转移到洗消帐篷一样,科学的决策方法可以降低劳动量

本书试图采用介于日常用语和灾害术语之间的语言来进行写作,这样既有利于应急管理专业的学生和从事应急管理工作的人员阅读,也避免了阅读时的枯燥无味,同时也考虑了社区利益相关者(如个人,政府和公司利益的代表,受灾害影响的不同语言、不同种族、不同经济、不同文化的群体)的需求。应急管理人员和应急响应人员通常认为"可以做到"的事情,局外人却可能持有相反的观点。借鉴不同领域的经验来描述和分析应急管理决策,不仅有助于提高应急管理人员的常规决策能力,而且有助于他们更深入地理解应急管理领域内部,以及应急管理领域以外的决策知识。实际上,很多领域的研究都有重叠,这说明了世界各国相互学习的必要性。撰写下面内容的目的不是让应急管理人员成为心理学家或其他领域的专家,而是向应急管理人员介绍这些领域,让他们把决策看成一个必须掌握的重要过程。为帮助从事应急管理的人员及应急管理专业的学生广泛地了解应急管理领域内部和外部的资料及世界各国的案例,作者在书后列出了大量参考文献。虽然目前世界上没有通用的应急管理和互助系统,但是应急管理人员正在努力地朝着这一目标迈进。

应急管理的体制及其组织结构决定了决策环境和决策程序是不断变化的，也是非常复杂的。应急管理人员认识到这一点将有利于进行应急管理决策。此外，决策者的职位也会大大影响其对某个问题的立场。

如果应急管理人员能认真阅读本书，那么他的书架上不仅应有最新的联邦应急管理机构的政策、一些与大规模杀伤性武器、洪水、飓风等自然灾害有关的文献，而且还应有国际城市和郡管理协会的旧版（即第二版）"绿皮书"或类似的书籍。此外，还应有 Daniel Kahneman 的《思考：快与慢》、Alan Jacob 的《如何思考：纷争世界的生存指南》、Sidney Finkelstein、Jo Whitehead 和 Andrew Campbell 的《再思考：为什么优秀的领导人会做出错误决策以及如何避免错误决策》、Atul Gawande 的《清单革命：如何把事情做对》、Herbert Simon 的《管理行为：管理组织决策过程的研究》等较为经典的著作。虽然应急管理人员非常了解灾害和突发事件决策方法，但是学习其他决策领域的宝贵经验也是非常重要的。第 2 章的大部分内容介绍著名的军事分析家 Boyd 上校的决策理论，他认为：要提高个人的决策能力，必须尽可能多地去学习和运用多种思维方式。本书两位作者采纳了他的这个建议。

第 2 章开头部分讨论了一个多世纪以来军事决策的思想和军事决策的经验，知识体系广泛且实用，不容忽视。然后多次从不同视角介绍了决策研究中的一些关键主题，如基于情感的价值和诱惑、基于本能的决策、群体决策、地位或智商极高的个人可能存在的潜在问题和决策偏见等。本书秉承的理念是应急管理人员应该了解决策过程，认识到改进决策过程可能会很难，但是能提高效率。不改进决策过程，就不能提高决策效率；改进决策过程能更好地保障受灾群体和幸存者的利益。

接下来主要讨论和总结联邦应急管理局在卡特里娜飓风响应和恢复过程中的失误。

美国联邦应急管理局工作人员在卡特里娜飓风期间失误的例子

卡特里娜飓风发生后，联邦应急管理局局长 Michael Brown 调派了一位经验丰富的区域主管前往新奥尔良，担任联邦应急管理局的现场主要负责人。案例研究从这位区域主管到达现场开始。这位区域主管每天收到数百封紧急的电子邮件，其中大部分来自白宫。联邦应急管理局派遣这位区域主管时，没有给他配工作人员。后来他抱怨说，处理电子邮件占用了他大量的时间和精力。这位区域主管在联邦应急管理局以及州应急管理部门工作多年，经验丰富。毫无疑问，联邦应急管理局局长 Michael Brown 的选择是明智的，这位区域主管不仅知识渊博，而且受人尊重。然而，尽管当地有大量经验丰富的工作人员，但是除了一位联邦政府最高级职员辅助了这位区域主管工作了几天以外，没有其他人辅助他开展工作[221]。（图 1-2）

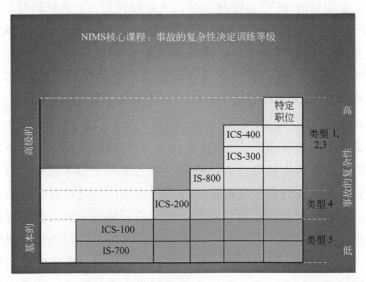

图 1-2　美国国家突发事件管理系统（NIMS）中 1、2 和 3 类型的事件，无论辖区这些事件的风险有多大，都要求辖区和机构有救援能力和管理能力

另一位高级管理人员在卡特里娜飓风期间负责后勤管理工作。他同样有漫长而杰出的职业生涯，但是他不了解联邦应急管理局重要物资及存放位置的最新情况。无论刚就职的高级官员如何决策，中高层管理人员普遍短缺的问题都严重制约着联邦应急管理局在卡特里娜飓风中的应急响应效率。此外，地方和州的应急响应不力导致响应资源未能及时地运送到受灾地区，进一步加重了灾害的损失。

正常情况下，应该给这名高级应急管理人员配备足够的工作人员、充分的信息和充足的资源，辅助他完成这项重要而艰巨的应急管理决策任务。联邦应急管理局局长 Michael Brown 及其前任局长 Joseph Albaugh 都没有应急管理经验。虽然，Joseph Albaugh 有高层政治经验，这对于高层人员来说是非常有利，但对应急管理无用。无论 Michael Brown 派遣区域主管负责管理联邦应急管理局的救援物资期间,还是 Michael Brown 和 Joseph Albaugh 担任联邦应急管理局局长期间,都存在人员和资源不足的问题。例如,在克林顿总统任命的联邦应急管理局局长 James Lee Witt 离职一年内,James Lee Witt 任职期间的大多数优秀的"美国南部地区的高级管理人员"和联邦应急管理局的其他人员也相继离职。有证据表明,许多高级管理人员和总部董事会的职位都处于空缺状态。Adamski 等人[5]的研究表明:自从 2003 年联邦应急管理局划归到国土安全部后,许多响应指标明显恶化。联邦应急管理局的 17 个总部理事会(无论如何定义)人员仍然空缺,致使联邦应急管理局在州和地方应急管理人员的配备上数量不足,人员也缺乏经验。如果联邦应急管理局局长经验不足,不理解高级应急管理人员及在总部理事会任职的高层领导的重要作用,且又非常自信,就可能发生脱节的问题,这种问题只有在人事变动之后才能有效解决(Michael Brown 和 James Albaugh 此时已被任命为联邦应急管理局局长)。

"事后诸葛亮"往往是不公正的,因此,要客观地评价卡特里娜飓风中的应急管理决策过程,各级应急管理人员都要完成下面两个基本任务:第一个任务是收集信息,分析和定义任务,并确定任务的优先级,为此需要阅读相关的政府预算报告或其他报告以及联邦应急管理局的事后分析报告;第二个任务是开展救援行动。卡特里娜飓风期间,联邦政府,主要是联邦应急管理局没有圆满完成救援任务。联邦应急管理局、州或地方当局没有在有效的时间内协调疏散用的巴士和其他地面交通工具、船只、直升机,也没有提供安全的避难设施、医疗设施和足够的物资。实际上,这些任务往往可以以正式或非正式的方式,请求某些互助组织去完成。

应急管理决策人员面对突发问题时,根本不知道应该如何去分析和解决,也不知道其他人掌握了哪些相关信息以及目前应该做哪些工作。应急管理人员会受到时间的限制,除了在飞机上的一两个小时外,他可能没有仔细思考的时间,也没有时间去有效地沟通,更不用说接受建议了(希望那些称职的、有经验的应急管理人员能这样做)。再次强调:过分自信,特别是高级管理人员的过分自信,和在总部理事会任职的高层领导的过分自信,很容易阻碍有效决策。当然,对于大部分高级管理人员和美国联邦政府职员总表中最高层的领导人来说,职位升迁之路漫长而艰辛,大部分情况下他们都未曾犯下影响职业生涯或导致职业生涯终结的错误,他们以工作勤奋的人为榜样,并为自己取得的成就感到自豪。总之,他们在各自的专业领域非常出色。

美国海洋海事学者 Stallard 和 Sanger（2014）的研究成果可以应用到联邦应急管理局局长（Albaugh 和 Brown）的决策中，也可以应用到联邦应急管理局在"非紧急情况"的地区决策中。Stallard 和 Sanger 指出：当卡特里娜飓风变成灾难性事件、明显缺乏工作人员协助开展工作时，上层管理人员，特别是那些刚被任命的管理人员，常常因为他们的自负导致错误的决策。狂妄自大使他们无视那些明智的建议。研究发现：

- 成功会让领导者膨胀，过分相信自己的控制能力；
- 成功常常会导致组织资源的不合理利用；
- 成功通常会对信息、人员和目标带来特殊的权限。

在第一个案例研究中的决策失误是：

- 成功让领导者自满，失去了战略重心，将注意力转移到组织管理之外的事情上了[6]。

导论部分以多种形式说明了理性选择理论确实有缺点。正如 Herbert Simon 几十年前所说的：没有切实可行的方法，能让一个人掌握决策所需的全部知识。

The military decision making process

第 2 章
军事决策程序

2.1 简单的 OODA 循环
2.2 复杂的 OODA 循环
    2.2.1 观察
    2.2.2 定位
    2.2.3 决策
    2.2.4 行动

本章通过了解军事决策程序（Military Decision-Making Process，MDMP）来阐述事件决策的整个过程。当发生重大事件时，军方将面临巨大压力，需要在时间紧迫的形势下做出重大决定。虽然军方已经有针对此情况的特定决策模型，但是决策模型需要大量信息，而这些信息很难快速收集和分析。MDMP 使用的决策模式能够在战争和严重灾害情况下打破这些局限性，并优化决策。几个世纪以来，MDMP 经过现场运用、研究和改进，已经能够在压力巨大、信息有限的条件下快速、全面地解决现场问题。（图 2-1）

图 2-1　正在进行的军事任务

这种 MDMP 尤其适用于应急管理领域。在应急管理领域中，人们通常也会在压力大、信息量少的情况下进行决策，仔细考虑某项任务的时间很短，也来不及制订备用行动方案。MDMP 对于避免许多应急管理决策的认知偏差（如：过分自信会阻碍有效决策）特别有效。例如，银行柜员、快餐店雇员及州驾驶执照检查员等都是在结构化决策环境下进行活动的，在这种环境下，个人倾向、不恰当情绪反应、信息量不足等问题都得到了严格控制，不影响决策的制定。MDMP 不是在应急管理过程中重建这种决策环境，而是提供一个更加优良的决策结构，从而最大限度地减少决策失误，提高人为决策的成功。本章使用的某些术语和背景材料是有军事性质的，文中在确保整体意思不变的前提下，对相关内容进行了模糊处理。

MDMP 是为了快速制订行动方案，从而对基本情况和任务本身不断迭代更新的规划方法，非常适合应急管理决策。MDMP 最初运用于军事和战场，需要根据不断变化的环境重新评估和调整，通常有 7 个步骤：①受理任务；②分析任务；③制定作战构想；④通过军事目标分析作战构想；⑤完善作战构想；⑥批准最终作战构想；⑦下达与发布作战命令[7]。MDMP 旨在提供一个由多部门协同收集、汇总、分析、共享信息的方法，以克服个人决策中的弱点（例如，压力、情绪、个人倾向、信息不完整、环境变化等），有利于做出快速而明智的决定，从而有效地解决问题。标准的 MDMP 不仅适用于军方，而且也适用于国防合作机构（通过国际合作伙伴关系实现全球安全）以及灾难救援领域[8]。目前关于 MDMP 已经出版了大量书籍，其中许多书籍涉及领导决策以及与应急管理相关的领域。

目前有些研究人员试图将"本能决策"纳入 MDMP（本章稍后将介绍），Boyd 上校就是其中之一。Boyd 上校提出了 OODA 循环理论[Observe（观察）、Orient（定位）、Decide（决策）、Act（行动）]，被认为是 MDMP 最好的改进（图 2-2）。有人将 Boyd 上校描述为"最伟大的无名军事战略家"。他曾参加过第二次世界大战和越南战争，是一名屡获殊荣的战斗机飞行员。1961 年，31 岁的他出版了《空袭研究》，首次将最佳的格斗战术编纂成册，成为空军战斗的指导书，彻底改变了世界空军战斗方法。他提出的能量机动性理论被用于研发 F-15、F-16 和 A-10 飞机。直到 1997 年去世之前，他一直致力于改进自己提出的 OODA 循环。无论什么级别的人，只要不同意或质疑他的研究结果，他都会随时随地进行猛烈的回击，因此，Boyd 上校的研究成果在当时并没有被应用到 MDMP。此外，在 20 世纪 70 年代末和 80 年代初期，Boyd 上校参与军事改革，在国会的支持下，他公开抨击军队管理体系，给空军和海军带来了很大麻烦，这也影响了他的理论的传播[9]。这是很不幸的，因为现代研究已经认识到"训练有素"的直觉

图 2-2　简单的 OODA 循环（观察、定位、决策、行动）

的价值，例如 Malcolm Gladwell 在著作《眨眼之间》中就总结了直觉的意义[10]。Gladwell 研究 Boyd 的思想发现："最优秀、最成功的……任何一个组织都懂得如何将理性分析和本能判断结合起来"。此外，Gladwell 还写道：

"这是什么神奇的东西？这是一个人经过一生的学习、观察和实践而获得的智慧。所有的故事、研究和争论加起来……就是试图理解这个奇妙且神秘、被称为'判断力'的东西。判断力是非常重要的：它是区分胜利者和失败者的关键……做出正确决定的关键不在于知识，而在于对知识的理解。我们一直在'知识'里徜徉，可是我们真正需要的是'理解知识'"[10]。

稍后将对 OODA 循环进行详细阐述。OODA 循环形象地说明了人类和组织在不断变化的环境中，如何学习、成长并强大的过程，适用于战争、商业、应急管理或生活的各个场景，但 Boyd 认为它适用的范围更广。Boyd 认为 OODA 循环是人类不断发展、开放、远离现有平衡、演化出新行动的过程（参考文献 11，第 5 页）。这个理论一点也不简单。

2.1 简单的 OODA 循环

Boyd 研究和探讨 OODA 循环概念时，引用了哥德尔的不完全性定理、海森堡不确定性原理、热力学第二定律，甚至还包括一些自然选择的理论。这里不必对这些理论做更深入的介绍，提到这些是为了说明 Boyd 思想的深度。Boyd 观点的核心是不确定性，这不是贬义词，而是事实，因为从来都不存在完整和完美的信息（Herbert Simon 在本章后面也会提到这一观点）。每时每刻都存在着不确定性和模糊性，这种不确定性主要是由外部世界的随机性导致的，但 Boyd 认为，更大的原因在于人们无法正确理解不断变化的现实。当环境发生变化时，人们通常不会改变看问题的视角，而是故步自封。为了应对新的观点，人类需要改变自己的"固有认知"，这是 Boyd 的观点。Boyd 认为个人和组织通常习惯于运用熟悉的、过去运作良好的思维模型来尝试解决新问题。当旧模式不起作用时，他们往往会坚持使用这些旧模式，并期望其发挥作用。Charlie Munger（Warren Buffett 的合伙人，在 Berkshire Hathaway 公司任职）称这种即使面对变化也会采用同一种解决方法的趋势是"锤钉综合征"。这来自一句谚语，"对于只有锤子的人来说，一切问题都是钉子"。因此，对于那些思想封闭的人来说，这就是问题的症结所在。当问题不能用他们当前的思维模型来解决时,他们就不停地敲打、困惑和失望,因为他们的努力并没有产生预期的结果(Bret 和 Kate McKay,第 3、4 页)。

"这是一种精神状态,一种对事物统一性的认识,一种对东方哲学和宗教中称为'道'的基本见解的欣赏。这条路不是终点,而是从不同的角度进行一段旅程,从不同的角度审视世界,从惯例中审视相反的命题,这些见解都是重要的。关键是思维要敏捷[12]"。

2.2 复杂的 OODA 循环

2.2.1 观察

接下来,本小节将详细讨论 OODA 循环,先从 OODA 循环的第一步"观察"开始。其中有些内容相当复杂,可能需要反复读几遍。为了能够从战术的角度实施有效的观察,人们需要有良好的态势感知能力。例如,安全人员进入公共建筑时就应开始收集所有出入口的位置、房间和楼层的信息,并制定全方位的预案,以备突发事件时使用。这一点尤其重要,因为最近《国土安全指令》建议安全人员需接受突发事件处置训练,以确保在失去主动权或计划被打乱时也能应对,而不是放弃行动或受害者。通过观察,掌握周边不断变化的环境信息,才能够随机应变。通过观察获得的信息对形成新的判断结论至关重要。当处于放松性警觉状态时,人们能够克服心理上的混乱状态。(图 2-3)

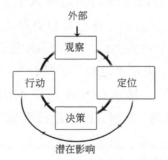

图 2-3 复杂 OODA 循环图表

Boyd 指出,在观察阶段,人们会遇到两个问题:①观察到的信息不完整;

②不理解所看到的信息[13]。

这两个问题可以通过增强判断能力来解决。即使一个人拥有大量信息，如果他没有完全理解这些信息蕴含的意义，那么这些信息也将毫无价值。判断是关键因素。"没有判断，数据就毫无意义。掌握信息多的人未必会胜出，只有判断力强、善于辨别的人才会胜出"。这种理念在未来会有进一步的开发和利用。

"'观察'不仅仅是'看'，更像是'积极地收集所有信息'。需要观察的信息包括自身的处境以及周围的环境。信息不仅包括环境的所有方面，也包含身体、心理和道德等。在观察阶段尽可能收集大量的数据，不能只看金融交易大厅屏幕上的数字，还要看情感背景、行业趋势。假如你是一位金融交易员，在2008年金融危机爆发前你就已经了解OODA循环。在观察阶段，你看到市场正朝着历史高点前进。此时，你也能感觉到许多人的心理想法，他们认为市场只会上涨，包括抵押贷款在内的金融衍生品也都在大幅度增加。很多人正在办理抵押贷款，这时你若采用OODA循环分析，你就会发现他们的收入实际比那些更早办理抵押贷款的人要低得多[14]"。

2.2.2 定位

"定位"是OODA循环的关键步骤，但是它通常被人们忽略（参考文献11，第7页）。一个人会根据自己以前的经历，然后再依据自己的观察分析和综合判断进行"定位"。"定位"的目标是找到问题，即发现你或其他人在先前判断中存在的错误。一般性的原则是只要你发现问题并及时修改、利用，那么，此时的坏消息就是好消息（参考文献14，第11页）。"定位"阶段是思维模式发挥作用的阶段，而每个人不同的思维模式决定着人们在OODA循环中的表现。Osinga[13]写道："'定位'塑造了我们与环境互动的方式，塑造了人们的观察方式、决策方式和行为方式。从这个意义上说，"定位"决定了当前OODA循环的特征，而当前OODA循环又决定了未来"定位"的特征"（Jim和Ret McKay，2014，第7页，引用了Osinga的话）。影响OODA循环"定位"阶段的两个因素是"拒绝"和"情感过滤器"。"拒绝"是指人们拒绝接受或否认某种正在发生的情况。"情感过滤器"与"拒绝"类似，只是它强调的是情感方面的，如"哦，请不要让这发生在我身上"。这两种因素都会影响人的反应时间，但是通过训练可以克服不良影响[15]。

那么，如何适应瞬息万变的环境呢？只有不断地打破旧思维模型，然后将思维碎片重新组合在一起,才能创建一个更适应当前情况的新视角。Boyd 将这种过程称为"创造性破坏"。当这样做时,需要先分析已有的观念,并将其分成多个思维碎片。这些思维碎片形成后,就可以开始 Boyd 所说的"创造性破坏",即利用这些旧思维碎片来形成新的观点,这些观点会与我们所观察到的事情更加吻合(参考文献 11,第 7、8 页)。Lubitz 等人[16]强调对于应急管理人员来说,Boyd 的"定位"阶段是应急管理人员对环境的重新确认和控制,逐渐形成一个有凝聚力的、能够应对灾难的思路。这种在灾后混乱中"认清自己工作方向"的行为,能够整合灾难环境中杂乱无章的信息,建立井然有序的信息库,然后将这些信息库组合成更大、更好的信息库(如灾害风险信息库)。卡特里娜飓风期间,在超级穹顶体育场外提供巴士,为的是将幸存者从危险、肮脏和拥挤的地方疏散出来,这是一个基于灾害信息定位行动的具体例子。虽然,在此期间有大量违法行为的新闻报道,但是真正加大超级穹顶体育场风险的因素之一是缺乏足够的安全保障。

  Charlie Munger 强调了各种知识和思维模型的价值:"……你必须在头脑中有一个由各种思维模型构建的框架,然后将直接经验和间接经验用在这个强大的思维模型框架上。使用这种方法可以让你将各种知识融会贯通,加深对现实的认知。如果你只用一种或两种思维模式来解决所有问题,人的本能会让你不断地歪曲对现实的认识,直到你脑海中的认知符合现有的思维模型为止……。"所以,人们必须有多个思维模型,而且这些思维模型必须涉及多个学科,因为世界上所有的智慧都不可能在一个学术领域中全部找到(McKays 强调这一点)。Boyd 相信并按照这一原则行事,他开始研究自然选择理论,并将其作为解释人类行为的一种模型(他在这样做时表现出了极大的智慧和勇气,因为作为军事专家,乍一看,军事与进化生物学原理并没有很大的利害关系)。Boyd 提出学习多个人类行为理论或模型的思想启发了后来的军事思想家和应急管理人员(参考文献 9,参考文献 11,第 23 页,第 8-12 页)。

  思维模型是"定位"的重要组成部分。Boyd 认为,你拥有的思维模型越多,在创建新的、更有用的模型时,能力就更强。Boyd 认为严格的行动理论会扼杀人的创造力。他指出,陆军、海军以及空军都有各自的理论,这些理论有可能会发展为教条,而教条会导致"锤钉综合征"的出现。他说:"……读完我的著作,你们会发现文中没有任何理论,你找不到它。知道为什么吗?因为今天的理论就会变成明天的教条……。"正是出于这个原因,Boyd 主张让每个人尽可能多地熟悉各科的理论和知识领域,并不断完善自己的思维模式。

  Boyd 和 Munger 建议 OODA 循环使用者需要学习如下思维模型。Boyd 列出的清单包括数学、逻辑学、物理学、热力学、生物学、心理学、人类学、冲突（博弈论）；Munger 的清单出人意料地相似，包括数学、会计、工程学、经济学、概率论、心理学（心理学中导致我们做出可怕决定的认知偏差将在本章下一节详细介绍）、化学、进化生物学（可以提供对经济学、历史的见解，以及统计数据）。Boyd 强调了破坏和创造思维模型的价值。他还强调，使用 OODA 循环的人需要不断地改变自己的想法，因为周围的世界在不断地变化，所以用来解释甚至预测的模型也都必须随之改变。最后 Boyd 强调，在处理一个灾难时，必须有足够的自信，相信思维模型或概念一定能起作用。为了做到这一点，人们需要研究哪些思维模型在类似的情况下起作用，哪些不起作用，然后用起作用的思维模型来练习、训练和思考。例如，在过去，飓风前后电视发布通知效果不佳，电信部门就会给市民发布有关疏散路线、避难所和相关物资的信息。

2.2.3 决策

Boyd 对"决策"的阐述不多，他重点介绍了如何优选"定位"阶段制订的各个备用方案。Boyd 认为，不可能找到一个完美适用的思维模型，所以人们不得不接受那些并不完美但比较适用的思维模型。Boyd 认为，"决策"在本质上是基于人们对哪种思维模型能够起作用的假设和猜测进行的（参考文献 11，第 12 页）。在"决策"阶段，涉及的信息面非常广泛。快餐店的店员或会计经常会做出冷静、准确的决定，而他们个人的认知偏差、情绪观点并不明显，也不需要。MDMP 和 OODA 循环也遵循类似的策略，那就是针对目标开展决策工作，从而避免人为的错误。但有一个例外——当凭经验和知识发展出直觉（也称为判断力或者智慧）后，便可以最大限度地利用直觉，快速决策并找到适当的解决方案。

Boyd 的主要观点是军事人员（当然还有应急管理人员）只有不断开发新的思维模型、收集新的信息和积累新的经验，才能与直觉完美融合。Malcolm Gladwell 在《眨眼之间》中高度推崇直觉的力量，也赞扬了那些研究思考和决策的学者。Gladwell 写道，大脑具有强大的本能，无需有意识的思想，大脑即可处理并识别大量已有信息，并快速决策，这就是所谓的"直觉"或"本能"式的决策。但 Gladwell 也认为，只有在特定领域中经历了长时间的工作后，做出的快速决策才有可能是对的。举个例子：像棋手、医生，甚至应急管理人员，在其各自的专业领域内分析判断时，都可以快速针对下一步行动做出正确的决定。然而，缺乏在某一特定领域数千小时的实践活动而做出的直觉或本能决定通常是错误的，因为这时的决策只是基于偏好和愿望而做出的。为了避免上述错误，Boyd（和 Gladwell）建议人们进行专门的决策训练。犯错误是人类与生俱来的弱点。那些在某个领域决策能力强、训练有素的人往往会认为，他们同样也能在其它领域高效发挥自己的能力和提出决策，可是事实是他们想多了。

2.2.4 行动

OODA 循环的第四步，也是最后一步，是一个循环往复的过程，先实施行动方案，并不断试错，接收反馈后再不断调整。我们所有人都应该不断收集新的信息，这些信息能够改善人们生活中的各个方面。正如 Osinga 在《科学，战略和战争》一书中指出的："'行动'可以检验现有模式的正确性和适用性，并将结果反馈到系统中。"如果我们的思维模型是正确的，那么下一步的主要任务就是决定如何采取行动。例如，假设新奥尔良发生了一次严重的洪水灾害，第九区的堤坝决口，在几小时后人们仍被困在屋顶上，也没有足够的警察疏散被困人员到庇护所，此时，我们该如何行动？Boyd 在总结 OODA 循环中写道：

"人们要先在头脑中构建一幅场景，这就是所谓的'定位'，然后制定决策，并实施决策。之后根据结果，再结合观察到的信息，重新定位，重新决策并实施，循环往复[11]。"

Boyd 的理论几乎是专门为应急管理人员撰写的，应急管理人员必须在快速变化的情况下，根据不完全的信息迅速做出决策，在这种环境中，他们固有的思维模式可能无法起作用。Von Lubitz 等人[16]（第 567 页）将 OODA 循环应用于应急管理中，他们将 Boyd 的 OODA 循环归类为"行动知识"的开发、考查、再考查和运用。

因为每一次灾难都会给社会环境带来巨大的变化，这些变化会产生许多新的、不为人们理解的信息。环境所包含的信息以及在灾难发生前的特征不会被破坏……但是，在灾难事件发生的整个过程中，会不断生成新信息，这些信息会影响人们对态势的判断，并影响减灾工作。通过有效、实时管理和融合灾害产生的新信息，有效利用现有知识，提高信息透明度，减少灾害环境的复杂度（提高应对灾害突发事件和不可预测事件的能力）。

除了前面已讨论过的 MDMP 外，还有其他军事资源可供应用，应急管理人员也可以根据需要使用。几十年来，美国国防部一直在支持开发各种信息和数据库，以提高整个国家的灾害态势感知能力（大多数应急管理人员都称之为"地面真相"）。为了完成这项任务，在全国范围内部署了 5 到 6 名具有资质的专业官员作为联合区域医疗计划官，同时他们也参与重大灾害和国家特别安全事件的应对。每人都有一份高度详细、不断更新的电子文档（称为"智能书"），内容涉及全国各地的人口统计、公共卫生和医疗物资，以及国防部医疗物资的全部清单，其中许多资产可用于支持备灾、救灾、恢复和减灾任务。地方、州或联邦的应急管理人员只需要通过一条短信或一个电话，即可知悉联合区域医疗计划的内容。联合区域医疗计划官是联邦应急管理局区域办事处的主要工作人员，作为区域咨询委员会的成员参加区域机构间支持委员会的每月例会，协助开展培训和演习任务，这不仅是卫生和医疗服务职能部门要求的，也是所有应急支持职能部门都同样要求的。国防协调官也是按地区分配，并且他们都是联邦应急管理局区域咨询委员会的成员。虽然国防协调官拥有大量国防信息，但他们参与应急管理的时间不如联合区域医疗计划官长，且他们职级较高，这与联合区域医疗计划官还是有很大不同。

A short history of the study of decision making

第 3 章
决策研究简史

3.1 渐进决策
3.2 思考，快与慢
3.3 干扰决策的因素及避免的方法
    3.3.1 框架效应
    3.3.2 熟悉效应
    3.3.3 确认偏误
    3.3.4 光环效应
    3.3.5 群体思维
3.4 狂热者
3.5 盲目自信的专家
3.6 数学算法更准确
3.7 "黑天鹅"事件：意外事件的影响
3.8 Allan Jacobs：如何思考
3.9 政府部门的影响和制约
    3.9.1 模式一：理性原则
    3.9.2 模式二：部门合作
    3.9.3 模式三：官僚政治
3.10 应急管理部门的官僚体系
3.11 是否能改善决策？
    3.11.1 避开大脑思维的局限性
        3.11.1.1 用数学公式
        3.11.1.2 三思而后行
        3.11.1.3 应用 Finkelstein、Whitehead 和 Campbell（FWC）方法改进决策
    3.11.2 检查清单在决策中的作用
3.12 进化论与博弈论

介绍现代决策之前，有必要先了解一下决策的发展历史。Leigh Buchanan 和 Andrew O'Connell 在 2006 年出版的《哈佛商业评论》中对已有的决策思想进行了详尽的回顾[17]。几千年来，人类一直是基于对内心、占卜和梦等的解释进行决策的，希腊人通过神灵和先知们的指点来决策，这些先知目前在整个中东地区仍然具有强大的影响力。中国的孔子曾说过，决策应该以仁慈、礼节、互惠和孝顺为依据，这在决策理念上是一个很大的改进。Plato 把情感和理性之间的相互作用描述为两匹马朝相反的方向前进，这种观点一直流传至今。值得注意的是，Aristotle 认为应该重视影响决策的原因、情绪、外部环境和内心倾向，这为后人深入研究决策奠定了基础。他一直在寻求有条不紊、见多识广的思考和决策方法，期望这些方法能够让人们过上优渥的生活。遗憾的是，Aristotle 没有能够重点讨论有效应对灾难的思维模式。他认为，为了过上好日子，人们需要正确地认识友谊、快乐、美德、荣誉和财富的关系，并将它们看作一个整体。

"为了将这一原则应用于具体情况，人们必须通过适当的学习和实践，才能知道在哪种情况下采用哪种方式行动才最合理。因此，按照他的想法，仅仅通过对一般规则的学习无法获得智慧。人们必须通过实践，才能获得成熟的情感和社会技能，才能适应各种场合，并获得幸福[19]"。

Darwin 认为，在自然选择的严酷条件下，情绪对决策的影响仍然存在，因此情绪也有内在作用。Darwin 的思想是对的，当人们在深思熟虑时，如果所处的环境不能提供决策所需的全部信息时，情绪就会对决策产生影响，让人们在认为必要时迅速果断地采取行动[19]。文艺复兴时期，科学世界观出现后，人们在决策理论中用事实代替了恐惧和神话。现代的决策理论始于古典经济学假设，即人们会基于自身利益，对稀缺资源做出理性的选择。从 20 世纪 50 年代中期开始，"理性决策"模型成为最广为人知的决策模型。它是基于完全理想化的、利己的、无感情的"经济人"决策模型，而"经济人"在"经济"行为中也是"理性的"。到了 20 世纪 70 年代，关于人性，出现了两种观点。第一种观点认为人们是理性的，思维通常是正确的。第二种观点是，恐惧、情感和仇恨等情绪可以用来解释人们的非理性行为。许多政治科学家普遍接受了经济学衍生出来的"理性决策"模型，以此为基础的研究多达数千项。但是 Herbert Simon 和其他许多人一样很快开始质疑"理性决策"模型的有效性，他们认为这个模型是不现实的，甚至是不合理的。Herbert Simon 表示：

"社会科学对待理性过程的认知过于极端。在这个极端认知下，经济学家坚信'经济人'无所不知。'经济人'有一套完整的思维模型,能够在众多方案中做出正确选择。他了解所有方案的内容,能用极其复杂的计算方法去选择最优方案,概率计算对他来说是小菜一碟[4]。"

另一个早期评论家也发现"理性决策"模型[21]不是万能的,而且经常出错,很多决策者往往是利他主义者,而不仅仅是纯粹的理性主义者。她极力主张对行为动机进行更深刻的解释,这些动机应该包括责任、荣誉、公共精神、尊重和爱心。

3.1 渐进决策

虽然"理性决策"模型几乎被大众否定,但在某些领域,特别是与应急管理密切相关的领域,"理性决策"模型的某些方面还是值得肯定的。这并不是说要完全接受关于决策者"理性"的定义,而是至少保留一些"完全合理的过程"。"理性决策"作为一种理想模式,尽管不可能实现,但仍值得人们去追求。那些被否定的、旧的"理性模型"如果用在应急管理领域,可借鉴的具体内容如下所示:

（1）提出问题（包括人员受伤、无家可归的人员、房屋受损、通信破坏、运输受损、大规模停电、医疗卫生和医疗系统严重受损等）。

（2）确定行动效益（例如：公平性；为无家可归的穷困的人开设庇护所；给本地承包商提供工程；将患者送到新开业的医院,而不是将患者送到受灾后又重新营业的医院,这样的做法既便宜,效率又高）。

（3）选定目标。在完成了步骤（1）和步骤（2）之后,就可以根据最初的问题定位一个或多个目标。

（4）制订备用计划或备用方案。

（5）预测实施备用计划的效果。

（6）评估并选择一个或多个行动方案（备选方案）。

（7）制订详细的应对计划。

（8）回顾和评估。一旦开始灾难响应或恢复行动,就必须对行动的过程和结果定期监控,以决定是否调整初始响应及恢复行动,还是说继续按计划行动[22]。

在这个过程中,对理想的"理性决策"的质疑主要是很多问题无法简单分类,也无法使用"理性决策"中所描述的逻辑过程去轻松地解决。人们认为,价值澄清法听起来很容易，但是由于不同人对同一事物的价值无法达成一致的意见，因此这个方法可行性不大。此外，由于时间、成本的复杂性，以及无法就价值和目标达成共识等因素，都可能导致决策无法解决实际问题[22]。

针对"理性决策"过程不符合客观现实，以及决策者本身不理性等问题，政治学家 Charles E. Lindblom 和 David Braybrooke 提出了一种折中的办法。他们认为，有些模型虽然永远无法实现，但是可以作为一个理想方案保留下来。总结如下：

经济学家、社会科学家、政策分析师和决策者在面对复杂问题时，很难做到理性决策，这是有一定道理的。那么，他们通常是如何去合理分析复杂问题的呢？通常是进一步应用"增量概念"来分析问题，提出一系列略有差异的备选方案，每个方案中分析问题的侧重点略有不同[23]。

Lindblom 进一步研究了政策制定并评估了实践过程，发现只有将花费的时间、精力和其他资源成本以及不可能的因素考虑在内，才能成功决策。而传统的决策方法却不是这样做的，对于那些特别复杂的问题，传统的决策方法无法在短时间内做出有效的决策。换言之，Lindblom 建议可以在已有的决策基础上进行渐进更改，最终找到最有效的决策。他称这个过程为"渐进决策"，并建立了"渐进决策"理论，即在决策过程中，首先选择一个已有方案，决策者使用已有方案时需要重新进行"定位"。传统的"理性决策"理论无法做到这一点。换句话说，"渐进决策"就是决策者把"理性决策"作为模型，但并不完全遵循它。决策者会在以前做出的决策基础上，再结合时间和环境因素的变化调整已有决策[23]。（图 3-1）

图 3-1　复杂的事故考验着每一位应急管理人员的决策能力

显然，应急管理人员在分配资源（时间、数量、成本等）时，需要采取这种渐进式决策。首先应急管理人员应该与其他人交流，并查看已有的事故报告、新闻报道等，了解在以前的灾难中是如何制订决策的。回顾以往的决策非常有意义，因为这样做确实能够帮助解决问题。但是，"渐进决策"模型的批评者发现，使用该模型不能处理新问题，因为对于新问题而言，没有现成的决策可供查看和参考。批评者还认为，过度依赖"渐进决策"方法可能会使决策者过分依赖已有案例和过去的经验，从而对有价值的新想法或旧问题视而不见。这意味着"渐进决策"可能会因过度谨慎而错失机会[22]。

社会学家 Amitai Etzioni 提出了介于两者之间的"混合扫描"决策模型，提出决策过程分为两步。第一步是进行常规"扫描"，以获取整体信息，并确定哪些因素值得更详细的检查和分析。他强调"混合扫描"可能包括多个部分，例如空间卫星的天气监测系统覆盖的范围可能很大，人们需要重点监控其中某一块区域，甚至可能需要再去分析该区域内更小的区域。他认为，该模型避免了"渐进模型"对已有案例和经验的过度依赖，同时也避免了"理性模型"对信息的过度依赖。事实上，在某些大型灾难中，必须立即着手处理很多信息，这种"混合扫描"决策方法正是许多应急管理人员在面对大量信息时采取的实际做法。一些人认为"混合扫描"决策是应急管理人员迫不得已而做的，因为他们中的大多数人既不会采取严格的定量方法，也不会采取"渐进决策"方法。Etzioni 只是将实际的行为形成了文字（参考文献 22，第 278-281 页引用"混合扫描：基于参考文献 222 的'第三种决策方法'"第 217-230 页）。管理部门的人员权力分散，经常因为应该做什么而产生分歧，而这些分歧影响决策。

在 20 世纪 90 年代，社会心理学、行为经济学和企业管理学的研究得到大量结论，这些结论不支持"理性决策"模型。研究发现，决策过程中会受到许多非理性因素的干扰，有时基于本能和情感做出的理性决策也可能是对的。做过很多决策的应急管理人员，与其说这些决策是他们根据事实做出的，不如说是他们凭直觉、自己的"胆量"做出的。当然决策过程还牵涉了更多的事情。

经典的、基于理性的经济学很快被"行为经济学"模型所取代，但是一开始关于"行为经济学"的研究很少，人们并没有接受它。"人们对世事长期的歪曲，影响人们对事情的看法"。研究人员发现，人类的直觉常常被已有的错误模型所约束。2002 年 Kahneman 和 2017 年 Thaler 分别凭借对决策概念的研究而获得了诺贝尔经济学奖和心理学奖。在以往的所谓科学决策方法中，本能思维既没有得到充分的理解，也没有得到足够的重视。而现今，人们已经认识到了本能思维（系统 1）和理性思维（系统 2）自身的特点。

3.2 思考，快与慢

大多数应急管理人员一般都是在压力巨大的情况下进行决策的，而压力会严重干扰决策。人的决策基础是自己的本能、知识，还有他人的建议或批评。通常情况下，应急管理人员在做决策时往往不太注意决策的过程，也没有考虑到自身的局限性和优势。近年来，在美国和世界范围内，关于决策，尤其是本能（"直觉"或"第六感"）决策的研究、著作和讨论日益增多。很多书籍和文章非常有用，包括：①Malcolm Gladwell 的《眨眼之间》，强调了在"眨眼之间"完成的基于情感、直觉的快速决策的价值，也分析了直觉导致的重大决策失误；②《哈佛商业评论》（2006）的一整期文章，从最广泛的角度对决策进行了探讨；③心理学家 Daniel Kahneman 的里程碑式著作《思考，快和慢》，将我们的大脑中两个思维系统命名为"系统 1"（快思考）和"系统 2"（慢思考）。"系统 1"就像大脑的本能反应模式，速度快；"系统 2"十分谨慎，具有推理能力。Kahneman、Tversky 和 Thaler 一起开创了"行为经济学"的新学派（与古典的"理性经济学"不同，"行为经济学"并不是纯粹的经济学）。他们的研究还考虑了可能阻碍或促进直觉决策的认知偏见和倾向，以及可能影响有效决策的"干扰因素"。决策倾向包含一些系统性的错误，例如过度乐观或有害的陈旧观念，都可能会影响人们的决策，但是有一些观念也可能会提供简便的经验法则，从而节省很多思考分析问题的时间。无论什么情况下，人的情绪、天气，甚至牙痛都会影响判断。这些研究人员和大量媒体报道都认为，人的本能是复杂的、非理性的，并且十分强大，本能会影响甚至主导人们的决策。简而言之，我们做决策时的效率往往并不高。

根据 Alan Jacobs 的说法[27]，"系统 1"为人们提供了大量有用的偏好，可以减轻大脑的决策负担。这些偏好并不是绝对正确的，但它们提供了一些有用的经验法则。这些经验法则通常是正确的，因此遵循这些法则具有一定意义，所以，在没有正当理由的情况下尽量不要试图推翻它们。根据 Alan Jacobs 的观点[27]，如果没有这些偏好，人们将寸步难行——因为这时人们必须评估每一种情况，大脑无法处理这些数量巨大的信息。因此，我们需要有清晰的偏好，以减轻认知负担。希望这些偏好都是正确的。人们的生活主要依赖于 Kahneman 和 Tversky 所提出的直觉"系统 1"，只有当发现问题、矛盾或异常时，理性的"系统 2"才会起作用。另一位心理学家 Jonathan Haidt 用大象来作比喻，他认为"本能"可以看作是一头大象，"理性"就是一位骑象人。本能决策思维非常强大，有其自己的想法，但当骑象人了解大象的想法后，骑象人就可以顺势引导大象。正如 Jonathan Haidt[28]所说，"本能至上，理性紧随其后……，或者，人的大脑中都有一头"大象"和一位"骑象人"，骑象人的工作是为大象服务。"最后，他总结人类99%的心理过程是靠本能来完成的，并证明了该观点的正确性和逻辑性。

心理学家 Gary Klein[20]讲过一个"系统1"思维的典型例子。当时，房屋内的厨房着火了，一支消防队进入房屋灭火。正当消防员在厨房用水枪灭火时，指挥官突然要求大家全部撤离，其实指挥官自己也不知道为什么要这样做。在消防员全部撤离的一刹那，厨房的地板轰然塌陷。事后，指挥官回想当时他虽然知道这场火并不大，但因为他的耳朵被烤得特别烫，于是他出现了所谓的"对危险的第六感"，虽然不知道哪里不对劲儿，但他知道情况不妙。最后，大家才知道这场火灾的起火点根本不是厨房，而是消防员脚下的地下室。另外，我们也听过其他一些关于专家直觉的故事：比如某位象棋大师路过街边棋局，无须驻足观看，就知道白方在三步之内必定会赢。

最令我们感到不可思议的就是专家直觉。举一个典型的例子，一个熟练的内科医生只是看着病人，几乎就能立刻诊断出病症。这并不奇怪，每个人每天都在利用自己的直觉。大多数人在接电话时，刚说第一句话，就能毫不费力地察觉到对方的愤怒，也不难发现在旁边车道上司机胡乱开车很危险。一个人日常的直觉能力并不亚于一个有经验的消防员或医生。无论处于何种状况，应急管理人员永远不要忘记，"每一次成功、每一次灾难、每一次被抓住或错过的机会，都是因为作出或未能作出决定而导致的后果[25]"。在进行救援准备、响应或恢复之前，要做出一系列的决策，无论是好是坏，明智还是不明智，决策一旦做出，就很难或者说根本无法再去调整。

有效的本能决策不会凭空出现，还必须通过后天培养。例如，一位在纽约艺术博物馆工作的专家，看到一幅艺术作品后，一眼就知道这是不是赝品。这是因为这位专家曾经把真品放在桌子上，长久地鉴赏。经过多天的鉴赏，就培养了他的直觉。通过仔细研究，这位专家建立了一个潜意识数据库。专家们花费了大量时间，学会了在新情况出现时迅速定位信息，并以适当的方式行事[10]。我们不需要成为专家，也不需要培养出专业本能。每当人们做擅长的事情时，已有的经验和热情会改变对事物的看法。但是，这也并不意味着，人们对不擅长或没有经验的事情所做的决策总是错误的，这只是因为人们没有真实经历过这些事情，因此反应具有局限性。这就好比让一位经验丰富的应急管理人员去判断艺术馆里的艺术品是否真实，或者让这位艺术专家在缺乏客观信息情况下，在紧急行动中心制定资源部署决策方案。T.S. Eliot 认为："当人们不知道或者不够了解某一事物时，总会用情感代替思想[27]"。正如 Kahneman 所观察到的，"很多人士的直觉并不都来自真正的专业知识[20]"，就好比医生或出租车司机给出股市建议一样。

过去，应急管理领域和许多其他领域的课程或培训都以决策为重点，其中有一个规则是，"诚实面对个人倾向，并尽最大努力克服这些倾向，这是改进决策的第一步"。如今，这条旧规则仍然适用。但近年来的经验告诉我们，克服个人倾向难度较大，因为在很大程度上，倾向根深蒂固。

毫无疑问，改变个人的决策很困难。正如 Alan Jacobs 认为的那样，思考本身是件很困难的事，本能会驱使人们采用一种惯用的方式去思考，即使知道这种方式无效也会这样做。强大的、基于情感的直觉，既可以在瞬间对情况做出判断，也可以迅速形成强烈的倾向，而忽略了其他常识或决策。Timothy D. Wilson[30]在《陌生的自己》一书中写道："大脑通过大量高级的、复杂的思维进行有效运作，就像现代喷气式飞机能够在自动驾驶模式下飞行一样，该模式下飞行员几乎不用输入任何操作指令。人们的潜意识在评估世界、警告危险、设定目标、采取复杂而有效的行动等方面做得非常出色。"人类的时间和脑力有限，因此需要使用简单的"经验法则"来帮助自己做出判断。这让一切都变得更加复杂，正如 Jonathan Haidt 提醒的那样，"心理学中最伟大的真理之一是大脑内部有时会发生冲突和矛盾"。他引用罗马诗人 Ovid 的话，"我被一种陌生的力量拖走了。理性和欲望是不同的。我看到了正确的方法，并赞同它，但却走向了另一条路[227]。"

近年来，人们对决策模型的了解越来越多，有些研究甚至可以追溯到古代。因此，应急管理人员深入学习决策模型，不仅可以在灾害期间能够做出更好、更明智的决策，也可以对自己的生活有一定帮助。改进决策方式并非易事，它需要花费精力，但结果表明花费这些精力是值得的。在面对灾难时，大多数人会选择逃离，而那些迎难而上的人则会在处置过程中，不断改善自己的决策，从而受益颇深。

所有应急管理决策都需要考虑行动和结果，而不是以政策为导向，相关行动和结果将影响整个应急领域的决策。为了做好应急管理决策，有必要从不同的机构和利益相关者的视角进行分析讨论，从高层次的应急管理和利益相关者的组织开始，一直到较低层次的组织。有必要分析应急管理人员决策时的外部影响因素，这也是本书讨论的内容之一。

本书会详细介绍"系统 1"的直觉决策能力，以及它如何帮助和阻碍"系统 2"作出理性决策。简而言之，人的大脑非常擅长处理某些特定任务，但同时，大脑不擅长处理另外一些任务。这种后果带来的影响包括简单的错觉、烦人的记忆错误和非理性的决定，它们对决策的影响可能是微乎其微，也可能是致命的。因此，本书会反复讨论如何克服认知偏差，分析哪些问题可能导致错误决策或糟糕结果。

本书会向应急管理人员以及专家介绍一些关键结论，以帮助他们深入了解自己感兴趣的领域。目的是让他们能够用更多的知识和更深刻的洞察力来审视自己的决策，同时也能客观地评价自己和他人的决策。

3.3 干扰决策的因素及避免的方法

3.3.1 框架效应

框架效应是指用不同的方式呈现相同的信息来唤起不同的情绪，从而使人们在相同信息基础上做出不同的决策。如，说"手术后一个月的存活率是90%"比"手术后一个月内的死亡率是10%"更让人安心。同样，把冷切肉描述为"90%非脂肪"比把它们描述为"含10%脂肪"更有吸引力。信息的框架效应可能会导致人们得出错误的结论。人的大脑会忽略一些信息，而这可能会导致不同的决定。例如，对于一起儿童监护权的案件，问"哪位家长应该拥有孩子的监护权？"或者"该剥夺哪位家长对孩子的监护权？"，可能会产生不同的结果。在该案件中，家长A有良好的收入，身体健康、工作时间稳定，与孩子关系融洽。家长B的收入高于平均水平，与孩子的关系非常密切，但社交生活极为活跃，也经常出差，健康状况不佳。家长B在收入和亲子关系方面令人印象良好，家长B在这方面的能力胜过了家长A。然而，当问到谁应该被剥夺监护权时，一幅截然不同的情景出现了。框架效应表明，由于家长B社交及工作繁忙，身体有点问题，这使得家长B不适合做监护人。

3.3.2 熟悉效应

大量研究表明，不管是面孔、图像、文字还是声音，只要人们曾经接触过，再次见到它时，它都会更吸引人们的注意力。这就是广告中常使用的熟悉效应。反复强调一件事情，甚至歪曲事实，如"对方反对医疗保险"或者"……这些减税措施实际上是为你量身定做的，而且在过去不断发挥作用"，这似乎在美国政坛上不断出现，一次又一次地奏效。

熟悉效应其实是决策的一个隐患，在工作中积累了大量经验的专业人士很容易受到熟悉效应的干扰，因为无论经验是好是坏，他们在决策时都会受经验影响。虽然成功经验确实有助于人们在一些关键领域做出直觉决策，但在该领域的不良习惯可能也会影响决策。将这两种经验区分开来并没那么容易，但应急管理人员必须通过努力克服这种效应。比如，让同事对你的决策提出中肯的建议和意见，对你可能会有很大帮助。

3.3.3　确认偏误

人们一般会倾向于寻找能支持自己观点的信息。在收集信息过程中，人们只会看到自己想要的信息，而看不到中立的信息，这种心理偏差造成了确认偏误。人们高估了小概率事件发生的可能性，这导致他们在做决策时，会过多考虑小概率事件。由于确认偏误的影响，人们通常总是高估某个罕见事件发生的概率。越思考某件事情，在你的脑海里它就越真实。当某个罕见的事件引起人们的注意时，人们就会过度关注它。

在应急管理工作中出现了下面所说的一种现象。当每一次应急处置工作完成后，应急管理人员都会建立一个信息、决策和效果的文档，以便以后能够清楚地回顾当时的处置过程，这也能提高应急管理人员的直觉和快速思考的决策能力。但是，当让应急管理人员回忆自己在工作中采取了哪些措施时，他们一般都只会回忆一些好的响应措施，并认为这些措施极有成效。显而易见，这些措施不可能全都是最好的。那么，解决确认偏误的方案是，由第三方负责记录应急管理人员的响应决策信息。人们已经注意到，通常评判他人的决策比评判自己的更容易。在后面的一节，将讨论群体思维的优缺点。（图 3-2）

图 3-2　做出好的决定，团队合作至关重要

3.3.4 光环效应

如果你喜欢一个人，通常也会喜欢他的声音和外表。喜欢一个人就会喜欢他的一切，包括那些你没有观察到的东西，这被称为"光环效应"。这个知识虽然还没有普及到每一个人，但已经有一个多世纪的历史了。Kahneman[20]发现"其实这不是一个很好的事情"，因为"光环效应"就是偏见的别名，它影响着人们对他人和环境的看法。"系统1"思维模式就是利用该方法，快速形成一个比真实事物更简单、更连贯的印象。对于你不喜欢的人，"光环效应"会起到相反的作用，你会有意忽视那些人的所有意见。为了避免决策过程中的这种常见错误，Kahneman建议从多个相互独立的资料中获取信息，再进行判断。

独立判断的原则……也适用于大规模会议和活动的组织。一个简单的程序可以起到独立判断作用，这个程序就是：在讨论问题之前，请委员会所有成员就其看法写一个非常简短的摘要。该程序充分发挥了群体知识和意见多样性的作用。因为以往公开讨论的做法过于重视那些首先发言的人的意见，而忽略了那些在后面发言的人的意见[20]。

应急管理人员应与经验丰富的人员多联系，以便获取信息，同时也要与其它部门的工作人员保持联系。

3.3.5 群体思维

大约50年前，Irving L. Janis[44]改变了机构和公司对"群体思维"有效性的看法。但是，那些把"群体思维"挂在嘴边的人却没有将研究结果用于指导如何工作，反而得出一个错误的结论，即群体（通常是委员会）的本性就是做错误的决定。如同一个老笑话所说的那样，"骆驼是委员会设计出来的马"（这是讽刺群体决策的低效）。Janis想知道，为什么知识渊博的领导人，有时会在群体决策中做出灾难性的决定，而有些人却制定了一些促进发展的决策。于是，Janis试图在群体动力心理学中寻求答案。当然，他也知道群体可能会因为恐惧、愤怒、兴奋，甚至非理性的倾向，导致思维扭曲。但Janis认为，这些虽然都是导致失败决策的原因，但却遗漏了一些东西。仅仅说错误的决定是因为人们容易犯错或者"犯错是人的本性"是不够的。历史上有很多这样的例子，群体参与能够激发人类本能中高尚的一面，如卡特里娜飓风或其它灾难发生后人们冒着生命危险去帮助他人。另外，群体的无意识行动也可能会激发出人类本性中相反的一面，例如恐怖袭击、掠夺和大屠杀等。经验丰富的应急管理人员应该知道,发生严重灾害后,破坏性的群体活动(如频繁的抢劫和破坏行为)常常会随之而来,当然也会有积极的群体活动,例如人们冒着危险帮助他人。Janis 将关注范围缩小到那些有权力的群体,发现这种群体往往会做出很糟糕的决定。

对商业机构的研究表明,尽管有些群体提高了生产力和责任心,但另一些群体却助长了怠工,阻碍了社交活动,从而降低了生产力。在大型机构的决策小组中,群体决策也同样存在差异。Janis 研究发现,在社交俱乐部和一些小而有影响力的群体中,经常观察到从众压力,即当有些成员提出的意见与小组的观点相反时,这些成员一般都会被开除或被无视。这种对统一信念的追求破坏了决策的过程。Janis 还发现群体倾向于形成一个脸谱化的形象,这会导致群体内部两极分化,有时转向极端保守主义,有时转向更激进的冒险主义。

Janis 的研究结论与目前的决策研究结果非常吻合,即那些有权势、有地位的群体决策者,只是想继续留在这类群体里,所以当群体制定了灾难性的决策时,他们也会选择服从。联邦应急管理局也使用这种群体决策过程,那么这是否意味着应急管理人员必须放弃小组决策过程呢?当然不是,但应急管理人员应该对他们团队的决策持一定的怀疑态度。人们需要利用所学到的知识,明智地看待委员会的每一个成员,分析成员之间是否过于"友好"合作,委员会是否只由一个或两个主导声音支配,委员会是否缺乏专业知识,以及所有其他潜在的缺陷。

群体决策的最后一个观点,是 Cohen、March 和 Olsen[40]提出的理论和他们发现的问题。通过研究,他们发现委员会开展活动时存在一些关键问题,与委员会的类型、委员会的会议组织者和参加会议的人都没有关系。他们称这类委员会为"有组织的无政府主义",这些委员会面临三个决策问题:

(1)目标模糊。即他们不清楚自己的目标,就好像一个政治家经常不知道自己下一步要去干什么。人们在没有明确目标的情况下,行动往往更加模糊。

(2)技术不明。许多委员会成员不知道组织流程,不知道自己的职责,也不知道为什么要这样做。所以,他们只能在错误中吸取教训,从经验中学习知识,在危机中进行创造,这样比较浪费时间、精力和资源。

(3)流动性大。决策过程中成员不断进进出出,委员会的成员流动性大,不稳定。

每个人的时间和精力各不相同,当他们出席某个重要会议时,不同人在会议上的活跃程度可能各不相同。正如 Woody Allen 所观察到的那样,"只要有人参与,就已成功了 90%"。March、Cohen 和 Olsen 还提醒人们,当参与者做出了决策、进行了修改并开始实施,这就已经很不错了,有时结果还会相当不错。

从长远来看,这些"有组织的无政府主义者"与联邦应急管理局、国防部和紧急支援职能部门的参与者非常相似。有些人是第一次执行任务,而有些人则经验丰富,经常出外勤,也保证州、地方或郡紧急事务办公室的出勤率,不但参加会议,而且还会在其主管领导(其中包括外交部官员,可能还有联邦应急管理局区域主任)的指导下工作。当长期实施12小时轮班制后,人们可能会疲劳、感冒和咳嗽,这些因素都会对决策带来一定的影响。

3.4 狂热者

Eric Hoffer[41]提醒人们,社会上有一些所谓的狂热者,他们疯狂地信仰某一种宗教、社会或政治事业,认为该事业可以彻底地改善他们自己的生活。这些人很难进行沟通。Hoffer还提醒,狂热者会全身心投入他们自己的事业,遵守自己制定的计划,会对那些不属于他们群体的人产生极其强烈的情绪,如热情、希望、甚至是仇恨和偏狭。在应对灾难时,应急管理人员遇到狂热者的可能性不大,但这类事件还是有可能发生的。我们周边,无论在应急管理系统内部还是外部,都可能存在狂热者。美国宪法第二修正案倡导者、枪支管制倡导者、政治保守主义者、自由主义者和爱国主义者至少在某些方面拥有真正的信仰,所以他们并不是真正的狂热者。应急管理人员处理每一场灾难时,随时可能遇到真正的狂热者,可能会疲于应付他们带来的影响。

3.5 盲目自信的专家

有时候,一些专家的直觉并非都来源于真正的专业知识。如前所述,一个医生的诊断能力很强,但在财务、公寓的借款和投资等方面,他就没有资格作为行业专家给出正确的意见,而那些在金融领域具有专业直觉的人员,才更适合就这些问题给出指导意见。但由于多年来,这些专家一直都是本领域内最聪明的人,在陌生的领域时他们也会信心十足,这一现象十分常见。而且,正如认知心理学家所发现的,相对于自己的经验和知识,大多数专家更相信自己的决策能力。Tali Sharot[50]观察到,当专家已有的观点受到挑战时,他们就会想出更聪明的理由来表明自己的观点是正确的。Jacobs[51]引用谷歌工程师 Avery Pennarun 的话，"聪明人都有一个毛病，尤其是当他们在一个较大公司工作的时候，这个毛病更加明显。这个毛病就是他们无法理性地对待所有事情。在谷歌工作的人，往往逃脱不过一个诅咒，这个诅咒就是过于自信。这是因为他们在以往工作中，任何事情都做成功了，也因此获得了十分丰厚的薪水，所以就会自信过了头"。由于应急管理决策的复杂性和相关人员的指挥权力不断增长，他们在制定决策时的风险也不断增大。在灾害应对中，信息越多就越有用，但是如果没有某一领域的专业知识及见解，那么盲目自信会成为一个严重制约成功决策的因素，而这种弱点我们每个人都有。

尽管人们一般不会将高智商与高能力等同起来，但往往人们都是通过某人的实力和可信度来判断其能力。Hemant Kakkar 和 Niro Sivanathan 在《哈佛商业评论》[51]上撰文指出，发生灾难时，人们更喜欢自信、控制力强、级别高的领导者，有这种看法也不奇怪。领导者的这些特质有许多都是积极的，但众所周知，有些领导者也会起到负面作用，比如盲目自信、挑衅和不合作。他们是群体中典型的"阿尔法男性"，经常声称自己具有领导能力，只有自己才可以当好领导，不需要等着别人给分配任务。

尽管已有的研究还没有证实这一点，但许多联邦应急管理局、州和地方各级的紧急事务高级管理人员、企业利益相关者和各级政治家都有这类"盲目自信"。稍后将讨论一些解决此问题的策略。只有当那些最聪明或最有资格制定决策的人意识到这一问题及其后果时，才算是正式开始有效处置灾害事故。另外，领导的威望与个人素质（如受人尊敬、钦佩和被视为榜样）是紧密相连的。原美国卫生、教育和福利部（该部门后来被缩编为美国卫生和公共服务部）的高级部长 Roy Armstrong 则对聪明人有着自己的看法，那就是"宁可和聪明人打一架，也绝不和愚蠢人说一句话"。这句话没有对任何人表示不敬的意思。和聪明人打架很容易，你所要做的就是做一些更聪明的动作。聪明人就会花好几天的时间，去研究你的行为。你表现得越离谱，聪明人就会对你的"不合逻辑"的举动越困惑。而愚蠢的人只会一直追着你，一直追，直到他制服了你或者你抓住他。

3.6 数学算法更准确

Kahneman 发现，当预测某件事时，训练有素的心理学家或其他专业人士预测的结果,还没有"算法"或简单的数学公式预测的结果准确。心理学家 Paul Meehl 将已有的 20 项研究数据分为两类,一类是受过训练的专业人员做出的医生临床预测(如诊断类型等)数据,另一类是根据一个简单的规则、结合一些分数或评级做出的数理统计预测的数据,他在这些数据基础上研究分析哪类预测更准确。对比研究其中 14 项数据发现,在 11 项研究中后者的预测更准确。Paul Meehl 的研究中,包括评估银行信贷风险、住院时间、少年犯再次犯罪的概率,甚至是波尔多葡萄酒的未来价格,所有这些结果若是采用简单的算法预测,预测结果比相关领域专家们的预测更准确。

经过 30 年的研究,Meehl[52]评论道:"社会科学中大量的研究都证明了上述结论",即在许多预测中,简单的算法或公式比专业领域的专家更有效。普林斯顿大学经济学家、心理学家 Orley Ashenfelter 提供了一个令人信服的例子,证明了简单统计数据在预测葡萄酒价格方面的正确率超过了世界知名专家。他只使用了三个预测因子,即生长季节的温度、收获时降雨量和收获前一年总降雨量。Ashenfelter 提出每瓶酒的成本与所售葡萄酒的实际价格之间的相关性为 0.9。审计人员、病理学家、心理学家、组织管理人员和其他专业人士都参与了这项预测。研究结果表明,通常情况下参与预测的专家结论都不一致,这就需要专家重新预测,大多数情况下预测结果还是不一致。因此,在预测效率低的情况下,为了最大限度地提高预测准确性,应该采用数学公式进行最终的决策。

3.7 "黑天鹅"事件:意外事件的影响

"黑天鹅"事件指非常难以预测且不同寻常的事件。它具有三个特征:不可预测,影响巨大,并且事后能够找到原因(这些原因使得"黑天鹅"事件看起来随机性较弱,比较容易预测)。谷歌的成功就是一起"黑天鹅"事件,世贸中心爆炸也是如此。但为什么人们直到它们发生之后才不得不承认这是"黑天鹅"事件?根据 Nassim Nicholas Taleb[224]的说法,部分原因是,当人们应该关注那些宏观的问题时,本能却使人们将注意力集中在已知事情的细枝末节上,而不去研究未知的事情。因此,人们无法有效、迅速地估计事件发生的时机。Taleb 研究发现当发生重大灾害事件时,人们往往会糊弄自己,自以为什么都知道,并将注意力放在那些无关紧要的事情上。(图 3-3)

图 3-3　在任何情况下，决策者都需要注意已知和未知的信息

　　Taleb 的研究并不能具体指导某一场特定大型灾害（如 1993 年芝加哥致命的极端高温事件、2005 年卡特里娜飓风、2008 年缅甸强热带风暴和 2010 年海地地震等巨大且无法预料的灾难）应如何响应和恢复，而是对失败的决策进行归类分析，这在某种程度上有助于应对未来的灾难。Taleb 强调，我们缺乏从"黑天鹅"事件中学习经验的能力，部分原因是人的"叙事谬误"思维在捣乱，即不管各种各样的小事件之间是否有关联，人们总是倾向于把这些事件串联在一起，成为一件貌似有意义的事情。如前所述，研究"黑天鹅"事件时，人们只想看到能证实自己想法的新信息。正如 Tali Sharot[42]所提醒的那样，当你向别人提供新的数据时，这些数据如果与他们先入为主的观念相矛盾，会导致他们提出反驳意见，从而肯定他们的原始观点，这被称为"回旋镖效应"。同样，改变我们自己的想法也是困难的。所有的应急管理人员都要培养这种意识，即偏见会导致人们对"黑天鹅"事件处理不当，并要吸取教训，也就是说"黑天鹅"事件可能就只是一起独立的事件。当然，这样做的前提是人们对那些独立的"黑天鹅"事件很敏感，这种敏感力是需要经过一定训练才能获得。

3.8　Allan Jacobs：如何思考

　　与本章节提到的决策研究的大多数权威人士不同，Allan Jacobs 不是心理学家、行为经济学家或商业管理专家，而是一位优秀的自由撰稿人，在分析作品方面享有盛誉。他认可 Kahneman 和 Tversky 对人类的直觉思维（"系统 1"思维）

和理性思维（"系统 2"思维）的描述，同时提出人们具有能够克服系统倾向和其他阻碍有效决策的能力，但是人们也往往会试图在决策时抵制这种能力。

Jacobs 介绍了一些关键概念，这些概念都与 Kahneman 和 Finkelstein、Whitehead、Campbell 等心理学家所强调的各种情绪偏向和错误相似。他提出了人类具有加入群体和社团的强烈倾向，他认为，随着时间的推移，成员会开始采纳群体的偏见、陈规、定型思维，甚至会对群体之外的人产生负面看法[27]。许多流行媒体都报道了"部落"这一观点，该观点描述了一个严重的问题，这个问题在政治、收入和其他大多群体中都已经有所体现。Jacobs 指出，当人们欣赏个别成员时，就会与他接触，但可能没有意识到他还有另一些人们无法接受的缺点。Jacobs 认为，我们一旦加入某一群体，就会受到群体成员情绪的影响。根据 Jacobs 的说法，不同的群体对人们的精神状态影响至关重要，选择好的群体是一个使自己远离消极思维、远离错误认知的好方法。许多情感倾向不一定是天生的，很多都是来自他人和周边环境。简言之，Jacobs 强调远离那些不想与之为伍的群体是很重要的，因为，无论是否注意到，与他人的交往都会改变人们的潜意识。无论是否认可这些变化，大部分人都已经被潜移默化了。就像父母警告孩子说，"不要和坏孩子交朋友，这样就不会像他们那样了"。

Jacobs 批判性地回顾了最近关于决策的许多重要研究以及一些更古老的研究，并得出了十二种避免决策失误的良方。他认为思维是一门艺术，却也是一门困难的艺术。这门艺术必须明智地、合乎伦理地进行，而不是仅仅依从大多数人提出的所谓科学的、以研究为导向的观点，这一点与古希腊人的观点很相符[27]。

（1）当面对别人的挑衅时，请花五分钟思考。你可能已经进入了一个"反驳模式"，三思之后做出的回应可能更明智，不易受情感驱动。

（2）重视学习而不是辩论，不要"为胜利说话"。

（3）尽你所能，避开那些煽风点火的人。

（4）记住，不必为了显示你的美德和正确的头脑而去回应别人。

（5）如果你必须对其他人的反应做出回应，才能表明你的美德和正直，否则就会失去在群体中的地位，那么你最好还是离开这个群体。

（6）尽最大可能吸引那些重视群体、能够平静处理分歧的人。

（7）找出意见不同的人中最有才华的人，听听他们的意见，不必回应。无论他们说什么，都要三思。

（8）耐心地、尽可能诚实地评估你的负面情绪。

（9）注意"糟糕的因素"，有时它会分散人们对真正重要事情的注意力。

（10）提防那些所谓的神话和隐喻，永远不要忘记有些神话和隐喻中的力量是不准确的。

（11）尝试用他人使用的语言来描述他人的立场，但不要总用消极的词语或短语来描述，因为这些词语表明你对他人持有负面想法。

（12）勇敢一点。Alan Jacobs 提出，"人们不应该指望自己会成为英雄。这种期望是徒劳的，而且从长远来看是极其有害的。但是，可以培养出一种对自己的动机持怀疑态度的性格，并对他人的动机抱有善意。如果还不清楚，再说明白一些，叫作学会思考，这是一条通往光辉之门的王道"（参考文献27，第147页）。

Alan Jacobs 认为作为应急管理人员需要友善（这与软弱不是一回事）。如你不喜欢某个领导，但他值得尊重，这时你是告诉他很多工作中的问题，还是绕过他的办公桌漠不关心地离开，你会如何选择？

3.9 政府部门的影响和制约

对于政府工作人员，人们常常认为"你在一个问题上的策略取决于你的立场"。这一传统的智慧是一个真理。作为一名政府雇员，你的很多观点都是由文化、组织需求、甚至是雇佣和支付你薪水的部门的政策所决定的。这是不言而喻的，但研究决策的人并没有考虑到这一点。早在50多年前，政治学家 Graham T.Allison 研究了古巴导弹危机，当时这场危机有可能引发战争。美国和苏联在进行对抗。古巴导弹危机是一个影响深远的事件，在1962年10月的13天里，极可能出现大规模伤亡事件。和自然灾害造成的人员伤亡相比，战争造成人员死亡的数目则大得多。国家政府的选择和行动可能会引发战争，这迫使政府人员认真思考这些问题。在研究危机时，Allison 发现，决策者所在的部门影响了决策的实质内容，但是政府人员从未强调过这一点。Allison 的研究是建立在深入理解这些事件基础之上的，这就需要有观察人员收集信息，有分析人员在信息、角度、假设的基础上深入分析数据（参考文献47，第248、49页）。早在心理研究发现群体决策的易错性及快速思维和慢速思维的优势之前，Allison 就发现了政府文化对决策的强大影响。

在 Allison 撰文后不久，Niskanen[48, 49]提出了自己的观点，即政府人员的工作动力主要是最大限度地增加预算，以提高工资和权力。尽管这在某些情况下是正确的，但这种批评并没有得到重视[50]，因为与私营部门的人员工资相比，最高级别的政府人员工资其实很一般。

Allison 提出了三种不同的概念模式，解释了美国和苏联为避免将导弹危机演变为战争而做出的明智（和一些愚蠢）的决定。这三种决策模式塑造了政府决策的模式。Allison 研究的目的是探索一些基本假设和分类，供政府分析师在分析政府行为问题时使用。几十年来，政治学家一直在使用这些模式，用来理解甚至预测政府在某些方面的决策过程。这些模式也非常适用于联邦应急管理局、国土安全部、美国环保局以及所有参与应急管理决策的联邦、州和地方部门。政府工作人员以特定方式行事，一方面是因为对于这种情况有着自己的反应和才能，另一方面是由于他们所在的部门施加的限制。无论一个应急管理人员具有什么样的才华，如果不能考虑到不同部门对应急管理决策的影响，那么他就不是一个非常现实的应急管理人员。下面的内容可能有点复杂，为了帮助读者深入理解内容，尽可能保留了 Allison 的原话。

3.9.1 模式一：理性原则

政府部门的行为可以概括为理性掌权者实施管理，包括中央集权、掌控信息，坚持一定的文化观、价值观，并用法律进行监督，以达成政府部门的目标。但在前面已经讲过，这种理性的原则只是一种简化形式，无法掩盖大多数政府部门是由多个各有目的的组织组成的集团。

针对这种现象，研究人员认为这是由于各组成部门之间或多或少都有自己的目的造成的，就像工作人员也都各有自己的目的和行动及反应。对于研究人员来说，研究的重点应该是政府部门如何选择行动，如何解决问题或应对形势。

个别研究人员甚至认为政府部门行动具有规律性的、可预测的特征。可预测意味着政府的每种行动都具有固定的原则，无论是从政府部门内部看，还是从政府部门外部看，这种行动原则都一目了然。很显然，该研究人员的结论根本不现实。这些特征只是辅助制定决策的一种思维方式。这些规律仅反映了个别研究人员的看法，包括对问题的性质、问题的类别、相关信息的类型、事件的决定因素和相关的假设。当然，有时也会听到有人说"联邦应急管理局或国土安全部等机构"将采取某种行动。在某些简单的情况下，比如"特勤局绝不允许总统（任何总统）在没有绝对安全保障的情况下冒险离开白宫"，此时，就可以快速准确地预测特勤局的行动。

3.9.2 模式二：部门合作

如果说模式一是种少见但异常理性的部门决策模式，那么模式二就是对多部门决策更现实的描述。政府机构通过其下属部门收集信息，然后制订备选方案，处理已收到和即将收到的信息，及时评估后果。因此，可以根据模式二来理解政府行为，即不是某个领导刻意为之，而是根据各种标准操作程序运作的结果。对于大型政府部门，其下有分部门，分部门对某些特定的领域负有主要责任。

为了执行复杂的工作任务，各部门之间必须配合。配合协调就需要使用标准操作程序。为了解决各种问题，政府需要设置多个分部门，每个分部门职责各不相同。从根本上说，只有根据标准操作程序规则进行操作，才能使各分部门正常运行。可靠的执行能力，来自参与者的有效行为，这就需要制定操作"方案"。但是各部门有时候会改变标准操作程序，以便于更有效地解决旧问题或现有标准操作程序之外的新问题。因此，在应对重大危机时，部门结构会发生一些变化，标准操作程序就会随着危机发展而更新。当然，并非所有的更新都是有用的。随着美国国土安全部的诞生，联邦应急管理局进行了一些调整，并进行了缩编。但事实上（从更长远的角度来看），联邦应急管理局应对卡特里娜飓风的失败反而使其受益匪浅，在卡特里娜飓风之后，工作人员能力和资源建设都得到了提升。在 2017 年应对波多黎各玛利亚飓风时再次惨败之后，联邦应急管理局再次成为人们重新关注的对象，其人员配置再次大大增加，这也就不足为奇了。（图 3-4）

图 3-4　灾难为决策者提供了学习的机会

明智的应急管理人员会广泛参考各方面的资料，包括所在部门的标准操作程序、部门原则和相关工作人员的意见，参考其他部门处理各类事件的经验。如果同事提供了一些以往事件的决策经验，应急管理人员需要留意那些事件中各部门都发挥了哪些作用。

3.9.3 模式三：官僚政治

除了考虑政府部门应如何做出正确决策外，应急管理人员还必须考虑政府部门的文化、传统和标准操作程序如何影响其决策。如果前两个概念模型都比较复杂，那么可以运用模式三：官僚政治。这是政府内部事务处理的一种模式。政府部门最高领导者不是一个单一的群体，更确切地说，部门里每个人都是一个核心的、竞技游戏的参与者，这场游戏的名字是官僚政治。在政府内部，各位参与者划分等级，通过正规化的渠道进行博弈。因此，根据模式三，政府行为可以理解为讨价还价博弈的结果，而不是组织之间合作的结果。与模式一不同的是，在官僚政治模式下，每个人都可以参与进来，每个人关注的问题各不相同。此时，政府决策不再是一种理性的选择，而是通过讨价还价的形式达成的某种妥协（参考文献47，第262页）。

3.10 应急管理部门的官僚体系

灾难应对阶段不是展示高层领导重要性的最佳时机，相反，此时高层领导做出的决策可能会导致灾害现场变得更加复杂。James Q. Wilson[60]在他的《官僚作风》一书中，针对联邦政府官员的某些添乱行为进行了一些很现实的讨论：

其中一个中心主题是，为了提高政府部门的效率，管理者需要购置产品或雇佣、解雇员工，但是管理者购置产品的好坏以及雇佣、解雇哪些员工，这一行为的结果会影响政府部门的能力。为此，法律法规限制了雇佣人员的方式，减少了解雇职员的机会，并设置了无数规则和程序约束着建筑物和设备的买卖。

Marissa Martino Golden[52]的观点有些不同，他更注重职员的观点：

假如你是环保局的一名公务员，一直都在执行环保局制定的那些减少污染的法律。这时，新上任了一位高级领导（注，这是20年前写的），他更关心如何减轻工业的监管负担，而不是污染问题。他把一氧化氮（一种对环境无害的物质）和二氧化氮（一种污染物）混为一谈，并且认为圣海伦斯山比汽车产生的污染更大。他不仅改变以往的政策，还任命一名外行作为上级领导。简言之，局外人不仅告诉你如何做你的工作，而且还试图改变你所在部门的工作职能。那么这个时候，你该做什么？如何去做？

灾难期间经常会出现各种复杂的问题。由于灾难很严重，会导致一些人失去自己的家园，甚至失去生命，受灾人员的情绪会比较激动。在这些情况下，努力完成应急管理的任务并非易事。正如 Niskanen 所描述那样，传统政治学将政府工作人员归类为自私自利的人员，认为他们的主要动机是寻求更多的预算、更大的权利以及高薪（虽然这个观点并不被广泛接受）[58, 59]。长期以来，对联邦政府人员的这种否定性看法十分常见，有时候还很明显。

也许应急管理人员必须面对的最复杂的问题并不完全是洪水、飓风或其他灾难。事实上，一个应急管理人员级别越高，他参与的政治决策会更多。一种解释是，"政府需要管理各所属部门，公务员需要参与公共政策的制订和执行，二者之间平衡的结果就产生了政治……从这个意义上说，所有公务员都具有政治属性，因为他们需要执行政策、调整政策、解释政策，换句话说，就是要完成带有政治性质的工作，而他们的工作显然不仅仅限于法律或经济规则"[67]。Moe[54]、Wood、Waterman[67]发现，高层领导可以决定一个部门的建设和总体发展方向，虽然，这些并不是他们日常主要的工作。大型灾难也不是"日常"事件，但是很可能会有很多高级别的领导参与进来。在一场复杂、难度高的灾难中，所有的决定，无论大小、常规与否，最终都有可能成为政治活动的一部分。当然，许多较低级别的决策，例如，"救灾行动计划"中有关会议的工作安排，不一定会成为重点讨论的内容，但是"救灾行动计划"本身在某些情况下很容易"政治化"。这是意料之中的，尽管这种情况很少发生。

作为联邦、州或地方部门的成员，通常规模较小、级别较低的部门也会对决策产生巨大影响。因此，应急管理人员需要向其他职能部门的人员学习"经验教训"。例如，尽管地区联邦应急管理局办公室的工作人员和地区公共卫生和医疗响应人员（美国卫生和公共服务部）为不同的联邦部门工作，但与华盛顿特区总部的同行相比，他们之间工作接触更频繁，见面机会更多，彼此之间更亲近。在与联邦应急管理局合作的其他部门中，也有类似这种情况。在每月一次的区域部门指导委员会会议上，联邦应急管理局各应急保障部门（根据《斯塔福法》，在灾害处置期间与联邦应急管理局合作并为其提供支持的 15 个机构）的管理人员和主要工作人员举行会议，汇报彼此的行动，并就如何在灾害和紧急情况下更有效的合作提出建议。

一个明智的应急管理人员应该将政府部门人员视为有复杂需求和不同观点的重要参与者，因为在重大灾害发生之前、期间和之后，政府部门对所有重大问题都拥有最终决策权。应急管理人员还需要记住，无论是政府部门的某个领导或是整个部门人员，他们的决策能力都十分有限，有时还会曲解事件（至少最初是这样），这一点与应急管理人员一样，并且政府部门的人员同样会受到记忆力有限、认知偏差和信息干扰的影响。接下来讨论另一种比较少见的情况，就是需要和一些不寻常的、自恋的领导者合作，这是必须学习的技能。正如前文所说那样，任何组织高层里都会有这么一类人，这些人会影响应急管理工作。

虽然大多数公共服务人员通常都是低级别的职员，但他们（特别是灾难期间的应急管理人员）是代表政府向公众提供服务。无论是联邦应急管理局、美国环境保护局，还是国家灾害医疗系统，这些工作人员都成为灾害救援的关键参与者。在灾害期间，以上各部门工作人员在抢救人员、部署地点、提供救灾物资和服务等方面有相当大的权力。选择与哪些部门或组织以及个人合作，实际上也是决策的一部分工作。对应急管理人员来说，他们可以根据工作地点预判下一步的工作内容，但从受灾人员的角度来看，选择哪个食品服务供应商、清洁公司或通信专业人员，可能会影响服务的质量、商品和服务的定价[56]。此外，Aaron Wildavsky 和 Jeffrey L. Pressman[57]认为，国会通过的法律、政府管理部门制定的某一特定法律条例以及地方政府人员的基层执法，都给基层官员留有了一点空间，让他们以合适的方式进行管理。而且，只要私营企业、地方或国家部门以前没有经历过一些重大的灾害，那么发生灾害时，他们就需要在现场实时制定决策。上述结论适用于所有参与救灾行动的部门或组织。

3.11 是否能改善决策？

Kahneman[29]认为，人们的思维模式是不容易改变的，这是他和 Amos Tversky 进行大量研究后得到的结果。在 Finkelstein、Whitehead 和 Campbell[225] 研究中，也有相同的发现：

与商业管理决策领域的专家不同，人们认为根本不可能改变自己的思维过程。大脑的工作方式难以改变。因此，建议个人做决策时要通过多种方式提醒自己。人们提出了多种提醒措施，每一种都有助于决策过程，从而淡化错误思维的影响（稍后将更全面地讨论这些问题）。

Kahneman 发现直觉思维很容易让人过度自信、预测过于极端、计划总是出错，他之前就已发现这种情况。即使知道自己哪里可能会出错，也只能通过加强理性思维（系统 2）来防止出错[27]。在生活中，持续警觉并不好，而且也不切实际，同时，不断地质疑自己的想法也很没意思。最好的方法是折中处理问题：首先认清哪些情况下可能会犯错误，然后在风险很大时尽量避免重大错误[20]。Kahneman 反复强调的一个前提是"人们容易看到别人犯的错误，却看不到自己的"。

Kahneman 经过一生的学习和研究，还发现每个人在决策中都会有弱点。当他还是个孩子的时候，他的父亲和许多其他受过教育的犹太人一样，都认为德国人不会重蹈覆辙，这个结论极其致命。在第二次世界大战期间，这些错误认知导致了国家的毁灭。后来，当他在以色列任高级心理学家时，他限制了人事部门在提拔军官时个人喜恶的影响力，因为即使是这个人再熟悉军队，他的个人决定也会出错。经过大量的研究和分析，他最终发现了导致误判的原因，这些原因也得到了广泛的认同。但是，即使已经发现了这些错误的原因，还是会有人反复出错。

尽管改进决策很难做到，但还是需要阐述一下 T.Wilson 的观点：

"讽刺的是……人们低估了情感对思考和决策的作用。很明显，情感有一定作用，并不是一定会阻碍人们制定正确的决策。虽然，有时候情绪会让人们对逻辑视而不见，导致做出糟糕的决定。但是，更普遍的情况是，情绪是非常有用的，可以帮助人们做出明智的决定。已有例子可以证明适应性潜意识最重要的功能就是产生上述情绪"。

T.Wilson[223]在他的经典著作《做好事，做好人》中，引用了 Aristotle 的话："通过把美德付诸行动而获得美德，通过公正的行为而变得公正，通过自我控制来自我控制，通过勇敢的行为表现出勇气"。换言之，如果想成为一个有效的决策者，试图克服自己的情感倾向、当下影响以及任何非理性倾向，就需要人们努力去制定有效的决策。

最后，了解一下 Kahneman 和 Tversky 的研究结论，他们提出了改进决策过程中遇到的困难。Kahneman 和 Tversky 不愿意将他们的研究结果看作是一个指导人们"如何去做"的规则。Michael Lewisted 注意到在决策过程中都会遇到系统性错误，他反复强调，大脑用来应对不确定性的经验法则通常很有效。那些失败的案例本身都很有趣，并且也揭示了大脑内部的运作方式。Tversky 和 Kahneman 都强调了外部机制和程序的有效性，例如数学公式或某个结论可以帮助人们避免出现决策过程中的系统性错误，这些错误是所有人都会遇到的，即使人们能敏锐地意识到这些错误，但还是会犯错。因此，当 Tversky 和 Kahneman 在以色列军队担任心理学家时，经常试图找出决策规则、程序，甚至是提拔人员的标准，以证明他们的决策过程可以帮助他人决策。

3.11.1 避开大脑思维的局限性

Kahneman 提到，当夫妻估算自己做了多少"家务活"时，如果每个人都能意识到自己大脑的思维局限性，就可以使婚姻生活更和谐。虽然夫妻两人都会高估自己家务活的工作量，但如果再多考虑一下各项家务工作的类型，就可能改变得到的结论[20]。

接下来的几段文字叙述了一些研究人员提出的改进思维的其他方法。虽然改变自己的思维过程很困难，但是通过开发外部决策系统和相关方法有助于人们做出更好的决策。

3.11.1.1 用数学公式

Kahneman、Rosenfield、Gandhi 和 Blaser[26]早期研究发现简单公式（算法）比专业人士的判断更准确，他们将这一原理推广到专业决策领域，同样发现算法比专业判断更有效。

人们一般都认为，专家针对相似情况做出的"专业判断"应该是相同的，但是很多部门的专业人员在类似的情况下做出的决策却各不相同，例如急诊室的医生、信用评级部门的评估师、贷款承销商。后面小节会更详细地讨论 Atul Gawande 的检查清单法，利用该方法能帮助制定许多种决策，避免很多偏见对决策的影响。Kahneman、Rosenfeld、Ghandi 和 Blaser 清楚地描述了这个问题，即人类是不可靠的决策者，往往受到不相关因素的强烈影响，例如决策时是否饥饿等。这种偶然的差异称为干扰。有些工作是不受干扰的，例如邮局或银行的职员通常是在严格规则下从事复杂工作，这些规则限制了他们的主观判断，这样就可以对相同的工作一视同仁。然而，研究表明即使是那些判断力很高的专业人士，无论是评估检查结果、评估股票价值、评估房地产、对罪犯进行审判，或者在其他情况下都可能出现决策不一致性的情况。

心理学家 Dean Buonamano[33]与其他人一样，也认识到了思维缺陷的类型。从一个人采取系住手指的方式提醒自己，到如果不关车门，汽车就会发出哔哔声，人们已经制定了许多策略，来帮助改善生活中的方方面面。Buonamano 支持经济学家 Richard H. Thaler[226]所主张的"逐渐推动"，"逐渐推动"能使人们做出更合理的决策。然而，有时专业人士做出的决策与同行的决策、自己先前的决策以及自己遵循的规则大相径庭。因此，人们发现，简单的统计公式（算法）预测的结果是不受干扰的，而且往往比高级专业人士的预测结果更准确。虽然 Kahneman、

Rosenfield、Gandhi 和 Blaser 也认识到公式预测在某些情况下是不可行的，但是他们还是建议尽可能使用这些公式，而不是使用专业人员的判断。然而，用简单公式代替个人或群体的决策，对于大多数部门或组织来说并不是一个容易的工作。Kahneman、Rosenfield、Gandhi 和 Blaser 等人建议通过多种方法进行有效决策，如培训、开会讨论、审查过去的决策（防止虚假协议，避免参与者很快就做出结论）、列出检查清单，如果时间宽裕可以精心制定问题清单来指导各部门做出决策。他们主要讨论的主题是如何进行企业决策，在时间允许的情况下，在企业内部进行培训、开会讨论、列出问题清单，以辅助人们做出决策。（图 3-5）

图 3-5　讨论哪些方面进展顺利，哪些方面可以改进，这是一个反复的工作

与大多数公司决策者所需要的时间相比，应急管理人员的工作时间更为紧张，但一般来说，也会有时间回顾预先制定的应急预案，召开小型决策会议，制定问题清单（因为即使最有经验的应急管理人员也可能会在应对灾难的最初阶段忘记一些关键事项，所以需要列出问题清单）。毫无疑问，许多物流和财务数据可以利用简单的公式计算，有些公式目前已经开发使用，例如，对于受洪灾或其他事件影响的受灾人员，平均每人需要多少水或食物。这些准备工作有两个方面的作用：第一，可以说服应急管理人员更多地思考决策技巧，而不仅是处理实际救灾问题；第二，尽量发现决策中的不足，对救灾问题研究得越多，决策的不足就越明显。上述所有观点并没有否认知识渊博且经验丰富的应急管理人员的优点，即可以利用他们的直觉快速做出决策，他们使用 OODA 循环，同时处理多个信息，并且在必要时还能不断开发新的思维模型。但即便如此，制定决策时还是要谨慎。

3.11.1.2 三思而后行

在前面小节中，两位作者介绍了 Alan Jacobs 在改进决策方面的一些关键发现。Jacobs 强调，个体加入群体后，无论有意识或无意识，都会接受群体的观点，甚至对某些情境做出与其他人相同的反应。一个人加入群体后，他的情绪反应会随着群体的情绪而发生变化。群体里诚实和正确思考的人会引导人们的思维朝着正确的决策方向发展。Jacobs 再次强调，不要让任何强烈的情绪支配人们的思维和决定，他主张在做出任何关键决策之前都要多思考几分钟。

3.11.1.3 应用 Finkelstein、Whitehead 和 Campbell（FWC）方法改进决策

FWC 研究了一些美国最大的失误案例，分析了领导人未能做出正确决策的原因。在新的或不熟悉的环境下（甚至在知名领域），对决策进行更深入的研究时，FWC 发现错误决策比比皆是。个人或群体的判断错误，以及未能及时纠正决策过程中存在的问题等都是导致决策不正确的主要原因。他们发现了可能导致出现错误思维的四个因素，即使是有经验的人也无法回避，这四个因素被称为"危险信号"。通过采用 FWC 方法能够降低这些危险信号的影响。

四个危险信号如下：

第一个是误导性判断。面对不熟悉的信息，特别是当它们看起来似乎很熟悉时，人们就会在不完全了解的情况下做出判断。人们的大脑包含了对过去经历的记忆，每一个记忆都带有特定的情绪，并与收集的信息有一定联系。例如，眩晕或害怕狗，即使人们可能理性地知道没有危险，但仍然无法控制恐惧。过去的经验与当前的情况不能匹配时就会误导人们。另一个例子是，当人们收到信息之前就已经开始预判了。如果预判的结论不适用于当前的情况，那么这些结论会影响信息识别，导致人们不能正确分析接收到的信息。

第二个是误导性倾向。误导性的经验或先入为主的情绪会在人们的思维中占更大比例。

第三个是偏执，即一个人就是喜欢这样做，没有任何理由。例如，FWC 引用了三星首席执行官 Lee Kun-Hee 的错误的决策案例，在没有经验的情况下他试图制造汽车。因为热爱汽车，他认为三星公司也可以制造汽车。他的情绪产生了强烈的偏执，导致了不合理、代价高昂的错误。家人、朋友、偏爱的社区和心爱的事物等都很容易引起不当的偏执。

第四个是不当的利益，这使我们的利益受到不公平对待。FWC 引用了一项针对住院医师的研究结果，发现 62% 的医生表示"促销不影响处方"，这意味着当

医生开处方时，不受制药商促销的影响。事实上，只有16%的大众相信医生的说法是正确的。研究表明，制药商促销宣传确实会影响医生处方。如果用三权分立的方式做出决策，这类事情就不会出现问题。

为了防止思维错误，FWC方法制定了如下的四个保障措施：

一是在重要领域积累经验和数据。

二是做重要决策时，进行小组分析和讨论。

三是建立一个审查小组，当有问题的决策已经进入最终阶段时，该小组可以把关掌控。

四是监控各级决策过程。

3.11.2　检查清单在决策中的作用

Atul Gawande研究发现，在复杂的情况下做决策时，制定一份检查清单也是非常有用的。在卡特里娜飓风响应和恢复任务失败后，Gawande将失败原因归于地方、联邦和州缺乏应对能力和协调能力。Gawande其实还没有意识到检查清单对良好决策的作用甚至更大。联邦应急管理局总部办公室的高级管理人员和联邦政府最高层管理人员被缩减，原因是首任联邦应急管理局局长错误地认为减少人员能有效控制成本，因此局长缩减职员，导致高级职位空缺，并调走或辞退一些员工。在灾害情况下，根据现有的"生命安全"授权和惯例，联邦应急管理局的工作人员可以迅速找到并预先部署公共汽车、直升机、瓶装水、医疗用品、食品、运输救援物资等，同时开始与受灾的地方和州应急管理领导层进行沟通。作为经验丰富的专业人员，他们会在风暴灾害到来前就开始部署行动。尽管人员有所减少，如果地方、州和联邦各级都使用Gawande建议的检查清单，那么各部门就能更好地进行灾害响应和恢复工作。

Gawande借鉴了美国国家运输安全委员会规定的航空公司飞行安全检查清单的成功例子，解决了建造摩天大楼等复杂问题。还有许多其他的例子表明，很多领域都从检查清单中获益。Gawande的基本理论也适用于应急管理工作。例如，一个经验丰富、技术娴熟的应急管理人员在响应洪水灾害时，他应迅速向灾区运送大量瓶装水（不仅仅是把水放置在仓库中），让当地卫生部门或现场疾病控制中心检测水质，在医院停电后负责提供移动式发电机以供病人做肾透析，为救助所和医务人员配备人手等各项工作。但是人的记忆总是容易出错，工作人员的应对措施会随着灾情的发展而改变，如果有大量其他需要立即关注的问题时，工作人员就出现疏漏。因此，以检查清单为指导来开展救援行动会有利于救援工作的开展。

Gawande 还注意到，在制定检查清单时有许多关键的因素，要明确检查清单的使用场景。必须先确定是要制定一个"执行-确认检查清单"还是"读-做检查清单"。"执行-确认检查清单"是指团队成员根据记忆和经验独自完成工作，然后核对检查清单，确认应该做的一切都已经完成。"读-做检查清单"是指人们边做任务边检查，它更像是一个菜谱。因此，创建一个新的检查清单，必须要针对特定情况，才能制定出最有意义的检查清单。要尽可能地精简检查清单的内容，把重点放在那些重要的项目以及最危险和最容易被忽略的步骤上。Gawande 的专著《清单革命：如何把事情做对》是最受欢迎的一本书，应急管理人员都应该阅读一下。

最后一个观点，应急管理人员也可以从正念的书籍和小册子中提出的关键思想意识中获益。冥想、正念以及类似的思想可能会对人有帮助，但大多数应急管理人员一般不太关注，但这些思想确实有一定价值。也就是说应急管理人员应该时刻注意自己正在做的事情，周围的环境，自己的思想和身体，以及思考应该如何对这一切做出最好的反应。这是应急管理人员应该做的事情，同时需要对自己的决策过程始终保持警惕，并持怀疑态度，注意那些可能影响决策过程的想法和情况。在灾难响应和恢复过程中，每个人和每个部门都需要这样做。检查清单可以辅助决策，要养成在决策过程中寻找危险信号的习惯，以及实时评估群体在决策中的价值和局限性。

3.12　进化论与博弈论

Darwin 的"优胜劣汰"理论研究发现，随着时间的推移，最适应环境的物种存活下来，而不适应环境的物种则灭亡了。社会生物学家 E.O.Wilson[60] 研究了 Darwin 的"优胜劣汰"理论后，发现该理论不仅适用于生物学，而且也适用于人类的社会和文化。适应性最强的社会和文化模式随着人类环境的改变而不断发生变化。长颈鹿的长脖子就是这种有效的适应方式的结果，长脖子使它更容易吃到树顶上的树叶，而其他动物很少能做到这一点，这一现象比人类社会和文化适应性的表现更为明显。但是，正如 Wilson D. Hamilton[61]和其他社会生物学家所论证的那样，人类社会和文化都会随着时间的推移而进化。如下文所述，进化生物学也可以应用在应急管理领域。

越来越多的人使用进化论方法解释人类的行为模式，Boyd 也发现了某些持久性和广泛共享行为的社会生物学原因。尽管找不到 Boyd 研究博弈论的证明资料，但毫不怀疑，如果 Boyd 活得更久些，他会"改编"进化博弈论。这个关于进化和社会生物学的简短讨论，促使 Robert Axelrod 开始应用这些理论来开发更有效的合作决策模型。

40 多年前，Robert Axelrod 开始使用计算机软件研究人类在各种竞争或谈判中"获胜"的最有效方式。长期以来，他一直认为，个人之间的互惠合作将为双方带来最高的潜在成果。他选择了经典的囚徒困境来测试他的"直觉"[62]。囚徒困境博弈允许参与者通过合作获得共同利益，但也存在一方利用另一方的可能性，或双方都不合作的可能性。在大多数现实情况下，两个参与者的利益并不一定完全对立。当 Axelrod 开始他的研究工作时，那些坚信为了实现个人目标而能理性行事的经济学家和政治学家也认为，在囚徒困境情况下，人们可能会合作，也可能不会合作。换句话说，如果第一个参与者在他的第一个回合中不合作，那么第二个参与者在下一个回合中也就不会合作。

Axelrod 的研究从一个简单的问题开始：什么时候应该合作？在与他人的持续互动中什么时候个人应该自私？应该继续给那个从不回报的朋友提供帮助吗？是否应该为经常逾期付款或即将破产的商业伙伴提供服务？从更广泛的角度来看，应急管理人员总是以小组的形式做出决策，有时还会和不认识的人进行一对一谈判，而且必须要与他们谈判成功。所以，即使人们有着先进的决策工具，也学会了好的决策方法，但是关于决策选择的谈判形式依然是最简单的。Axelrod 收到了包括计算机爱好者、进化生物学家、政治科学家、经济学家、社会学家和其他各行业人员的 62 份答案。令他惊讶的是，最被认可的策略是所有提交答案中最简单的，那就是"礼尚往来，彼此效劳"。即从合作开始，每个人都在重复其他参与者之前做出的选择。只有其他参与者合作，你才会合作，然后持续下去。如果第二个参与者不配合，那么第一个参与者将以消极或自私的态度来回应。

即使参与者之间没有关系或无法互相欣赏，彼此也可以合作。遗传和适者生存的进化机制促成了这一合作。一个人能够从另一个人那里获得有益结果，就更有可能使后代存活下来，后代继续延续从他人那里得到有益结果的行为模式。因此，在适当的条件下，基于互惠的合作在生物世界中是稳定的，在领土和生存等方面也体现了互惠合作的应用价值。他得出的结论是，Darwin 强调了个人优势，实际上也可以理解为同一物种，甚至不同物种的个体之间存在合作的情况。只要条件适当,双方就可以合作发展[62]。通过对上述问卷的分析,总结出决策成功的原因:合作发展使得双方有机会再次见面,以便在未来的互动中彼此有利益关系。如果这个观点正确,那么合作可以分为如下三个阶段。

(1) 首先是即使大家互相对立,彼此也可以合作;

(2) 其次是当有不同策略时,互惠策略往往会被忽略;

(3) 最后是一旦在互惠基础上建立了合作,就可以通过较少的付出来保护自己不受损失[62]。

那些使用"礼尚往来,彼此效劳"策略的人都强调以一种积极和有益的方式与对手互动,在比赛的规则和时间限制内尽可能多地合作。这种通过"建设性接触"来建立信任的想法,正是几百年来成功的外交战略。这个策略通常是有效的。

根据 Axelrod 的统计数据得出四条简单的建议:不要嫉妒其他选手的成功;不要首先背叛;对合作和背叛都要给以回报;不要耍小聪明。所有学到的知识都在告诉人们一个道理,即"礼尚往来,彼此效劳"是常见的。每个参与者都会考虑另一个参与者会做什么,所以明智的做法是采用其他人很容易接受的方式行事。但是,如前所述,如果合作被拒绝,人的报复心理会对下一次的合作产生极大的影响。快速阅读刚才介绍的例子,可以看出,应急管理人员最好是选择积极合作,而不是"推卸责任"。当然,大多数应急管理人员都没有学过博弈论,但博弈论确实证实了这一点,常识和情商也告诉人们,合作总比不合作好。

因此,应该得出这样的结论:应急管理人员的工作绝非那么简单明了。减灾、准备、响应和恢复的工作说起来容易,但要考虑到在每一类灾害中,公共部门和私营部门都会有许多参与者,事情就变得复杂了。为了完成任务,应急管理人员不仅要做出可能影响数百人甚至数千人生命安全的关键决策,而且还要让所有参与者都能认可这些决策,这对任何人来说都不容易。

Decision making in emergencies, disasters, and catastrophic events

第 4 章
突发事件、自然灾害以及灾难性事件中的决策

4.1 影响应急管理决策的历史事件及应急管理决策的新趋势
4.2 "9·11"事件以及美国国土安全部的成立和发展变革
4.3 2004、2005年的卡特里娜飓风和瑞塔飓风
4.4 各地政府及其在应急管理工作中的作用
4.5 面对灾害，全球变得更加脆弱
4.6 应急管理的职业化
4.7 应急管理中的贫困和高危人群
4.8 灾害应对时的私营通信手段使用（美国电话电报公司）
4.9 重视在灾难事件中"罢工的"基础设施
4.10 天气原因引发的灾害、技术性灾害以及衍生灾害（使用大规模杀伤性武器的恐怖袭击）
4.11 全球性的城镇化建设
4.12 与天气相关的风险
  4.12.1 洪水
  4.12.2 沿海地区洪灾
  4.12.3 地震
  4.12.4 火山
  4.12.5 海啸
  4.12.6 飓风
4.13 国家灾害医疗系统的灾难医疗救援队在初期飓风应对中的关键作用
4.14 冬季风暴
4.15 龙卷风
4.16 干旱和山火
4.17 热浪
4.18 城市热岛
4.19 技术性灾害
  4.19.1 三英里岛反应堆灾难给行业的教训
  4.19.2 三英里岛反应堆事故对监管者的教训
4.20 恐怖主义

本书前几章中，介绍了军事学、行为经济学、政治学、商业、管理学以及心理学等领域内关于决策艺术的科学理论和实践，并把不同领域的研究成果统合在一起，以期读者通过学习，能对决策行为本身有完整理解。对决策行为研究最多的是心理学家。第 4 章将一些介绍性的内容与作者对过往的决策制定行为的思考统合到一起，探讨了具体决策过程应如何展开，及其在突发事件和灾难应对工作中的应用。第 4 章引用了大量灾难应对领域的文献资料、经典论著、事故报告以及来自新闻媒体和社交媒体的大量数据和报道资料，此外，还包括两位作者基于自己宝贵的实战经验总结出来的一些关于应急管理决策制定的观点和思考。两位作者从事应急管理工作的时间，加在一起超过 80 年，这些观点和思考是很难在其他地方看到的。第 4 章的写作思路是实用主义导向，即从具体的案例出发，探讨地方、州以及联邦各层级政府在传统的灾难应对四阶段中，应如何开展决策。介绍的案例，既有非常少见的特殊情况，也有常见的各类"例行"突发事件（例如，极端天气、国家特别安全事件等[63]）。本书的写作，尽可能地使用了传统的应急管理相关概念，而不是那些诸多规定性或法案性条款中的提法或叫法，因为后者经常会因为法案修改而发生变化。当然，将某一事件定义为"突发事件"，而不是"灾难"，在很大程度上是根据事件发生后，关于该事件新闻传播的媒体类型、传播范围，以及该事件新闻对读者的冲击程度来确定的。《纽约时报》的作者 Elisa Gilbert 很早之前就敏锐地意识到，"换句话说，人们对某一自然灾害或灾难的集体感知会影响报道。灾难之所以成为新闻报道对象，是因为其本身就具有新闻性，它属于公共事件，但却又与人类个体密切相关。这就是为什么人们会清楚地记得"9·11"事件发生时他们身在何处，甚至有些人还声称他们那天早上在电视上目睹了第一架飞机撞向高楼的情景——这完全是虚构出来的记忆，因为这个世人熟悉的视频片段在当时其实是被人无意间拍到的，并且事发当天，这个片段没有出现在任何新闻报道中"。

考虑到突发事件应对中心（以及其他机构，指地方、州、联邦各级政府进行决策的场所）类型众多，其中涉及的决策内容实在太多，作者决定本章首先简要介绍突发事件应对计划。突发事件应对计划，是刚才提到的"突发事件应对中心"的最主要成果，最终版的计划是中心向公众公开的第一份应急管理官方文件。这份文件中既要明确社会对某一突发事件或自然灾害的定义，也要预判公众在面对该事件时可能会做出的第一反应。通常情况下，突发事件应对计划应该说明以下内容：

（1）地区和州政府发布的描述性信息；

(2) 事故对于事发地的危害，以及当地政府或相关机构的减灾举措；
(3) 通信；
(4) 灾害处置的附件（实现不同应对或减灾目标的子计划的合集）；
(5) 人员构成；
(6) 演练、评估以及完善升级；
(7) 安全保障。

在那些开始时危害程度相对较轻，但后续逐步升级为灾害或灾难的突发事件应对中，决策时需要参考具体事件的应对方法，如洪水、野火、龙卷风、台风、冬季风暴、地震、海啸、高温、技术灾害以及恐怖袭击。在一些特殊事件（例如，重要会议，大型体育赛事如世界棒球大赛、橄榄球超级杯等）中，通常会提前采取"国家特殊安全事件预部署"的方式，提前布置一些针对特定事件的应对力量。在所有重大灾害应对任务中，无论突发事件管理人员身处何地，最开始的决策程序都是一致的。Haddow 等人[2]发现，几乎所有的灾害应对准备工作都是从基本的致灾因子风险管理（HRM）开始，目的是系统辨别并评估各项风险。第 3 章介绍过一个更为完整的、基于军事资源的军事决策制定模型，这是军队多年来在实战中总结研究的成果，没有任何部门会像军队一样有那么多的决策制定行为作为研究对象。如果一个应急管理人员询问军队中的决策者，为什么他们在下定决心时可以既充满信心又谨小慎微，所有人的回答可能都是这样的："跟其他任何场景比起来，正确的决策是战争中生存的基础"。对任何机构来说，所有的致灾因子风险管理方法都包括以下环节：

- 危害风险源识别；
- 逐个评估致灾因子的风险；
- 将不同致灾因子统合起来分析危害风险；
- 确定处置目标或行动的优先等级，并以此为依据采取相应的风险防控措施。

要准确分析并评估某一危害，就必须在掌握相关支撑信息的基础上，结合当地实际情况，制定一份简要的危害情况概述。应急管理人员通常需要在事件发生前就应该通过问询来掌握各类信息，并尽量详细，示例如下。在一些严重的事件、灾害和灾难性事件中，这些信息能够帮助决策人员快速并且谨慎地做出决策。通常，突发事件发生后，决策的制定工作是跟应对工作同时展开的[2]。

- 灾害概况；
- 灾害发生地,事件发生区域内、外围环境，以及事件影响波及的空间范围；

- 某一特定危害所引发的事件持续时间；
- 灾害随季节或时间的发生规律；
- 具体灾害的发生、发展速度；
- 针对灾害的可用预警措施。

当然，这些都跟经常被反复提及的、应急管理局的"法则"相符：某一灾害事件发生时，就是预案失效的时刻。因为几乎没有一场灾害或突发事件是真按照"预案"中的设定和准备工作发生和发展的。灾害识别有很多方法，包括史料研究、头脑风暴、科学分析以及行业专家咨询等。得益于很多新的数据挖掘技术的出现，人类现在可以使用自动化数据和人工智能等方式来协助完成这项工作。在具体的灾难应对工作中，这些新技术手段可能很有用，也可能成为高层管理人员的负担，尤其是通过政治手段任命的那些高层管理人员，在逐级向上汇报时，他们会更倾向于使用大量的数据和信息。通过预先设定一些"保护性"的措施和规定，可以在一定程度上缓解这种压力，规避掉那些无意义的数据统计工作，但是，最终决定是否采用这些措施的人，是处于决策顶层的管理人员。而这些人常常会要求下级必须准确提供相关数据，这是因为他们考虑的是减轻自己向上级汇报的压力，而不是统计数据的实际效益。在危机应对的同时满足上级机构的"数据需求"，体现了应急管理的永恒主题——选择并使用最佳的新技术的同时，需要保留甚至强化传统的信息处理手段。有些时候，这种做法的效果可能不是立竿见影的。例如，十几年前，美国应急管理局将黑莓手机指定为应急管理工作时通话、收发短信和邮件的专用手机，那会儿，应急管理人员在真正的危机管理工作中，都是"使用黑莓与各类灾害战斗"的。但随着时间推移，大多数联邦机构都开始选择用更强大、功能更完善的苹果手机和其他品牌的手机替代黑莓，尽管这些替代品并不具备早期黑莓手机的快速键盘输入能力和稳定的邮件收发功能。但由于黑莓手机没能进行定期升级和更新换代，目前即使最新款的手机也很少被用作灾害应对的通信工具（现在，只有少数一些联邦工作人员因为黑莓手机强大的键盘功能而仍在使用它）。

本章将重点探讨应急管理工作中，应对处置阶段各个方面的决策制定工作。灾害初期，是应急管理工作的"黄金24小时"，此时，卫生和医疗措施尤为关键，是灾害伤亡救治和控制的最佳时间，也是定位、救治、运输和疏散撤离伤亡人群的关键节点。应急管理人员能够做出的最成功或者最失败的判断通常就在这个黄金24小时内发生。此时，决策人员通常会因为时间紧、压力大而难以做出正确的抉择。在应对阶段负责决策的人员，不一定也是在灾害准备、预防和恢复阶段做决策的人，因为在很大程度上，应急管理局已经（至少现在是这样的）把灾害预防阶段的任务更多地交给了那些并不直接参与危机应对任务的机构和实体。

4.1 影响应急管理决策的历史事件及应急管理决策的新趋势

目前，各种自然灾害的发生频率日益频繁，破坏程度越来越大，波及范围更加广泛，不同灾害的致灾原因多种多样。原因主要有气候变迁、人口增长以及人类居住模式变迁，高风险地区开展的"建设或者重建"工作，以及人类主动规避和放弃有助于减轻各种灾害威胁的政策和投资等[228]。居住模式变迁是指人们越来越倾向于到沿海、河、湖周边的区域生活。针对各类自然灾害、技术性灾害事件以及恐怖袭击等危机情况，开发相应的治理工具、程序以及最优处置方法，已然成为全球性的头等大事。恐怖袭击的应对，基本上可以看作是一种执法行为，因此在本书中不做重点论述。本书更重视的问题，是伴随或由恐怖事件引发的那些意外事件，诸如人员疏散、撤离、安全保障、医疗救治、环境和公众健康，基础设施，以及相关的应急管理工作。尽管众多的管理机构对"全灾种应对"这一名词的定义始终在变化（事实上各机构对这一理念的重视程度并没能一以贯之），但应急管理使用的工具和方法却没有发生较大的变化。这种被应急管理人员使用的、可以处置各类灾害和恐怖袭击事件的工具或者方法，一般就被称为全灾种应对理念。

然而，随着新的信息技术和通信手段的高度发展，人们能够利用更为翔实的数据信息并使用更加先进的通信手段来开展灾害应对和人道主义救援行动，但目前仍没有高度协调的国际性解决方案[66]。因此，这些处置行动和救援行动通常是基于一国之力、在本国范围内进行的，但事实上，基于海量信息和资源开展全球范围内的国家间双边援助和国际行业专家咨询是未来的发展趋势。

这些新的趋势不断推动着应急管理的经费支持方式、实践模式等的变革，也在不断重塑着美国联邦、州和地区政府应急管理工作的组织方式。这些出现在实践环节的各种变化，也反映了应急管理工作决策模式的变革。理解影响应急管理决策的因素是极其重要的，因为在不同的时间下，应急管理的相关理念和内容都会有具体的"上下文"场景，而不是一成不变的。应急管理一词可以使用的场景十分广泛，但与其他很多已经形成定式的职业（例如，公共健康，医疗体系，甚至环境保护）不同，其内涵已经被拓展并限定为"针对那些自然发生（例如，2005年卡特里娜飓风）的自然灾害或者重大诱发性事件（1993年和2001年发生的世贸中心爆炸事件）而做出的，为实现国会意愿或国家级领导而实施的应对处置行动"[1]。应急管理是在实践中形成的一门学科，不像其他学科一样是以科学知识的进步而逐渐形成理论积累并演化出来的（尽管在一定程度上，应急管理也有相关的科学理论作为基础）。应急管理的动态特征更强，这取决于不同国家应急管理工作的基本政策，如增强韧性（灾后复原能力）的举措、减灾经费的投入、减灾措施、全灾种应对预案和应对原则等。对美国而言，它的动态性，在很大程度上也是由于美国政府不断调整应急管理工作的经费划拨来源和频繁的机构体系改革等导致的。并且，就像 Waugh 和 Tierney 曾经提示过人们的那样[2]：

应急管理人员曾经经历过的与国土安全和国家政策、机构之间的一些摩擦，反映着不同机构对应急管理工作观念的一些最主要的区别，包括应急管理的角色和功能、决策制定过程中的透明度、与其他机构和公众共享信息的程度等。就像联邦政府决策过程中的优先考虑事项通常与地区、州和事发地政府层级的优先事项相冲突一样，联邦政府领导下的应急管理工作通常与职业的应急管理人员的做法相冲突。尤其是，联邦主管机构倡导的决策权集中与地方政府层级应对过程中的分权化决策理念完全相悖[68, 69]。

无论怎样，应急管理都直接反映着特定时期内，应对重大事件时需要重点考虑的问题和事项。有很多国际性的环境因素影响着 21 世纪第二个二十年中应急管理人员的工作，尤其是美国的应急管理职业从业人员，包括：

（1）"9·11"事件以及美国国土安全部的成立和发展变革；
（2）2005 年卡特里娜飓风和其他飓风；
（3）非联邦政府机构的发展壮大；
（4）全球性自然灾害风险增大；
（5）应急管理工作的职业化；
（6）应急管理工作中对弱势群体和高危人群的特殊关注。决策时的立场要充分考虑这两类人群的实际需求。

4.2 "9·11"事件以及美国国土安全部的成立和发展变革

研究重大的危机事件、自然灾害和灾难事件的决策时，必须把"9·11"事件（以及1993年世贸中心遇袭事件）作为主要的研究背景，因为这一事件当时在很多方面直接改变了应急管理的理念，这些新的理念直至今日仍然影响着应急管理的发展。从一定程度上来说，在当时，不论是各州政府层面的应对，还是整个联邦国家层面的处置行动，都是有缺陷的。正是由于当时缺乏跨地区联合行动的沟通机制，处置行动中出现了很多一线处置人员的死亡事故，在事后看来，很多人的牺牲是原本可以避免的。事件中，为数不多的幸存下来的重伤人员，后来是通过美国标准紧急医疗救护程序获救的。当时，唯一没有中断过的惨烈任务，就是集中精力保全、辨认并"体面地"处理遇难者的遗骸，因为多数遇难者的遗体都已经支离破碎并在火灾中损毁。事实上，那是第一次大规模采用DNA辨认技术，联邦调查局把主导权移交给了国家灾害医疗系统的灾难遗体处理中心。当时，各级应急管理决策者都把应急处置转向了遗骸处理和为幸存者提供及时的医疗救护上。"9·11"事件，与1993年世贸中心袭击事件一起，转变了美国国会应急管理工作的重心，自此，美国国家应急管理的重心从传统的自然灾害应对变为恐怖主义防控。

"9·11"事件前后，至少出现过2次情报工作的失误。一次是发生在明尼苏达联邦调查局申请对Zacarias Moussaoui进行物品搜查时。Zacarias是一名可疑的飞行学员。他持有的物品中，有关于"9·11"事件的相关情报信息，也有关于袭击行动的相关计划。显然，当时的司法部叫停了明尼苏达联邦调查局的搜查行动。另外一次是，一名特工试图调派自己的队伍去搜寻一名叫作Khalid Alminhdar的美国在逃基地组织成员，就是他驾驶着美联航77号航班飞机撞向了五角大楼[70]。事后，一些涉事特工选择了辞职，只有一名女性特工选择了继续留任，但她最终也选择在CBS电视台的"新闻60分"节目上对事件经过进行了说明。联邦调查局的特工都技术娴熟并且心智坚定，这一事件表明，一些律师所谓的"专业"，忽略了一个事实，那就是任何法律规定都应该向一切有关基地组织的情报让步。这份情报最初流传于媒体之间，但很快就销声匿迹。没有人拿这份情报当一回事，也没有按照规定采取任何行动[71]。讨论这个话题的目的，并不是像"事后诸葛亮"

一样来批评克林顿或布什政府,而是为了强调一个永恒的主题,那就是,熟悉某一专业领域的专业人员,在事关其专业领域之外事项的决策时,其意见是不能无条件被采纳的。不幸的是,诸如律师、医生或其他专业人员常常满足于"锤钉理论"而不自知。加之,布什政府当时采取的是十分强势的官员任命手法,在早期强势的政治性任命中通常都有一种"过度自信"的色彩,这在一定程度上可以理解,但绝不应该成为决策制定的绊脚石。公正地讲,就像美国国家反恐委员会在一次恐怖袭击事件后指出的那样,在事后看来很明确的事情,在当时永远是不确定的,永远也不会像现在这样"确定"[72]。

2001年的"9·11"事件对决策这一行为本身产生了极为深远的影响。这场事件直接促成了联邦国土安全部的成立。事件发生后,应急管理这项工作变得更加复杂了。应急管理者的角色和任务并没有较以往发生大的改变,因为与那些自然或技术灾害一样,恐怖主义一直都是应急管理的中心工作之一。但现在,公众及其票选出来的官员们的注意力,从传统的灾害转移到了关于恐怖袭击的战争上。当然,那些传统的灾害,比如洪水、火灾、龙卷风、飓风和地震等,仍然是应急管理的主要任务,同时,应急管理所针对的灾害的范围也有所扩展,**囊**括了那些因全球气候变化等因素而引发的各类新的灾害[67]。新成立的国土安全部权限极大,不仅下辖联邦应急管理局,也是联邦调查局、中央情报局、特勤局、移民和海关管理局、海岸警卫队等一些承担"应对"任务的机构的主管部门。在国土安全部改革之前,有22个联邦政府机构归国土安全部部长Tom Ridge直接管理。本书的两名作者都在其中一个联邦机构的地区分部工作过,参加了第一次地区咨询委员会会议,这次会议中22个联邦机构均派出了代表参会。会场上,这些毫不相关的机构代表们面面相觑,随后不约而同放声大笑。参会的地区负责人最开始还不知道会做如此大的改革调整,所以会后他的脸色十分难看。

改革后,联邦应急管理局仍然隶属于国土安全部,此前,这一机构的工作重心在于应对各类自然灾害,调整后,这项任务被不断弱化,因为国土安全部把经费划拨和组织架构的重点都放在了预防和应对各类恐怖袭击事件上。从那之后,联邦应急管理局的预算从来没有增加过,并不能满足各州应急管理机构的经费支持需求,因为他们既要承担各项恐怖袭击相关任务,同时也需要完成各类天气和自然灾害的准备、应对、恢复和减灾工作。事实上,很多在偏远地区的应急管理人员都能够在预算和经费划拨上正确看待应对恐怖袭击这项任务,除非他们很幸运(或者说很不幸),在自己辖区内有类似发电站或其他那些只需要很小的行动就能够产生波及范围广、危害巨大的设施。克林顿总统任命的应急管理局局长

James Lee Witt，及其所带领的一众经验丰富的"南方派应急管理人"，在国土安全部成立时选择了离开这一行业，尤其是在应急管理的重点从自然和技术灾害转向应对恐怖袭击时。尽管应急管理局在卡特里娜飓风以及 2017 年波多黎各玛利亚飓风中的表现备受诟病，但在后来发生的飓风和冰暴事件应对中，应急管理局的表现可圈可点，重新赢得了公众的支持。其在玛利亚飓风中的失败，很大程度上是因为判断失误，还有一部分原因是政府提供的经费支持不足，不能满足同时处置多个重大事件的需求。

应急管理人员，尤其是地区、乡村一级的应急管理人员在应对恐怖主义袭击事件时，能做的仅仅是尽量满足国土安全部和州应急管理署层层部署下来的具体要求，几乎没有任何自主决策空间。更糟的是，这一级别的应急管理人员既没有任何来自高层司法机构人员的支持和帮助，也几乎没有过州级应急管理局级别的培训经历（至少他们没有机会参加最新的专业培训）。当然，处理各类恐怖主义袭击相关新闻及长期事宜的责任，仍然要由联邦应急管理局承担。

4.3 2004 年、2005 年的卡特里娜飓风和瑞塔飓风

2004 年异常高频的飓风灾害，联邦应急管理局在卡特里娜、瑞塔两次飓风应对工作中的失利，让其自己异常尴尬，但也从侧面推动了应急管理局开始重新评估他们的工作重点、经费划拨和组织架构水平；2005 年发生的几次飓风中，大家看到，这个国家的应急管理系统一次次在应对重大灾害时分崩离析，国会被迫重新构建地区-州-区域三级灾害应对战略和物资装备储备，以期通过这些方式来减少灾害损失，或更好地开展应对工作。飓风灾害生动地说明了，在灾难应对准备工作中的失误会带来多么惨重的政治代价，也让世人意识到，在绝大多数飓风灾害中，有四分之三的受害者是死于风暴潮和洪水，而不是风。卡特里娜飓风带来的巨大灾难性破坏不能被遗忘：事故造成近 2000 人死亡，其中多数人死因是溺亡，集中在路易斯安那州、密西西比州、亚拉巴马州、佛罗里达州和佐治亚州。飓风直接荡平了海岸附近的多个居住区，数十万民众被重新安置。在新奥尔良，4 座堤坝被摧毁，导致全城 80%的区域被 15～20 英尺（4.5～6.1 米）深的洪水覆盖。值得一提的是，这是联邦应急管理局以及其他灾害应对人员首次使用"谷歌

地球"软件通过天空俯视角度来了解重大灾害的损失情况，也是那些类似甜甜圈的圆形图案（这些图案是 4 级以上飓风经过的区域中，房屋倒塌后的瓦砾形成的）首次展示在世人面前。这些图案长久地在灾害处置人员的脑海中出现，也包括作者。

在很大程度上，联邦应急管理局当时的失败几乎是可以预见的，因为那时的应急管理局人员严重短缺，根本没有足够人手迅速处理迎面而来的各类信息并及时采取应对措施。出现这种局面，失职的人不仅仅是前两任局长 Joseph Albaugh 和 Michael Brown，其他管理层人员同样难辞其咎。应急管理局后勤部长以及所属人员在当时刚刚上任不久，还没有时间完全掌握他们能调动的各类装备物资信息，也不了解灾害应对的方法，因此，他们在当时没能及时定位并调遣客车和其他关键物资到受灾区域开展救援行动。事实上，Brown 在当时的确缺少灾害应对经验和能力，而部门人员极度短缺这个历史遗留问题，让他的困境雪上加霜。2005 年的应急管理局只有 2100 名全职雇员，高层管理决策岗位断层，乔治·布什任命的第一任局长 Joseph Albaugh 就任后，没能及时补充这些高层官员的空缺。事实上，这位 Albaugh 局长上任后，还推行了一个"精简人力"的措施，要裁掉 10 个地区级应急管理办公室的雇员，其目的是实现其任期内"经费缩减"。而他要精简的这些机构中的工作人员，绝大多数都是应急管理局宝贵的一线处置专家。这 10 个办公室的负责人十分明智地选择"无声地"对抗这个决策，他们没有选择听命直接裁员，而是通过裁掉那些缺编的岗位或其他方法来应付这个可怕的决议。人员短缺的问题虽然在不断得到缓解，但实际上，仍然不能满足应急管理局当前面临的繁重任务需求。

由于州级、地区级官员在灾害准备、应对、恢复重建和减灾各个阶段都要面临资源短缺的尴尬情况，他们不得不自己想办法来解决这些难题。《应急管理援助约定》在应对卡特里娜飓风的灾难性后果中发挥了重要的作用。"互助警报体系"的任务是在应对自然或其他人为因素导致的重大事件时，高效协调州内外资源和装备。在此次飓风灾害应对中，密歇根州就是使用了这个体系，高效动员、调派州内外消防和医疗资源参与救治行动。在卡特里娜飓风救灾行动中，各州政府利用这个互助警报体系搭建了一个史无前例的大规模资源互助网络。互助警报体系最早是在 20 世纪 60 年代被伊利诺伊州率先使用，后来迅速被美国中西部地区的各州采用。

但如果把联邦政府在卡特里娜飓风后的救灾行动直接定义为一场"彻底失败"的行动也是错误的。例如，在事件中，Jack Beal 局长领导下的国家灾害医疗系统，就表现得卓有远见，他们迅速成立并调配了灾害医疗救援队抵达灾区参与救助，这个医疗队是由 35～50 名人员组成，每队都至少各有一名医生、药剂师、紧急医疗救护队员、护士、通信专家和后勤人员。这些救援队被派遣至那些能够抵抗强烈风暴的"安全场所"[一般是酒店或中学，这些建筑通常能够抵抗 150 英里每小时（241.4 千米每小时）甚至更强的风暴]，或其他一些远离风暴轨迹的地点。与救援队同时被派出的还有系统内部的协调官，这些协调官分散在应急管理局、各州以及当地的救灾行动机构，主要任务是随时分析现场情况、评估医疗需求，并确保救灾行动所需的医疗物资及时到位。这场灾难发生后（不考虑灾害发生前的情况），异常复杂、繁重的后勤资源调度和国家灾害医疗系统派出的灾害医疗救援队发挥了巨大的作用。（图 4-1）

图 4-1　事故发生前就派出灾害医疗救援队

通常情况下，一个由 35～50 人组成的灾害医疗救援队需要半英里（805 米）甚至更大的区域来停放各类装备，包括人员运输车辆、53 英尺（16.2 米）规格的发电机运输车、医疗帐篷、大量的药品、通信装备等物资。需要注意的是，灾害医疗系统没有携带使用武器的权限，所以他们必须依靠当地、州以及联邦政府来提供相应的安全保障措施，在灾难发生时，保障安全的投入通常比平时要大得多。在桑迪飓风发生时，灾害医疗系统的人员派遣就险些出现问题，当时纽约市的调派地点选择在了一个美沙酮治疗机构的停车场，他们运送的大量管控药品在午夜抵达并卸货，幸好没有出现成瘾患者抢劫药品的悲剧。

派遣至新奥尔良机场的三支救援队的护士和其他卫生与公共服务人员，承担了当时美国历史上最繁重的伤员评估、救助安抚和撤离疏散任务[229]。这些联邦工作人员原本只能听命于各州公共医疗系统、应急管理署和联邦应急管理局的调遣，但此时，应急管理局授权这些人根据需要独立行动（这个授权是《斯塔福德法案》的强制规定）。他们守护了医院撤离人员所需的直升机安全，支援当地的急救服务机构，并自行决定前往一切救灾行动需要的地方。他们的行动原则是生命安全至上，即在重大或特殊情况下，出于提高病患生存概率和转移效率的目的，无须通过既定管理审批程序，即可对需要立刻采取救治措施的伤员或病患实施治疗和转移。这些为救灾行动做出巨大贡献的工作人员，没有因为他们的"个人决定"而受到联邦应急管理局或其他应急救助团体的责难。这些"个人行为"充分说明了，在缺少组织性机构的应急管理工作中，行动人员很大程度上要依靠生命安全至上原则来做出自己的判断并采取行动。而他们的这种"个人行为"，如果出现负面结果，就极有可能成为他们职业生涯中的污点，特别是还要考虑救援队派遣的花销巨大这一事实：一个救援队为期 2 周的救灾行动就需要超过 7 位数的经费。遗憾的是，卫生与公共服务领域的工作人员（如备灾救灾司下属的区域机构负责人）通常更在意他们关于"生命安全"事宜的经费报销审批要求。在灾难应对过程中，可能会错判一个任务的重要程度，这是可以理解的，但绝不能因此让这个任务的执行变得更为复杂，因为突发事件支持功能的第八项"公共健康和卫生服务"中限定的"生命安全"事宜显然不属于灾难处置行动的范畴。尽管国家灾害医疗系统隶属于卫生与公共服务领域，但这个机构在应对灾害事故时，历来以集结并调配物资的速度快而知名。

Russel Honoré 中将领导的国防部所属人员也参与了联邦政府的灾难应对工作并做出了巨大贡献，他带领的联邦军队成功营救了那些风暴围困多天的数千名新奥尔良市民，同时还参与了一些其他重大的营救任务。在救灾行动中，国防部总共调派了 22000 名军人参与行动，这是自内战结束后执行任务人数最多的一次行动[75]。

Haddow 等[2]人（参考文献的作者）在研究中提醒世人，联邦、州以及地区应急管理机构常年经费短缺，而这些机构正是直接负责应对卡特里娜飓风任务。经费短缺使得这些机构在面对重大灾难时，难以有效履行灾情评估、保护群众、关键基础设施重建、应对重大环境危机、组织幸存者撤离、安抚家属以及开展灾后恢复和减灾等职责。奥巴马执政期间，国会经常中断对联邦应急管理局的经费支持，这直接影响了应急管理局所属的各州及地区应急管理机构的运转效率，在卡特里娜飓风事件后所做的各种完善应急管理水平的努力被付之一炬。2017 年，联邦应急管理局应对数个重大灾害行动时差强人意的表现，充分说明，在经年累月的问题积累下，应急管理局根本无力应对这种多灾种耦合的重大事件。2017 年的最后一场灾难，就是发生在波多黎各的玛利亚飓风。

4.4　各地政府及其在应急管理工作中的作用

联邦应急管理局的全职雇员数量在 2018 年已经扩大至 4000 人，很多重大灾害应对时参与人员的数量都达到了这个标准。但绝大多数灾难的直接应对任务仍然由当地应急处置人员来承担，有时候可能还包括他们的家人、邻居，当地或地区的各类机构和组织通常也会协助处置行动的展开，如红十字会以及其他社会性组织。此外，还有一些志愿者也会参与救助行动。灾难发生后或者说"黄金 24 小时"内的第一要务，就是生命安全相关事宜，包括定位幸存者、解救受困人员、开展疏散撤离并实施救治。在这个阶段，一些关键的行动资源（不包括水、食物和药品）也有可能会提前部署在现场，如一些可移动装备，但这种情况极少，并且只可能出现在飓风等可以在一定程度上被准确预测的与天气相关的灾害中。近年来，联邦应急管理局开始逐步扩大事故发生前的人员和物资储备水平。

大规模灾害发生后，当地应急管理机构负责在支援力量抵达前，组织开展灾害的应对工作。因此，在近几十年里，提升灾害应对能力已经成为各地的首要工作，比如通过签订互助协议等。应急管理人员一直在采取各种方式争取经费支持、防止预算被砍，因为这是确保他们能够履行应急管理任务、提升应对水平的基础。鉴于应急管理人员在行动阶段的各种决策，可能会对其后的灾后重建工作带来深远的影响，尽早吸收地方官员参与决策的全过程就显得尤为必要了。就像应急管理局官员常说的那样，"在应急处置行动指挥中心才跟兄弟单位的同僚第一次见面并交换名片并不是好的做法"。这个应急管理局秉承多年的观点已经被研究证实，如果各级政府的关键人员在事件发生前已经建立了一定联系，会提高灾害处置和恢复重建工作的成功率[2]。

就像之前讨论的那样，在灾难发生时，现场看到的第一个人通常是你的朋友和邻居，这些人也会在第一时间尽最大努力开始搜救行动或提供救助。灾害处置行动中，还有一个要素在过去的几十年中不断变化，这个要素就是政府机构与私人团体或非营利组织之间的承包雇佣关系，这种关系使得私营企业、宗教组织、社区团体、高校以及其他组织除了为应急处置行动提供产品和服务以外，还会直接参与灾害预案制定、应急服务、甚至指挥中心的相关工作。很多灾害的应对和恢复工作都是由具体的承包商来完成的，比如在卡特里娜飓风发生后引起的塌方事故的处置就是如此。这种做法带来的是公众对于公共资金支出的合理性、质量管控、为何选择州外供货商而不是本州企业等问题的质疑，抑或是单纯对某项账单金额的质询。政府对外承包的各类合约价值以数十亿美金来计算，但投入带来的回报却看似不成正比[85]。当然，承包商本质上是私人企业，并且这些承包商会以各种方式参与政治活动，也会通过捐助"现金"的方式来支持某些特定的候选人，但无论是地区、州还是联邦级别的应急管理官员通常都不是他们游说的对象。因为所有从事应急管理工作的人都知道，"跟这些人打交道的后果，可能让事情变得更加复杂"。

与之相关的另外一个问题就是，一些数额巨大的订单，每年都会重签甚至追加投入，但却不是通过竞争性投标方式中标，甚至也没有被严格审查，比如联邦政府采购的电话、电脑、网络服务以及其他与基础设施相关的配套服务就是如此。有些情况下，过劳的联邦合约审核官员会在灾难应对和恢复阶段直接选择那些已经拿到政府订单的大型企业，尤其是恢复阶段，他们不会考虑这些企业提供产品或服务的质量是否优良，因为这是一个相对"安全"的选择。这就可能会给地方应急管理官员甚至联邦官员的工作带来麻烦，而这些麻烦在多数情况下很难有效解决。作者发现，联邦合约审查官的选择通常是基于避免产生负面后果这个原则做出的，而不是当时能做的"最优"选择。在时间有限的情况下，这个"安全"的选择可能是最符合逻辑的。

联邦、州以及地方应急管理机构的负责人，就此被置于一种尴尬境地：随着经费、行动以及很多联邦责任的进一步分散，实现"高品质回报"难度也在不断加大。不幸的是，应急管理领域正是这个反面问题的重灾区：政府的各项花费持续增长，但联邦政府工作人员数量却始终捉襟见肘。这并不是公众印象里"臃肿并且还在持续扩张的联邦政府"。比如，2013年，联邦政府的经费支出金额是1960年的5倍，这还是去除货币通胀偏差之后的结果。1960年起，联邦政府新设了很多机构，包括国土安全部（2002年）、环境保护局（1960年）。此外，1984年的罗纳德·里根政府有220万联邦官员，数量多于奥巴马政府（约200万人）。国防部现有80万名平民雇员，但却有接近70万家承包商。国土安全部雇佣的临时雇员（20万人）也多于正式联邦官员的数量（约19万人）。在非营利领域，现有超过160万个各类组织，这个数字十分惊人，这些组织的总花费超过2万亿美元，其中有三分之一是来自于联邦政府拨款。还有一个更为极端的例子，就是能源部每年有 90%的预算都是花在私人承包商身上的，这些承包商几乎承担了能源部的全部工作，包括放射性废品处理、能源生产，以及现有核武器的搜寻任务。

国家安全管理学院和凯特林基金（2011）最近共同完成的一项研究表明，那些由公务员管理和任职的机构在管理和效率评估中得分显著高于那些由"基金资助并基于合同的第三方机构"得分[77]。

John DiIullo 在华盛顿邮报发表过一篇名为《想要高效、精简的政府吗？那就再增加 100 万联邦官员》的观点性文章，文章有这么一段话：

的确，政府规模臃肿并且面临着债务融资的危险局面，但同时，政府正被政府以外的人管理——这就是为何我们规模较大的政府却带来了糟糕的国家治理的原因。这三个参与者（承包商、州政府以及地方政府、非营利组织的工作人员）常常同时出现在高级别联邦机构的业务中。美国正通过代理的方式消费着国内总产值的相当一部分份额（超过三分之一）。（华盛顿邮报，John DiIullio，2014/8/29）

在应急管理领域雇佣越来越多的非联邦工作人员这一趋势只会继续，不太可能发生改变。简单来说，如今所谓的应急管理，意味着应急管理工作人员必须与来自社会领域、政治领域以及金融领域的三方机构和人员紧密合作，对这三方的信任是需要逐步建立的，但事实上，应急管理机构在职能上对这三方几乎不具备任何强制性和管辖权限。面临同样问题的还有州级和联邦官员，他们在权限有限的情况下，很难真正发挥主场优势。在这种新的、人脉至上的环境下，必须要加大在关系建立和维系上的投入，也决定了在决策制定阶段，要更加包容[67]。正如之前提到的那样，只要这些私人承包商能够在大选中提供现金，他们的数量就只可能变得更多，而真正的联邦政府工作人员的数量很难进一步扩大。

4.5 面对灾害，全球变得更加脆弱

现在，自然灾害的发生频率日益频繁，恶劣程度不断恶化，波及范围和人数较之以往都更为罕见，其原因有很多，但气候变迁、人口增长以及居住模式的变化[66]都是原因之一。尽管这类大规模自然灾害的数量持续增长，但因灾害而死亡的人数却在变少。在 20 世纪 70 年代，每年因各类灾害死亡人数有 20 万人，现在，这一数字已经大大降低，归因于建筑物建造水平的提升以及洪涝灾害预防机制：

为了进一步减少因自然灾害而死亡的人数，城市规划人员可能需要把规划建设的背景考虑得更为严峻，甚至将那些极端事件的发生都考虑进来。现在，全球范围内每年自然灾害的发生数量是 1970 年的 4 倍。另外，相对危害程度较轻的天气及气候相关事件（该统计将这类事件定义为有 1 名以上人员因该事件死亡，或造成一定程度经济损失的事件）的统计数据同样也呈上升趋势。Munich Re 的研究结果显示，采用这样的定义方式来看，现在的水文事件数量是 1980 年的 6 倍。去年的事件发生数创下了历史新高[78]。

Kris Teutsch[66]总结了在严峻的自然灾害频发的情况下，现代灾难应对策略在全球范围内的应用情况。他没有强调应急管理工作经费的问题。但事实上（至少在美国是如此），这些高效的灾害应对、准备、恢复以及减灾策略通常是在严重的经费"紧缩"情况下实现的：

准确辨别灾害。各机构和组织，在利用新技术、新方法来提升其灾害处置能力的时候，必须要准确分析他们究竟要应对的是什么问题，并且要有恰当的灾害识别手段。

通过信息互通解决跨机构情报沟通的难题。灾难应对工作中，各种信息的传递途径和收集方式表明不同信息广泛分散在不同的机构内部，因此，必须要对信息进行统一定义并建立共享机制来应对这一问题。

数据使用必须统一化。否则，跨机构的数据分析或相关事宜必然会影响沟通的时效性和对信息的准确理解，甚至会影响最终行动效果。

数据记录必须实现自动化。这项工作听起来不那么高深，但如果仍然依赖人工手动采集和记录数据，会严重影响灾害处置行动以及相关的人道主义援助效率。

信息和通信技术标准和定义，必须实现跨机构的共享和共认。

缺乏先进的信息和通信技术支持的应急管理决策是"过时的"决策。

现在，即便有各类保险和减灾手段做保障，全球许多人群在面对各种灾害时都愈发脆弱：越来越多的居住和工作区设置在水路、山路、海岸附近，这些地方发生洪涝、山火、滑坡、地震、龙卷风、飓风、火山活动以及其他灾害的可能性极大，再考虑到不断上升的海平面，情况已然十分窘迫。统计那些与气候变化相关的、破纪录的高温数据根本没有任何意义，例如，我们只要简单地说"2015、2016 和 2017 年是美国有史以来最热的三个年头"就足够了。2019 年，气温又创下历史新高。这种致命的高温会增加高风险地区的干旱、山火等灾害发生的频率和破坏性，这些灾害彼此之间也会互相影响，而在这类高风险地区内居住和生活的人数仍然在不断增加。在美国，人口向高风险区域移居的趋势仍然在增长，美国海洋和大气局的统计数据显示,全美有一半人口生活在高风险区域,到2025年,预计这个数字将会上升到70%[79]。

全球气候变化引起的相关气象灾害日益频发并不断恶化,已经成为全球性问题,发生在波多黎各的玛利亚飓风就是这样的一种灾害。该灾害造成超过900亿美元的损失,据估计,有超过4600人死亡(这个数字比标准高1500人,稍后本书会讨论损失预估修正的问题)[80]。紧随其后,2018年夏天发生在日本的暴雨导致的洪水和泥石流中,有100人死亡。希腊雅典的山火摧毁了城市周边的多个村庄。在亚利桑那州、加利福尼亚州以及美国其他区域的高温不断突破历史记录。连续六年的高温和干旱,直接造成加利福尼亚州多场山火的爆发,现在,山火几乎已经成为加利福尼亚州的常见灾害。2018年6月一个月内,加利福尼亚州受灾山林面积就超过2017年全年的[81],这是山火加上超级风暴桑迪共同造成的结果。超级风暴桑迪是非季节性灾害,但破坏性极强,共造成650亿美元经济损失、185人丧生。尽管这些极端灾害一再出现,世人却仍然没有从中吸取教训并真正开始重视这些灾难:

然而,把想象中可能会发生的灾害跟那些真正发生过的灾害——加利福尼亚州1994年北岭地震、2001年"9·11"事件、2004年亚洲海啸事件、2005年飓风事件结合起来,能够有效把公众的注意力转移到提前准备应对各类灾害上来。但公众的关注度和安全意识是否真正转化为了对灾难的正确理解,并转化为各类应对准备工作本身仍然是值得怀疑的[67]。

长期以来,应急管理人员因职业和专业关系,对可能发生的突发事件都有准确的认识,对事件如何发生、如何应对、如何采取恢复措施、如何实施减灾举措等都有所了解。但难题在于,公众会随着时间推移,迅速忘记他们曾经十分关注过的那些灾难事件,这些灾难会因为频发而显得平常,人们就不再会因这些问题而紧张进而采取相应的准备措施了。不幸的是,这跟公众对政府保护公众的能力的信任程度下降也有关系[67]。有时候,经济紧缩状况可能会有助于应急管理工作的展开,因为全美国的人群、社区,无论大小都会团结一致互相扶助。这种情况通常会在地方物资不足时发生,应急管理互助协议提升了全美地区储备和应对各类灾害的能力,同时也是协调各种资源的重要手段,因为通过这一协议,各地共享的不仅仅是物资,还包括技术、通信带宽等,通过这种方式,双方的应急管理能力同时得到了提升。但共同进步通常很难实现,即便是在一些发达国家中。例如,最近一份关于欧盟成员国自然灾害和空间规划的研究显示,在风险管理中,空间规划只是众多因素之一，并且通常在风险评估阶段被忽略。在芬兰、德国、希腊、意大利、波兰、西班牙以及英国这几个国家中，甚至根本没有使用耦合风险评估方法和脆弱性指标，仅仅使用了少量的风险指标分析方法[82]。要知道，这些欧盟国家的社会发展进程远远超过其他国家。

4.6 应急管理的职业化

直到最近的几十年，应急管理从业人员才发现，他们进入这个行业并不是因为他们为了这个职业做了多少专门的努力或知识积累，而是或多或少因为一些其他原因，其中多数人都是因为曾经在军队工作过；但这种情况在最近的10年（甚至更早）已开始改变，在美国和其他国家，有数百家高校开始开设应急管理、国家安全以及相关学科的学历教育和培训课程。这就意味着，新的应急管理人员在真正进入这一行业之前，能够做好最充分的准备，并能够将最新的技术整合到自己的工作之中[2]。相对于1993年第一次面对世贸中心的袭击、"9·11"事件等，现在的应急管理涉及的资源都有了巨大的变化，上述情况对于应急管理工作来说还是一件好事。

这些新的应急管理从业人员受过更好的训练和教育，他们还必须会沟通，有大局观，能够适应监管和政治性约束。例如，时任佛罗里达州应急管理局局长的Craig Fugate（后来他成为了联邦应急管理局局长）曾经评论道，尽管突发事件指挥系统（ICS）对于程式化的应对行动来说很有效，但这个系统仅仅是一个工具，并且可能随时需要针对环境做相应调整，（大家）必须意识到的是，那些偏好这个系的人员，在突发事件中可能会因为缺少灵活性而影响行动的效果[67]。他也是美国最早提出并推动地方"韧性"建设的倡议人之一，他认为，地方在进行韧性建设时，应该以"没有联邦政府提供帮助时也能有效实施应对"为标准。

此外，应急管理从业人员还不得不参与到"其他的工作"之中，如，关于分区、保险、土地使用以及其他地方政府相关的政务等。这种情况下，要想成功开展工作，应急管理人员就需要有良好的人际交往技能、政治素养（或至少与有这种能力的人有交集）、管理能力、突发事件预案制作能力、协调能力以及其他基本的基础技能[84]。此外，很多应急管理机构仍然面临严重的人员和经费短缺问题，并且现实情况对应急管理从业人员的水平要求也越来越高。现在，很多地方甚至没有达到最基本的应急管理能力建设要求，如预案制作、通信能力和相关设备储备等。国土安全部的安全事件预案并不是基于全灾种角度的灾害预案，不能适应诸如非恐怖袭击相关的灾害和联邦政府直接下达的任务，因为在这两类事件中，并不鼓励信息的跨部门共享行为，这不符合应急管理实践的要求。对于应急管理来说，未来几年内最重要的任务之一，就是努力调和地方应急管理机构的目标和联邦政府紧缩环境之间相互影响（文献[67]，第21，22页）。如今极度发达的大数据现在已经成为了一类新的重要"沙箱"。例如，尽管大数据可能让灾难的应对阶段拉长，但更为密集的数据显然对于恢复重建和减灾决策更有帮助[86]。

Dun 和 Bradstreet 曾经帮助联邦应急管理局在重大灾害后，使用海量的商业数据来进行商业恢复决策。这种方式对于小额贷款业务的审批十分有效，实践中，这些业务大多是企业重建或新建业务的贷款申请。这些新的数据手段都是应急管理人员可以借助的新的工作方法，决策时依靠这些工具，既不会担心自己的决策会对日后的职业发展有影响，也不会影响决策的效益。

现在，应急管理教育和培训的规模更大，也更有深度。很多州，如印第安纳州、得克萨斯州、佐治亚州等，都意识到了针对应急管理和第一响应人员开展大规模训练的重要意义。但联邦应急管理局下属的应急管理研究所，仍然把重点放在为"国家层面"培养专业人才上。每年，有接近200万学生接受应急管理研究所及其合作院所的培训。现在，随时都有550人在马里兰艾米兹博堡校园里接受现场培训，有15万人参与相关训练。当然，国际应急管理师协会同样也向完成它所认定的基础课程的学生发放权威的认证证书[87]。

对应急管理培训、教育和认证层次提升的需求，同样体现在应急管理职业本身对数据、社交以及多媒体，与私人企业、宗教组织以及非营利组织等地方团体的人脉架构等能力的要求上。这种综合考量在南卡罗来纳州开发的一款手机软件中体现得淋漓尽致，该软件帮助南卡罗来纳州成功躲避了多次飓风袭击和其他重大自然灾害的伤害。这款软件包括地理信息系统、撤离建议、保险信息、应急管理会议场所等相关信息[88]。这是一个极具创新性的举措，它把很多专业领域的专家判断整合到了一个软件之中，这在10年前，几乎是不可想象的。

伴随着全球气候变化中西部的农业危机缓慢逼近，相关的经济、政治和农业问题需要该地区应急管理机构实施不间断的管控，但问题是这些机构虽然对于这些事项没有管辖权限，但他们却要承担并处理这些问题带来的结果。即便是大致浏览下《2018年国际海洋和大气报告》（1600页），也能发现，美国中西部农业区的经济，跟其他地区相比，将不断受到日益变热、湿度变大的气候影响，这种气候会严重加剧农作物病虫害，导致储粮腐败变质，加剧农作物枯萎，甚至会对家畜产生致命影响。在农作物生长季，中西部地区的温度上升程度远远大于其他地区。如果没有先进的农业技术，该地区农民的收入严重受损，随着暴雨或其他高温天气的出现，中西部农业生产水平将会退回到20世纪80年代的水平。随着经济萎缩、国际出口贸易缩减，中西部的应急管理人员不仅将要面对各类救灾物资和资源的匮乏，还要面对当地脆弱的生态环境和更加贫瘠的农耕区恢复工作[90]。

不幸的是，缺乏资金资助重建工作和减灾工作，尤其是受害人员是那些原本就非常贫困的人群时，情况就会变得更加复杂，迫使这些应急管理人员不得不完成这些原本属于社工、社区组织专家等的工作，而他们显然没有相应的教育和培训背景，从而根本无法胜任这些工作。在本书中，我们还会讨论如何应对这一棘手问题，但讨论的深度可能远远不够。

4.7 应急管理中的贫困和高危人群

众所周知，受各种灾难性事件影响最大的往往是那些贫困的人群。其原因有几个，其中之一就是贫困的人不能承担那些应对各类灾害的准备措施和减灾措施的花费。对贫困人群来说，高危地区的居住花费较低，但他们缺乏与各类灾难有关的科普常识，因此这类人群在面对各类灾难时通常更加脆弱，并且会反复受到各类灾害事故的影响。这种现象，在发展中国家更为突出。在很多发达国家，这种与贫困和社会地位相关的风险因素也同样存在。近期，联邦应急管理局发布的一份关于波多黎各地区最低水平居住援助的分析就证明了这个观点[91]。国家的经济水平及其国民素质严重影响着灾害事件的危害性后果的大小。经济水平良好并不代表这个国家或者其国民"肯定能够"在灾害中保护自己，经济水平实际上只是一种衡量国家和国民应对灾害的能力的指标。（图 4-2）

通过分析经济指标，还会发现很多其他因素。例如，贫困人群通常会被迫边缘化并选择到相对危险的地区生活。他们居住房屋的稳固程度通常并不足以抵抗那些环境风险。通常情况下，他们也很难熬过灾害发生后随之而来的必需品短缺问题[2]。（图 4-3）

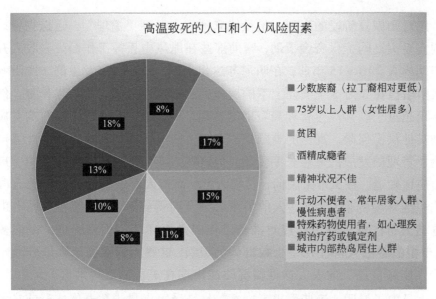

图 4-2 应急管理人员必须根据很多现实因素来选择不同的减灾措施

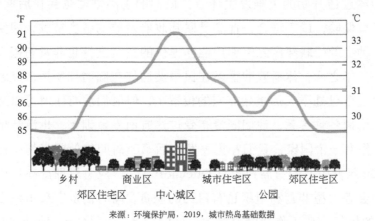

来源：环境保护局，2019，城市热岛基础数据

图 4-3 90%的湿度对不同地区的影响是不一样的

死于城市热岛（下文开始讨论这一问题）效应的受害者，跟卡特里娜飓风中的死者一样，都是那些贫困、年迈、常年慢性病患者，这些人在面对任何灾害事件时都是最容易受到影响的。在 2005 年的新奥尔良，很多人没能及时撤离的原因，是他们缺少必要的转运车辆、费用，没有得到及时医疗援助，或者是主动选择不撤离（因为他们不理解也不相信政府发布的各类预警信息，或者因为他们需要留下来照顾那些无法离家的亲属、宠物或财产免受"附近明显的威胁"的影响）[67]。换句话说，那些在洪水中被困在自家屋顶的人是因为他们没得选，他们需要帮助。同样地，联邦应急管理局在应对 2018 年波多黎各玛利亚飓风过

程中，应对和恢复阶段的失利，是没能立刻雇人开展"清理"、运送物资，也没能立刻向受灾岛屿提供资金援助，帮助那些在飓风中丢掉工作而失去收入并非常需要资助的人。10~15年前，在明尼苏达州上部，晚冬时节发生的一次洪水事件中，很多估值在3万5千美元上下的房屋完全被洪水摧毁，都急需修复，然而修复的费用超过了联邦应急管理局资助的费用。很显然，这些房子没有购买应急管理局或其他洪涝保险。真正的难题是，尽管一些幸运的拥有社保的人能够申请到小微企业管理局发放的低息长期贷款，但这些人实际上也很难按期偿付。应急管理人员应该知道，在灾难来临时，贫困人群、高龄人群或其他灾害易感人群肯定会面临生活环境的巨变，这些人的需求必须及时得到解决。对很多大城市来说，获取这些人群的信任是灾害应对准备工作的必要环节。不幸的是，在很多情况下，城市中的贫困人群往往是少数群体的成员，这些人通常被单独划分为一类，即不能"照顾自己"的人，这种情况往往出现在美国的农村地区。

以上是为了说明，这些受害者，尤其是当受害者是少数群体成员或贫困人群时，即便能熬过最开始的灾难发生环节，他们的生活常常也会在后期陷入困境。他们可能没有保险，或不符合条件享受联邦政府发放的各类贷款，即便是他们有能力偿还这种贷款，联邦应急管理局能够提供的资金支持也非常有限。在哈维飓风事件过去一年之后，休斯敦的很多住民仍然居住在临时住所里。应急管理工作人员经常发现自己处于灾后重建专家的位置上，但他们没有任何可以发放的物资，只能不停地协调各种关系，他们既没有受过这方面专业训练，也没有相关资源可供使用。"作为一个国家，我们在灾害发生后第一时间的处置工作中已经做得不错了"，灾难慈善中心的首席执行官Ottenhoff说。"应急管理局有自己的职责，类似红十字会等大型非营利组织也有自己的职责，同时很多宗教组织也会参与处置。但长期的恢复重建工作却没有得到很好的协调，一部分原因就是参与方太多，很难对现有的经费划拨去向形成一致意见"。美国住房和城市发展部通过很多方式为灾民提供援助，还有很多机构可以提供资助，如慈善渠道——非营利组织、教会、商会、个人等，这些渠道能够在一定程度上缓解灾害事件的影响，但如何通过游说来获得这些资助却是个难题。Ottenhoff认为，很多幸存者根本弄不明白这个复杂的捐助体系。他所在的机构一直在致力于帮助这些群体建立"长期恢复委员会"，该委员会能够准确确定在当地有哪些人需要帮助，显然这个工作没那么容易做成[92]。如果这些方式都没法实现，那么受灾群体就只能在最坏的环境下开始他们的恢复重建工作了。这些受害者也可能会被"追风"骗术欺骗，这次伤害他们的不是灾难本身，而是这些骗子提供的那些根本无法实现的承诺，抑或是价格高昂却差劲的各种服务，当然，即便是这种服务可能也仅仅是虚幻的[93]。应急管理工作人员还需要同时对这种骗局保持警惕。

4.8 灾害应对时的私营通信手段使用（美国电话电报公司）

2017年玛利亚飓风发生后，波多黎各地区超过85%的手机基站塔被摧毁，绝大多数互联网和电话网络被中断。飓风过去后，美国电话电报公司采取了多项措施来恢复波多黎各岛屿内部的通话信道，包括著名的无人机——"飞行的蜂窝站点"，为受灾民众提供了可用的数据和短信服务。这种无人机在离地200～400英尺（61～122米）的高度飞行，信号覆盖范围超过40平方英里（103.6平方千米），确保了应急处置行动的有效展开。在此前发生的多起灾害中，该公司同样使用了大容量通信能力的"轻卡蜂窝站"。在重大灾害事件发生时和发生后，通信需求压力巨大，在灾害应对准备阶段，与类似美国电话电报公司等私营通信公司建立合作关系可能会取得意想不到的效果[94]。

然而，随着通信系统的发展更新，疫病和预防控制中心在其编制的《风险和应急通信》中强调，在灾害事件中，如果想要真正解决民众面临的问题的话，政府的通信能力必须"及时、正确并可靠"。很多关于1918年西班牙流感暴发事件的研究指出，通信交流本身常常是不准确或不可信的，即使是准确的，也不会产生像其他方式那样多的积极影响。

在我们的联邦政府中，很多联邦机构资源由于多头管理被浪费或重复使用。这些资源通过不同渠道向州、地方政府、非营利实体或营利机构下放。

这一话题的讨论在其他章节也有涉及，对于应急管理人员来说，他们需要开始思考，为什么近年来被广泛诟病的联邦政府的失败居然如此之多（卡特里娜飓风、退役军人谣言事件、2017年波多黎各玛利亚飓风等）。国会习惯性地选择支持那些中等规模的经费申请和合同标的，并非因为他们更喜欢州政府，而是因为他们不喜欢联邦官僚。国会喜欢采取各种行动，但不喜欢那些官僚主义和税收，但事实上，这两者却刚好是支撑行动开展的手段。最终，国会解决这个矛盾的办法是，把压力或管辖权直接放到了他们可以直接干预的州一级或地方政府上，这些政府和机构的雇员的费用，并不由联邦政府支出[190]。应急管理人员就是在这样类似"九龙闹海"的环境下工作的，他们需要相应的知识谨慎地来直面这些复杂难题，因为显然，这些难题不会在短期内消失，也绝不会因为总统是谁或哪个党派执政而发生改变[191]。

4.9 重视在灾难事件中"罢工的"基础设施

尽管现在，这个话题已经变成了新闻媒体中的陈词滥调，但现实就是这样，在过去的几十年中，这个国家的很多基础设施已经年久失修并处于亟待维修的状态，几乎任何与天气相关的灾害都会对这些设施产生致命性的破坏。造成这一悲哀现实的原因，既有政治性的，也有经济甚至意识形态的，但如何解决这个问题，显然不是本书的重点。现在，在全国范围内，很多道路、桥梁以及污水处理系统的脆弱性肉眼可见。通常，这些日益衰败的基础设施构件被归因为自然灾害的破坏。路易斯安那州立大学法律中心的气候变化法律和政策项目的负责人 Edward P. Richards 认为，问题十分简单，"不断变化的气候，会导致河流改道、河道沉积以及海平面上升，这些都要求必须加固堤坝以及提高相关设施的抗灾强度，如大堤、水库、水闸和雨水渠。"

多数应急管理人员都会重点关注美国国土安全部列举的 16 项关键基础设施[96]。尽管目前根本没有足够的资源来解决美国当前面临的严峻的基础设施破损问题，也没有办法来应对气象灾害导致的设施坍塌问题，州级和地方应急管理人员仍然需要对这类设施进行定位、标图。除需要针对这些基础设施失效而制定处置预案以外，还需要提前思考极端灾害或恐怖主义袭击相关事件出现后，这些设施可能会受到何种影响。做到这些，应急管理才算是称职的。

这些基础设施通常是私人所有，这就为公私合作埋下了伏笔。对于那些政府所有的基础设施，公私联合制定可行的灾害应对准备预案可能是唯一的办法，因为不可能通过增加税收的方式来筹集资金对其进行修复，而现有的税收也不可能会分配到这项工作中。合作时，应急管理人员必须把所有问题一一列清，平和地把困难讲清楚，并尽自己最大的努力促成合作。

例如曼哈顿岛，是一个拥有巨大金融、商业、通信网络的聚合体，随着海平面的上升，最终保护曼哈顿的办法可能只有通过将其与海洋隔绝开来的方式进行，这就意味着要建设各种防水墙、堤坝、洪水缓冲带、泵站以及很多其他设施。考虑到上述任何一个设施都可能因"高回报"而成为恐怖袭击目标，并需要花费重金采取相应安全措施确保这些设施的安全，可能仅仅是针对主隔离墙的安保费用，就要额外花费数百亿甚至千亿美金。2018年，迈阿密决心要治理洪水灾害，而这项花费势必要高达数十亿美金。还有很多其他类似的例子。应急管理人员在这时可能就需要请求外援了，这些外援可能是实习生、高校的规划系或应急管理系，或其他相关智库资源。

4.10 天气原因引发的灾害、技术性灾害以及衍生灾害（使用大规模杀伤性武器的恐怖袭击）

下文将重点讨论在各种突发事件、灾害以及重大灾难性事件现场的决策工作。本章节，不会描述针对特定灾害而开展的应对准备、处置、恢复以及减灾环节的具体行动，因为关于"如何开展"之类的文献不计其数，例如①Haddow等人编著的《应急管理导论》；②Draebeck和Hoetmer的原创著作《国际城市和国家治理协会"绿皮书"》；③国际城市和国家治理协会2014年出版的《应急管理：地方政府的工作原则和方法》，作者是Waugh和Tierney；④Fagel的《应急管理的原则和应急行动中心》。在一些专业著作中也有涉及，如：⑤Henderson等人2002年出版的《生化恐怖主义：医疗和公共健康管理导论》；⑥Glarum等人的《医院应急处置行动小组》。

相反，本书选择了一些具体情境下决策制定做重点论述，并且重点在于处置行动阶段的决策问题，而不是从更为宏观的角度探讨长期性的灾害处置应对、重建以及减灾工作等，这些问题也会涉及，但是是在不同的灾害部分分别介绍的。①天气引发的灾害包括洪水、地震、龙卷风、飓风、冰暴、海啸、干旱、高温、山火以及与恐怖主义无关的技术性灾难。②恐怖主义袭击相关事件，尤其是重点讨论了国土安全部重点关注的一些问题，对于行动的实施等讨论偏少，因为应急管理人员在这时，并不是决策的核心人物，不像处置自然灾害或其他非恐怖袭击相关的技术性灾难，在这类事件中，应急管理人员的作用只是辅助性的，主要是就商品、设备和人员问题提供咨询。简言之，受伤民众和被毁基础设施的问题，不论是否是由于天气或恐怖袭击事件造成，都必须按照全灾种的方法调用现有可用资源来应对。

4.11 全球性的城镇化建设

2018年，全球大约有五分之三的城市中都有超过50万人正面临各种自然灾害的威胁，根据联合国《2018年全球城市报告》显示[100]，这些人非常容易受到气旋、洪水、干旱、地震、山体滑坡、火山爆发或者某几个灾种耦合等灾害的伤害。这份研究显示，全球超过1000万常住人口的大型城市大多都直接暴露在这些风险中，只有少数几个城市不受上述6类灾害威胁，或受影响较小。在过去的20年里，因这些灾害而死亡的人数高达130万人，有44亿人因灾害受伤、无家可归或需要紧急救助。

遗憾的是，这些城市中，最贫困的人群通常是直接暴露在这些灾害中的。一些大型城市虽然同样暴露在各种风险之中，却因为所属国家拥有相对完善的应急管理能力而风险较低。回想一下，2000多年前几乎彻底摧毁庞贝城的埃特纳火山仍然处于活跃状态，它始终是一个持续存在的威胁。或者，得克萨斯州的休斯敦，就暴露在严峻的飓风和水灾威胁中，但幸运的是，休斯敦位于得克萨斯州，该州拥有美国最好的一线应急处置装备和资源。但该州短板在于长期性的恢复重建工作、损失定损补偿、住房保障等效果差强人意，如果能按照国家相关法案执行，划拨经费达到联邦应急管理局要求的水平就好了。现在，全球气候变化和持续增长的人口数量正成为全世界共同面临的严峻挑战，很多学者开始研究探索一些新的城市增长和发展方法论，并期待这些新的方法能够缓解这些危机的威胁。问题是，任何办法都需要强有力的政治性和政府性领导牵引实施，否则就只能停留在理论阶段。同样，也没有人有决心来推动或知道怎样才能真正把这些超前的城市问题的解决方案落到实处。

在美国，地方房地产委员会通常是最了解关于城市结构和区域组成、发展方向和未来等相关知识的组织。长期以来，这个委员会在房地产领域发挥着巨大的影响力，他们通过游说市议会成员和州立法长官的方式进行"垂帘听政"，在幕后影响着城市的发展，这种影响力，只有他们自己以及那些大的地产商、建筑商以及银行才知晓。应急管理人员需要正视他们强大的影响力，同时也要意识到，他们既可以成为减灾工作的强有力支持者，也可能阻碍工作展开。但是，把这些人变为应急减灾工作的盟友，显然既不在应急管理人员的能力范围之内，也不是那些不主管地产行业的领导官员能轻易实现的。然而，多了解一些信息总归是好的，应急管理人员可以仔细观察投资是不是突然集中到了城市的某一区域，还是一切如旧。这种对当地的有关情况开展的调查，可以称为"灾前情报"。如果运气够好，观察到的信息可能一带而过毫无用处。如果有些地方被重大灾害严重摧毁，那么提前知晓"哪些人有什么、哪些人买了什么、哪些人在开发什么"这些问题绝对不是什么坏事。在一些情况下，靠谱的地产经纪人可以给应急管理工作人员提供十分丰富的信息。大多数房地产和城市规划专业的学生都被建议要经常驾车绕着城市周边转转，这种做法被称为"挡风玻璃调查"，目的是建立"变化观"（这种方法对于应急管理工作人员来说，在灾害发生时和发生后也都是一个好办法——当然，如果可行并且合法的话，在条件不允许自驾的情况下，也可以使用无人机的方式来开展这种调查）。大的地产公司通常会在他们企业拥有的物业项目的特定位置上放置相同的小金属标志。如果这个标志闪亮簇新，那就说明这栋建筑刚被这家公司买下不久，相反，如果某一区域内多数标志都脏污锈蚀，那就说明这个区域内，产权模式是相对固定的。不管怎样，城市内的恢复重建和减灾手段都十分重要，并且涉及众多方面，情况复杂。但对于经验丰富的应急管理人员来说，这些都是他们早就明白的。

大约 50 年前，卓有远见的建筑师和科学家 Paolo Soleri 提出了一个"建筑生态学"的概念，他把建筑和生态两个概念整合在一起，用生态建筑这个概念，来描述那些对整体生态环境影响最小的大型、多用途的建筑，也就是那些同时能够提供居住、休闲和工作空间，包含植物和原生态地表的建筑，这种建筑能够尽量减小人为因素对地表的破坏。在一份近期的关于城市发展和全球气候变化的现代概念回顾性研究[101]中，Stefani Boeri 提出了一个非常超前的建筑理念——"垂直森林"，他设计的建筑中专门为能够吸收空气中二氧化碳的树木和植被预留了生长空间。在意大利米兰，他设计了两个公寓建筑，建筑内有 20000 株植物和 20 种鸟类。这些观念的推广难处在于，它们只可能在一些富裕并且发达的国家内实现，当然，这些国家对这种建筑一定是有需求的；那些贫困人口多、人口压力大、暴露在各种灾害风险之中的大城市，同样也真正需要这样的建筑来缓解各种压力，但通常会因政治性原因或财政压力而无法推广这种实验性的建筑创新。当然，这些都是城市规划领域的超前沿思想，应急管理人员应该以 Boyd 上校为榜样，对于那些即便现在十分超前的想法也抱有欣赏之心。

Lucy Jones 博士总结了她多年来从事灾害应对、方案制定和相关研究的成果，提出了几个能够提升城市抗灾韧性的建议：

- **自我教育**。查找并记录你面临的各种风险。对可能需要采取的应对措施一一排序。重点筛查能够避免的风险。

- **与地方官员尤其是选任官员接洽**。例如,如果认为某些建筑规范需要修订完善,那么就想办法与立法代表取得联系。
- **与社区共同努力**。De. Carvallo 成功说服了国王及其下属,着手重建里斯本城,没有让悲伤和绝望继续下去。在日本,Maki Sahara 这名家庭主妇,选择了从家里走出去,帮助福岛的其他母亲一起对抗核辐射带来的恐惧。
- **牢记一点**,即灾难并不仅仅只存在于它发生的那一刻。
- **替自己考虑**。不要依赖现有方案,或幻想各类设施都能正常工作。正是大月市议会对防水墙的过度自信和依赖,海啸真正来临后才造成如此可怕的灾难性后果。

4.12 与天气相关的风险

4.12.1 洪水

洪水是全球范围内最为常见的灾害之一,1900 年至 2013 年间发生的各类灾害中,洪水灾害占 49%。这期间共计发生过 10 场重大洪水灾害。其中有几场死亡人数都在 50 万以上。发生在美国的洪水灾害,也造成了巨大的损失,在严重程度上不像印度那样惨重。1993 年的中西部大洪灾直接造成的经济损失超过 100 亿美金,卡特里娜飓风过后造成的洪灾经济损失高达 250 亿美金。现在,美国人口向沿海地区和洪泛区聚集的趋势愈发明显,随着全球气候变化的持续性加剧,在未来,美国面临着更为严峻的洪灾风险。在美国,有 20000 个群体、7%的国土面积面临着严峻的洪涝风险。此外,在美国所有灾害造成的损失中,有 90%是来自于洪灾,包括飓风和风暴潮引发的洪涝灾害[102]。除一些特殊情况外,减灾工作难度巨大并且充满不确定性,灾害处置工作看似简单,但实际上更复杂,涉及方面多、资源多,而通常情况下应急管理人员对这些外在因素都没有十足的控制能力。在全球范围内,多数应急管理从业人员都十分注意他们辖区或周边区域内潜在的洪涝风险,并且对洪灾可能引发的伤亡事件、经济损失甚至可能出现的大规模公共健康事件高度警惕。在美国的洪涝风险地区,应急管理人员需要时刻对洪灾可能引发的公共健康事件保持警惕:

- 缺乏饮用水以及卫生不达标的用水(沿河设置的各类净化水厂设备极有可能被淹没)。

- 农作物损毁以及食物供应短缺。
- 避难所或人员安置场所被毁（避难所工作人员、卫生、安全以及相关后勤事宜等经常出现问题）。
- 有毒霉菌暴露（浸泡在洪水中的墙体和木材会生出大量的霉菌，清除霉菌是洪水过后重建时花费最高的项目之一；很多情况下，清洁工人未配备合适的呼吸装备，极有可能暴露在各种致病霉菌环境下）。
- 卫生服务的中断（应急管理人员必须注意的是，国家灾害医疗系统派出的灾害医疗救援队不可能一直停留在一个地方，这些救援队提供的服务是无偿的，会对当地的医疗行业产生一定影响。一到两周后，这些外部提供的无偿医疗服务会在评估需求的基础上选择离开或确定援助结束时间。应尽量避免在恢复阶段把所有医疗服务压力都留给因灾害而受影响的地方医疗卫生系统）。
- 公共服务的中断（电力服务、邮政服务、垃圾处理服务等通常会因灾害而暂停，从而影响各类商业服务的运行，同时也会影响市民的正常生活）。
- 与洪水相关传言（洪水过后，通常会出现一个十分常见的公众偏执现象，他们会要求政府提供大规模的公共健康干预措施，包括发布疾病预防和控制的相关信息。尽管研究表明，此时启动这类工作根本没有任何科学依据，应急管理人员迫于压力可能不得不做点什么来表明他们对这一问题有所考虑，但事实上，在绝大多数情况下根本就没什么好的应对措施）。
- 与洪水相关的致病因素（贫困是洪灾发生时和发生后都需要重点关注的因素，低收入人群通常会居住在那些更容易受洪水影响的区域）。在某一区域多发的疾病，在洪灾发生时和发生后通常会暴发为流行疾病。在洪灾过去的 6 周内，高收入人群面临的影响，一半来自于他们清理物品时的"伤痛"，一半与疾病相关。腹泻、蚊虫爆发引起的各类媒介传播疾病，诸如红疹等皮肤病，甚至耐甲氧西林金黄色葡萄球菌等引发的疾病在洪水后都有可能出现。
- 社会洪水脆弱性指数（应急管理人员需要关注那些让民众更容易受洪灾伤害的因素，以及那些可能会影响恢复重建工作的问题）。
  - 失业；
  - 过度拥挤的居住环境；
  - 无主车辆；
  - 无主住房；
  - 长期疾病；
  - 单亲家庭；

- 老人[102]。

在一定程度上来说,美国已经很幸运了,因为洪灾以及相关灾害并没有像其他国家那样造成大规模伤亡事件,尽管卡特里娜飓风中有 2000 人死于溺亡。洪灾将会是美国长期要面临的风险,其严重程度在不断加剧,因为沿海地区和洪泛区开发的趋势仍然在继续,并且全球性气候变化带来的极端天气也在不断增多。根据美国国家海洋和气象局[103]的报告显示,通常,洪灾造成的死亡人数和损失都高于其他天气现象。很多年的数据都是如此,联邦政府公布的灾害致死人数中,有四分之三都是由于洪水灾害导致的;而所有灾害造成的经济损失中(不包括旱灾),洪水占了 90%。

通过对北加州 2018 年洪灾情况的简单回顾,就能看出洪灾相关问题是如何互相交织在一起,并聚合成为一个几乎不可解决的难题的。例如,第二年,在密西西比三角洲地区有大约 50 万英亩(2023 平方千米)区域被水覆盖,这是密西西比河流域的洪灾最高纪录。在北加州,洪水最开始淹没了发电站的煤灰池,此时,上升的水面又吞没了发电站后院的化粪池。随后,这可怕的混合物又扑向农场的猪粪发酵池。之后,水流淹没了周边大小城市的市政污水处理厂。此时的洪水,已经不但有毒,而且十分"恶心"。这是在相当长一段时间内最难处置的一次洪灾,运输、救援、公共卫生问题都因为这污水的成分而变得更为困难。据估计,超过 200 个污水处理系统内,大约有一亿两千一百万加仑未经处理或仅经过初步处理的管道污水被直接冲走,这些污水处理系统是之前特意针对工业污染而专门强化升级过的。事后,经检测发现,这些污水处理系统舱底共计有接近 600 种物质,是人们得病的主要原因[104]。

几年来,欧洲遭遇了超过 100 起重大洪灾事故的袭击,包括 2002 年多瑙河和易北河畔的重大洪灾事件。自 1998 年起,洪水已经造成 700 人死亡,50 万人异地安置,250 亿欧元的保险损失。目前,至少有 1000 万欧洲人生活在极高风险地区,如莱茵河畔,有价值 1650 亿欧元的资产正面临严重的洪水风险,公众关于相关卫生事宜的关注不断提升,欧盟自 2005 年开始发布《洪水治理指令》。《洪水治理指令》重点针对流域和沿海地区的人员健康、环境、经济活动、生活品质等设立减灾目标,包括强化通信系统建设、信息共享和传递机制,与科研团体、水利管理部门和抗洪机构合作开展课题研究,提升相关协调政策等。命令的目标是要求成员国做好针对洪灾的风险管理措施,确保民众、财产和环境安全,制定洪灾地图和欧盟经费支持的风险管理预案,并与相关群体协调政策[105]。

不幸的是,这个欧盟指令以及试图将各国自然灾害保险与区域性保险系统整合为一体的各种努力都被诟病为过时、无效。主要的质疑就是欧盟是否有必要采取统一的保险体系，因为众多成员国都有自己的解决办法。例如，瑞士，就采取了一系列有效的改革措施，而德国、意大利以及荷兰等国家则远远落后于瑞士[106]。

即便是最有天赋、最善社交的应急管理工作人员，在洪灾暴发之际，也无法仅凭一己之力来处理所有问题，不论是在洪灾应对或恢复阶段还是更为复杂艰巨的减灾阶段。这些问题包括法规、法律、水文、房地产、环境、公共健康和医疗、社会和民主问题、财政、信息、数据、政治观点以及人脉建设问题等。回忆一下本书曾经提到的 Herbert Simon 的警告，人类理解和处理问题是有局限性的，尤其是在时间紧迫并且压力巨大时。这并不是说那些联邦、州、地方政府的组织流程有问题，或应该忽略，而是说这些管理和规范架构始终处于动态的变化状态，而有时，应对这些变化需要一定时间和相应的资源来支撑。事实上，在绝大多数情况下，满足这些复杂的程序性要求的重要程度并不亚于灾害应对行动本身。当然，所处指挥层级越高，解决这个问题就越容易。基于这一理由，应急管理人员应该要与以下几个领域的至少一名专家建立直接联系：

（1）熟悉最新的联邦、州、地方性法规和相关流程的人员。此外，联邦和州政府的相关规则、经费和程序会随时发生变化，通常情况下并不能够提供足够的经费支持、明晰的法律规范条款和人员支持。

（2）至少要有数名数据处理专家，能够获取、总结并传递各类信息，满足关于"数据和信息"相关的政治性汇报要求。

（3）了解关于重大事故救援的实际运行情况和相关信息。

4.12.2　沿海地区洪灾

关于洪灾，还有一个应急管理人员都应该了解的重点区域（当然，不是说要知道如何去应对这些地方的洪灾），那就是沿海地区的洪灾。同时他们也要了解包括复杂的联邦应急管理局洪灾保险、私人保险、减灾、海岸线物业重建等相关问题。这些问题正变得越来越复杂，就像之前提及的那样，越来越多的人被各种原因吸引到沿海区域工作和生活，尽管这些区域存在很大的洪灾或其他灾害风险。很多时候，一些问题会被当地居民处理得十分完美。例如，记者 Karen MacClune 发现她走过的每一个地方都能看到一些之前洪灾经过后留在墙壁上的水迹，有的 3 英尺（1 英尺=0.3048 米）高，有的 5 英尺高，甚至还有些地方的水迹高达 15 英尺，事实上这些建筑有 80%都没有任何洪水保险。哈维飓风造成了 1250 亿美元（通胀校正后）的损失。在很多类似休斯敦的地方，已经采取了一些基本措施来应对极有可能发生的洪灾风险，但仍然远远不够[107]。为了强调沿海地区洪灾的急迫性和破坏性，应急管理人员绝对不能忽视沿海区域的物业价值，在迈阿密戴德郡的海岸线区域，仅在 2005~2016 年期间，就遭受了 4.65 亿美元的经济损失，加上过去 2 年的损失，这个数字将会更高[108]。

全球性气候变化会引起海平面上升，会引发更强烈的风暴和风暴潮，在海岸线区域居住的人越来越直接暴露在这些洪涝风险之中。桑迪飓风中，联邦应急管理局和重大事故救援基金发挥了重要的作用，也提供了一个经典又悲哀的洪灾保险的案例：这些保险赔偿金一直被不断地重复用于修复因洪灾而遭到破坏的同样的建筑，修复成本不断增加，同样也阻碍了减灾措施的开展，这些减灾措施目的在于降低灾害损失总数。沿海地区洪灾应对工作的复杂程度是应急管理工作中最高的一类。它涉及地产商、银行、法律、保险、环境、业主群体及其政治代表等诸多方面。在迅速变化的法律、心理和政治环境下，了解这些群体，并掌握他们的需求、动机、能力，这几乎是一个不可完成的任务。这种情况下，应急管理人员应该尽可能掌握这些信息，更关键的是确保自己能够接触到掌握这些方面信息的人员。这些能量巨大的参与方认为自己才是正确并且正义的，至少从他们的个人利益和信仰角度出发他们的确是正确的。应急管理人员的工作，几乎都在触碰底线，但应急管理人员必须要了解这些最基本的游戏规则。

公共卫生部部长法学博士 Edward P. Richards 曾经重点列出了一些应急管理人员应该掌握的具体问题，但极少有现成的法律规范工具和政治手段可以解决这些问题。在路易斯安那州立大学法律中心气候变化法律与政策项目中，路易斯安那州立大学法学院法学教授 Clarence W.Edwards 引用了 Mark Collette 的一篇重要文章——《洪灾游戏：洪水保险是怎样导致灾难重复出现的》。该文章最开始被发布在了一个由 Dan Farber 发起的灾难法律网络社群，随后便得到了 Richards 教授等法律专家的强烈支持。为了说明联邦洪灾保险机构面临的困难，可能还要多少介绍一些细节。2018 年联邦应急管理局决定大幅缩减针对洪灾保险机构的投入，但稍后不久又取消了这个决定。这种朝令夕改的做法一再提醒世人，政治决策不一定是基于最优结果做出的。

"洪灾游戏"是 Mark Collette 为休斯敦纪事报撰写的文章，他发现，休斯敦甚至全美国的官员都没能推行一个强有力的统一举措，用来支撑由纳税人补贴的国家洪水保险司（联邦应急管理局管辖）：确保对严重受损的房屋进行评估甚至将其从洪泛区拆除，这可能是一个非常直接并且有效的减灾措施。数以千计的房屋被重建修复，随后再次遭受洪水破坏，这种花费通常比房屋本身的价值还要高，重复性的损失要花费纳税人总计 10 亿美金。该司长期处于负债状态，并在 2018 年被宣布停运，此后再也没有得到国会的授权。根据联邦相关规定，承担洪灾损失评估任务的人应该是地方官员，同样也应该是由地方官员根据损失是否超过房屋总价的 50% 来选择是否申请拆除。但告知因洪灾而饱受折磨的受灾人，"他们还需要通过住宅改进项目来进行安置这件事"，不论是情感上还是政治上都不是一件容易的事，所以很多官员会选择低报损害估值，让这些人和他们的住宅继续留在这些十分危险的区域。由于受灾人的房屋是享受联邦保险赔偿的，计算损失这件事不再仅仅是计算价格，因为联邦政府把这种决策的压力压在了地方官员的肩膀上。其结果是，所有人都要因为这种不恰当的评估结果付出代价。美国人支付代价的方式就是面对各种灾难：高洪峰水位的原因是那些房屋原本就不应该建在该处，这种行为本身就是对沿线减灾努力的一种破坏；在重大基础设施项目中努力保护那些高危房屋；租住或购买高风险区域的修复性住宅，开发商赚了一笔钱后转身离开，留下的是花了钱的租客和业主。更直接的代价是，耗费大量联邦政府补贴的洪灾保险金以及财政部为保险司提供的巨额援助金来开展这种没有任何意义的修复工作。

2011 年，哥本哈根部分地区发生重大洪灾后，当地官员制定了一份强化城市对抗洪灾能力的计划，尤其是对那些难以预见的因倾盆大雨引发的洪灾事件。纽约市是哥本哈根的伙伴城市，他们针对增加城市蓄水能力的设计开展了调查研究，如用草坪替代沥青（因为沥青不吸水），降低游乐场和篮球场地标高，以便这些场地在风暴中能够蓄水。在 2012 年的桑迪飓风中，洪水漫过了 51 平方英里（132 平方千米）、约 17% 的城市土地面积。根据哥本哈根官员 Lykke Leonardsen 所说，专门创造一个用于应对风暴洪灾的设施，就要确保绝不会出现污水和洪水搅和在一起的情况，因为在这种情况下，洪水已经不仅仅是一个灾害，而是一个公共安全问题了。增加了绿地面积后，当下水道被污水淹没时，目标应该是因势利导，如果地面无法全部吸收，就让洪水通过地表的设计流到那些可以暂时储水的地方[112]。

关于减灾、规划设计以及保险问题的复杂性，还有一点需要注意。洪灾造成的破坏，会拉低社区整体财富水平，也可能会造成保险费用的提高，甚至会造成税费的提高。Jonathan A. Miller 提出了上述问题[109]。

关于应对洪灾和海平面上升风险的各类联邦政策和规范通常标准更高，但在当前的监管体系下，这些高标准被不断降级。这种情况下，这种信用评级降低的威胁就会以一个非规范性的驱动力形式出现，推动未来的风险应对和风险适应工作。现在，暴露在各类风险中的一些人群的信用评级已经被降级，部分原因是他们在重大灾害中失去了按期缴税的能力。海平面上升对沿海地区的影响日益明显，房屋因此贬值，对税收的影响将会带来新的债务偿还问题。信用评级机构，在几年前曾经发表过一些文章，文章关注了城市信用评级中气候变化带来的影响。那些负责城市规划和实施风险适应措施的主动派，目前采取的措施似乎忽略了通过提升税收来应对借贷加息的可能性（借贷利息的提高是与债券降级同时出现的），原因是应税财产因海平面上升在未来可能会出现贬值问题。政府当局，如果现在不能着手解决这些跟气候变化相关的各种威胁，可能在以后就不得不通过加税的方式来支付投资人主张的增加债券收益[110]。此外，如果洪水保险、泄洪渠道设计，以及洪灾减灾这些话题还不够复杂的话，再加一点，推进这些政策的执行落地和经费支持的，是联邦机构和国会的职责。

4.12.3 地震

地震是所有自然灾害中破坏性最大的。在平时，地球看起来坚固并且稳定，很难想象有一种力量强大到能够把平地推起变为数英尺高的陡坡，将粗壮树干一折两段，将河流和湖泊的水打散，产生能够传播到数千英里之外海域的高速地震波并摧毁城市内的所有建筑。产生地震的力量跟塑造几大洲的力量是同一个，它能轻易折叠和打破地球坚硬的地壳。当这一长久被压抑的力量突然被释放出来，其影响力和破坏力是可以预见的——巨大的灾难[113]。针对这类灾害的应急管理决策行为实际上早在地震发生数年前就已经完成，比如，跟声势浩大的灾难本身相比，人们通过相对安静并更为安全的方式开展地震灾害训练和演练，努力推动抗震建筑规范的推行和实施等，这些举措能够发挥的作用几乎是无法想象的。幸运的是，现代地震科学的进步使得预报地震事件的准确性不断提高。但不幸的是，这种预报还不能提前数月（甚至哪怕是数天或几个小时）发出警告，而针对地震灾害采取一些应对准备，就必须要这么长的时间。

在地震活跃的地区，潜在的破坏风险可能是灾难性的，因为美国目前的救灾资源储备水平还远远谈不上"高效应对"。例如，在新马德里地震带上，有超过400万人正面临7.7级地震的威胁。美国中部地震联合会2008年的一项覆盖8个州的研究发现，如果该地发生地震，田纳西、阿肯色、密苏里三个州受影响最大[断层恰好位于密西西比河床之下，孟菲斯市（美国田纳西州城市名）中心位置]，伊利诺伊和肯塔基州同样也会受到地震影响，接近 715000 座建筑会被摧毁，这意味着需要 42000 名搜救人员分为 1500 个搜救队开展救援行动；140 个位于断层附近的郡县内的所有重要基础设施都会被彻底摧毁（公用工程、交通枢纽、基本设施）。对于美国中西部南方的新马德里地区来说，一次重大地震就会带来巨大的损失，地震将导致超过 3500 座桥梁受损，接近 425000 个家庭断电，伤亡人数共计 86000 人；接近 130 家医院被摧毁，720 万民众在震后 3 天仍然无家可归，200 万人需要临时避难场所，需要大量的基础护理和安全防卫人员，而后者可能比医疗团队更难配齐；据估计，地震直接造成的经济损失将高达 3000 亿美金，间接经济损失高达 6000 亿美金；上述数字是 2009 年美国中部地震联合会的研究结果[114]。

根据预测，北美西海岸沿线的卡斯卡迪亚断层，极有可能会因为加拿大不列颠哥伦比亚省至加利福尼亚州门多西诺角总长 800 英里（1 英里=1.609 千米）的海岸安全区断层完全断裂而产生 9 级地震，震中位于俄勒冈海岸 60 英里位置（图 4-4），地表晃动将超过 5 分钟，并产生超过 50 英尺高的海啸波，海啸波会在地震发生后的 10～30 分钟之内抵达海岸。预计在这个 700 英里长的海岸线上，将有 830 万人受到地震影响。250 万人在地震 3 小时内需要基本生命支持。此时，对医疗和太平间服务的需求远远超过美国现有的水平。仅仅在旧金山区域，一次稍有规模的地震就有可能造成 25 万～40 万人无家可归[115]。

图 4-4　卡斯卡迪亚龙卷风发生后，给应急管理工作带来了巨大的挑战。
此时，需要创新性的工作思路来解决问题

对于坐落在活跃地震活动带上方的区域，应急管理人员面临的难题在于如何权衡罕见但有可能发生的重大地震灾害带来的破坏性后果，以及这一事件在未来几个月内、甚至几年内都不会发生的概率问题。对于那些始终处于经费和人员缩减状态的地区，应急管理工作最简单的办法就是不在复杂的地震减灾工作上花费太多时间（建筑规范、桥梁安全等），因为这些工作需要涉及的人员和机构众多，同时需要花费大量的时间并集中精力方能完成，地震应急训练和准备工作很少能看到"回报"。州政府和地方政府的应急管理人员知道，在那些地震风险高发区，联邦应急管理局地区办公室和总部会经常开展地震相关的训练和演练，但是跟地震相关的建筑抗震等级规范等的制定始终是州政府和地方政府的职责，在这项工作上，应急管理局只能够在一定程度上提供一些帮助。如果辖区内已经有相关的建筑法规和大规模疏散预案等，且辖区恰好处于最不容易出现类似事件的区域，那么应急管理人员就可以把重点放在拓展基于多种互助机制的大规模人员预分配和物资调配、互操作通信系统、指定社交媒体和其他工作上，以便在承担支援任务时能够最高效地发挥自己的特长。

对新马德里地震带的州级建筑法规的回顾有助于大家理解地震灾害准备工作和"预减灾"工作应该如何有效展开。美国境内，州政府和地方政府有权决定地方建筑法规的采纳和执行。由于这类规范属于技术含量较高的规范性文件，需要有专业知识、技能和资源的支撑方能完成制定工作。最有效并且最实际的办法是，地方司法机构直接选择采用国家标准规范，如《国际建筑规范》。实践证明，采用并执行全部地震条款建筑法规的地区，在重大地震灾害中能够有效减少生命和财产损失。200多年前，该地两个月内连续发生过三次地震，造成了巨大的损失，甚至直接改变了密西西比河的流向。现在，有900万人生活在新马德里地震带上。尽管地震的发生频率并不，像加利福尼亚州那样高，但该地区很难再次承受第二次严重的地震灾害。除重要的风险因素外，加利福尼亚州很多地方都没能采取足够的地震保护措施，尤其是没有采用并执行相关建筑法规，或充其量只是部分采用了一些条款。详见联邦应急管理局关于新马德里地震带区域各地建筑法规执行采用情况简介[116]。从国家贷款的角度来看，地震造成的损失也是巨大的。一份来自 R Street 的研究估计，地震可能会给联邦抵押贷款机构带来超过2000亿美金的损失，原因是抵押人的房产在地震中被损毁，因为在通常情况下，绝大多数美国人购买的住宅保险都不包括地震险[230]。

100年前，旧金山发生过一次长达3天的地震[117]。其间，有40万人被重新安置，地震引发的火灾烧毁了500个街区的28000栋建筑，据估计，有3000人死于地震引发的各类事故。加利福尼亚州的绝大多数区域都处在高度活跃的地震带上，地震频发。数十年来，民众始终强烈反对在州内建造高层建筑，但奇怪的是，旧金山市却开始鼓励在城中心区域建造密度更大、高度更高的建筑群，现在该地区有超过 160 栋建筑高度在 240 英尺以上。加州现有的建筑规范中，对学校和医院抗震等级做了明确要求，但并没有对高层建筑的要求，5 层建筑和 50 层建筑的适用规范是一样的。这不是一个明智的做法。对地震风险的忽视，已经对加利福尼亚州很多场所造成了严重影响，例如，高速公路的过街天桥、市政办公楼，这些场所已经被重新加固，但据统计，在湾区有四分之一的建筑面临 7 级地震时都有可能发生坍塌。1994 年诺斯里奇地震中发现，曾经被广泛采用的焊接技术并不牢固（旧金山和洛杉矶的很多建筑都没有做过翻新加固措施）。尽管如此，加利福尼亚州在 20 世纪针对地震应对准备工作也取得了一定进步。幸运的是，很多加利福尼亚州人都居住在单体木结构住宅内，这种结构的建筑在地震灾害中的稳固程度相对较高。但这些都不能减少州政府和地方政府在推行建筑法规修订工作中面临的政治和经济难题，州政府希望在这些规范中加入对现有的结构采取加装等方式实施加固的要求。

宝贵的经验不是一定来自于那些拥有最先进的应急管理能力的发达国家。在 2010 年 2 月，智利发生了一场高达 8.8 级的大地震，这是历史上记载的第五大地震，地震使得地球轴线较之前倾斜了 3 英寸（7.62 厘米）。地震中，智利的很多道路、学校、医院、商业机构和其他基础设施被彻底摧毁。新获选的总统 Sebastián Piñera 在地震发生后迅速就职，并立刻组织内阁大臣们救治伤员、掩埋死者、修复医院、帮助民众重建家园。他要求内阁在非常短的时间内必须完全恢复基础设施和受损建筑功能，但他并没有给出具体的实现方法，这些恢复重建任务全部扔给了他信任的团队。这位智利总统的做法看似不寻常，但他的行动实际上重点分明。例如，他要求教育部部长想办法在 6 周内全部学生恢复课堂教学。Piñera 总统的策略和战术：①传达战略意图，确定了一个长期的恢复重建规划，并效果良好；②使用了分层领导的方法，确保每个层面的负责人都能够执行他的战略，但主要是在地震发生过程中这样做；③从更为宏观的视角审视灾害事故，避免了微观处理的错误，比如，他下令执行了多种决定，效果都比较好，后来换届选举时，他成功连任[118]。

州政府和地方政府的应急管理人员必须独立决定好如何使用原本就人手不足的团队和其他资源，从而成功协调建筑规范、不同人群、资源和利益之间的冲突，高效开展地震应对准备工作和预减灾工作。这项任务十分艰巨并处处受限，尤其是应急管理人员在面对大型私营商业和机构时，他们并不具备行政管辖权。

但任何看起来不起眼的工作，都有降低人员伤亡、提高资源使用效益的作用。

4.12.4 火山

火山通常被归为发生概率小，但破坏性极大的一类突发事件，在全球范围内，每年仅有 2~4 起火山爆发事件，但通常会造成巨大的伤亡事故。如果所在地区附近根本就没有活火山的话，应急管理人员极有可能会在预案制定和训练演练阶段忽略这种火山爆发的灾害。在美国，现在至少有 18 座火山随时可能爆发，《国家地理杂志》在一个互动网站上发布了一个关于这一内容的非常惊人的视频[119]。（图 4-5）

图 4-5　一座活火山

根据火山类型、火山喷发频率、引发海啸的风险、喷发熔浆的风险等 15 类因素，对火山进行分类。这种分类还考虑 9 个风险暴露因素，这些暴露因素与火山爆发对当地居民的影响有关，如以往的死亡人数、附近居民数量等。

（1）夏威夷基拉韦厄；

（2）华盛顿圣海伦斯山；

（3）华盛顿雷尼尔山；

（4）阿拉斯加堡垒火山；

（5）加利福尼亚州沙斯塔山；

（6）俄勒冈州胡德山；

（7）俄勒冈州三姐妹山；

（8）阿拉斯加阿库坦岛；

（9）阿拉斯加马库欣火山；

（10）阿拉斯加斯普尔山；

（11）加利福尼亚州拉森火山中心；

（12）加利福尼亚州奥古斯丁火山；

（13）俄勒冈州纽伯里火山；

（14）华盛顿贝克山；

（15）华盛顿冰川峰；

（16）夏威夷洛卡山；

（17）俄勒冈州火山口湖；

（18）加州长谷火山口。

火山拥有巨大的破坏力。1783年和1784年，冰岛的拉基火山爆发，造成了历史上死亡人数最多的一次伤亡事件，有超过数百万人死于这场事故，火山爆发造成的二氧化硫和其他致命气体云弥漫在地球上空，覆盖了欧洲大部分地区。埃及上空的毒气云完全遮住了阳光，造成原本每年都会出现的季风第一次在埃及缺席，直接导致了严重的干旱和饥荒爆发。印度因饥荒导致的死亡人数高达1100多万，日本死于饥荒的人数至少有100万人。

火山致人死亡或致病的途径有很多，包括直接烧伤、火山灰或其他矿物质导致的窒息、山石乱飞造成的创伤、迅速融化的冰雪导致的洪灾和泥石流、热岩浆等。

火山灰会随着空气飘散到数百英里以外的地方，并在随后的数年内影响全球气候。火山灰熔化且气化后会附着在发动机表面，对飞机引擎产生破坏，火山爆发还会造成严重的旅游业中断，尤其是在东南亚（2015年11月15日 拉昂山，印度尼西亚）、南太平洋（2014年8月，塔武尔夫山，巴布亚新几内亚）、北欧（4月20日，埃亚菲亚德拉火山，冰岛）几个地区。火山爆发也能引发"侧向爆破"，会把很多大块碎石高速冲击到几英里之外的地方，有时，整片森林都可能因火山爆发产生的高温被摧毁，或者被岩浆直接吞没[2]。高温同样可能致人死亡（大约500华氏度），重于空气的火山灰和气体混合物会沿着火山山脉以50～300英里/小时的速度迅速蔓延[120]。火山灰会污染水源，引发电磁风暴，长年累月沉淀在屋顶的火山灰和其他物质也可能造成房屋坍塌。

应急管理人员在面对即将爆发的火山时，承担着双重任务：一是快速开展人员疏散撤离；二是迅速针对医疗任务实施互助措施。现在，关于流体灾害和火山灰沉降的计算机模拟方法与建筑物和道路脆弱性分析研究等都被广泛应用于风险和灾害推演，并已经成为危机事件中的辅助决策手段。2006年秋天，在那不勒斯（意大利西南部港市）举办的重大危机模拟演习，是第一次采用"实时"演习的方式来检验危机预案的有效性，演习检验了风向的预测能力和安全撤离路线的选择等具体问题[121]。

4.12.5 海啸

海啸是大量海水发生迅速位移而产生的系列波动脉冲，通常是由于地震引起的，火山爆发和山体滑坡也有可能会引发海啸。在开放海面，海啸产生的波动能够在一小时内传播到400英里以外，这种波动的高度可能只有几厘米。当这些波动接近近海的浅水区时，它们的移动速度会降低，但波动高度会迅速上升到100英尺甚至更高。海啸在海洋的任何区域都有可能发生，但太平洋海域拥有最多的地下震动，这些地下震动通常是由于相邻海洋峡谷边缘的互相碰撞引起的，而不是由于相对和缓的大陆架地壳运动引发。（图4-6）

图4-6 海啸过后，海岸数千米外受灾的区域

海啸可能会在海水涨潮阶段加剧，也会在月圆时最为强烈，因为此时月球对海水的引力最大。目前，没有任何海啸预警系统能够灵敏监测火山和山体滑坡这两种足以引起海啸的灾害。直到2018年12月，印度尼西亚仍然没有更新该国的

海啸早期预警系统,要知道,这个国家曾经遭遇星卡旺台风袭击,超过 430 人遇难。印度尼西亚政府在此次事件后,承诺会更新其预警系统,将可能会引发海啸的水下火山活动和山体滑坡等地质活动纳入监测系统。

有些海啸引发的灾难性后果几乎是人类无法想象的。例如,死亡人数最多的是 2004 年发生在印度尼西亚的节礼日海啸,这次海啸对周边 14 个国家都造成了一定程度的破坏。在苏门答腊北部地区,海啸造成 23 万人死亡。此次海啸是由于一场 9.1 级的水下地震引发的,海啸波平均高达 100~150 英尺,最大波长达到了 167 英尺。4 年后,班达拱门海岸发生了另外一场地震,地震引发的海啸造成 15 万~20 万人死亡,另有 50 万人受伤。随后不久的 2011 年,一场高达 9.0 级的地震袭击了日本东北部地区,引发的海啸波高达 133 英尺。此次海啸造成了一场严重的核事故,有 15.8 万人因此次事件死亡,造成经济损失超过 2500 亿美元,这是人类有史以来损失最大的一次自然灾害[122]。

近年来发生的海啸,对美国及周边地区都产生了一定影响。在 2009 年 9 月 29 日早 6 时 48 分(17∶48 UTC,协调世界时),位于太平洋西南部的萨摩亚群岛发生了一起 8.1 级(矩震级)的地震。太平洋海啸预警中心迅速判定如此高级别的地震肯定是发生在海底并比较靠近地表的位置,而在该地区曾经因地震引发了海啸事件,这意味着此次地震可能使得海床发生位移,因此十分有可能引发海啸。太平洋海啸预警中心在几分钟内迅速向萨摩亚、汤加、美属萨摩亚及周围的几个群岛发布了海啸预警。在 2009 年的南海岛屿群附近,这些致命的海啸波只对震中附近的几个岛屿产生了影响。萨摩亚的海啸波有近 40 英尺高,造成当地 149 人死亡;在附近的美属萨摩亚,海啸波甚至还要再高 23 英尺,造成 34 人死亡;汤加的海啸波最高达 72 英尺,造成 9 人死亡。还有一些更小的海啸波在太平洋区域传播,但没有造成其他任何伤亡或损失[123]。除了太平洋盆地内海啸频发以外,还有一些发生在其他地区的数量虽然不多,但强度较大的海啸,也对美国沿海地区造成了一定影响。在 1964 年,西海岸史上最大的一起海啸就是由阿拉斯加的一场高达 9.2 级的地震引发的,巨大的海啸波席卷了整个沿海地区,包括北加州地区的新月市,11 人死于此次海啸。从阿拉斯加沿太平洋海岸经加拿大到美国的这条海岸线上,超过 20 英尺高的浪涌吞没了 30 个城市街区,共有 100 人死亡。对于那些因重大地震引发的海啸,比如 2018 年 10 月发生在印尼的那场海啸,地震液化加上海啸本身的威力,产生了灾难性的后果。在印度尼西亚帕卢,官方披露的死亡人数超过 2000 人,另有 5000 人下落不明,因为在受灾最严重地区的搜寻工作需要被迫暂停。对印度尼西亚来说,在 2004 年 9.1 级地震和海啸已经导致 28 万人死亡之后，这种大规模死伤的悲剧却仍然一再重演[125]。

沿海地区的应急管理人员，尤其是在太平洋沿岸地区，需要对可能发生的海啸灾难保持警惕，但通常情况下，只有发生了海下地震或海床位移时，海啸才可能会真的发生。如果这种灾难真的发生的话，各类官方或私人组织和机构都需要参与应对行动，但通常情况下，这种灾害中的伤亡事件，几乎是无法完全避免的。树洞海洋研究所开发了一个解说性非常强的网站，能够在海啸预测和应对的各个方面和环节帮助应急管理人员。海啸高风险地区的每个应急管理人员都应该掌握当地的基本情况和应急处置能力。同样，急救中心、联合医疗预案和行动、国家灾害医疗系统、环保局、美国空军、防务协调官和联邦应急管理局彼此之间的关系，以及最新的通信联络信息，在此刻也会立刻变得格外重要。此外，应急管理人员还可以参考《纽约时报》开发的一个关于 2011 年日本大地震海啸破坏性的滑块式图示（Ref. 2, pp. 53–54）。关于近 300 年内发生的所有重大海啸的信息都可以在美国国家海洋协会制作的《地球展示系统》[128]找到。加利福尼亚州海啸的主管机构正在开发相关产品，有助于：①海上相关群体了解其所处港口周边的海啸风险，并了解一旦海啸真正发生时，怎样驾船离岸逃生；②应急管理人员怎样针对低级别预警事件制定小规模疏散撤离方案。近年来，由于海啸引发的洋流波动，是造成大部分损失的主要原因，模拟洋流流速应该纳入到未来预警中心的预报产品之中[129]。

4.12.6 飓风

在曾经发生过的所有自然灾害当中，卡特里娜飓风是破坏性最强的一个，共计造成 800 亿美元的损失。2013 年寒潮/桑迪飓风造成了 200 亿美元的经济损失。这种规模的飓风破坏性会波及多州，恢复重建期延长到一年甚至更长（例如卡特里娜飓风）。近年来，美国和欧洲的飓风预判模拟技术取得了长足的进步。这种灾害发生时，应急管理人员和所有人都能看到它们在逼近，但永远也无法提前确定飓风的真正着陆点以及危害程度。如果风暴速度超过 74 英里/小时，飓风预警中心就会对这个风暴进行命名，州和地方应急管理机构的工作会相对容易一些，因为风暴从大西洋方向着陆后，风暴轨迹的预测就会更加准确。卡特里娜飓风引发的海浪高达 28 英尺，对亚拉巴马、佛罗里达、密西西比和路易斯安那几个州造成了巨大破坏。尽管风的破坏性（尤其是那些高级别的风暴）有可能是致命的，但损失统计发现，伴随飓风而来的洪灾和风暴潮造成的损失更大。因此，前文使用了大量的篇幅来介绍洪灾，那些内容同样适用于飓风应对，此处不再做重复介

绍。(图4-7)

图4-7 被风吹倒的树可能会对附近建筑造成巨大伤害

在飓风风险较高的区域工作，应急管理人员很快就会成为专家，熟悉各种飓风预判因素，如飓风轨迹上的水温变化、致命的"风切变"、预计飞行轨迹等。由于飓风的影响规模和变化可能会非常极端，很多飓风高危州，如佐治亚州，经常开展飓风灾害互助性的预备"联盟"活动，非常有现实意义。通过这种方式，能够将地方、州、联邦、私人企业和非营利组织都统合起来共同参与应对。例如，佐治亚州的灾害恢复志愿者委员会，就是由全州的地方和政府机构、宗教机构和非营利组织组成的，他们致力于帮助幸存者解决各种问题，如经济上的援助、遗容整理、住宅修复，还可以提供危机和心理咨询辅导。简言之，这个机构能够提供各种身心健康的"一条龙"服务。

所有灾害恢复组织：
- 有责任强化地区内的灾害协调工作，通过信息共享、简化程序、合作解决困难问题；
- 需要帮助受灾家庭制定恢复计划，并确保这些家庭能够得到足够的帮助；
- 应该由很多组织和群体的直接代表共同组成；
- 与其他所有参与机构和单位是平等伙伴关系。

关于灾害中志愿者组织的更多信息，参阅相关网站[130]。其他"盟友"，如，末期肾透析病患者和直接提供透析服务的机构遍布全国。这种机构非常容易受到飓风或其他灾难性事件的影响，因为灾害会直接影响医院或家用移动透析设施的电力供应，这会直接威胁到这些患有严重肾病的人的生命安全。更多信息参见相关网站[131]。

近期在《应急管理》期刊刊发的一篇文章对于沿海地区的应急管理人员应该有所启发，那就是，类似 6 级飓风和剧烈且致命的风暴潮这种看似遥不可及并且发生概率极低的事件，现在正因全球气候变化导致发生概率变大。例如，2015 年的帕特里夏飓风在抵达墨西哥时的风速超过 215 英里/小时，幸运的是在着陆时风速降了下来[132]。还有一份研究预测，现在那些裹挟着更多水分、速度更低、湿度更大、危害性更强、级别更高的飓风的强度和发生频率变得越来越高[133]。尤其对佛罗里达州的应急管理人员来说，这种趋势要求灾前的准备和减灾工作要付出更多的努力，但在相关经费逐步被压缩的情况下，就需要更重视互助联盟和志愿者团体的作用。应急管理人员不能控制未来，但如果这个未来十分可怕，就像以往发生的各类飓风灾害那样，应急管理人员需要努力"提前两步甚至三步"去分析问题，并提前做好应对方案。例如，佛罗里达自 1970 年后，新增了 1500 万常住人口，其中，有很多人扎堆到海湾或大西洋沿岸附近的风暴高发地区居住，在海湾地区（包括得克萨斯州）的建筑抗灾等级较强，但却因为沿海地区的过度开发，每每出现的受灾损失都十分严重。人们的住宅建得越来越大，公寓面积也越来越大，酒店规模及其服务人员规模也在变大，这些都让风暴灾害造成的损失越来越大。灾难性损失防控研究所主任 Glenn McGillivray 说："建筑物、建造方法以及建造场地是灾害损失的三个催化剂，现在建筑的建造位置，距离已知的风险都太近了。"在更大层面来看，关于沿海湿地、堤坝以及其他构件的讨论一直不绝于耳，人们希望通过这些建筑来保护面临灾害威胁的新开发的地区。减灾的成本也在不断增加，佛罗里达州内的住宅保险费用已经是全美最高了，这就是这个观点的最好论据，同时，国家洪水保险司的赔付金额也在逐年增长[134]。

关于灾害保险理赔条款的另一个好的例证就是，Kendra Pierre-Louis 发表在《纽约时报》上的一篇文章，他们引用了很多飓风灾害研究专家的观点，总结了一些关于飓风的现实问题，这些问题不被人们熟悉，或是经常被错误理解，那些在飓风高发地居住的居民也是如此。

• "不确定锥区"十分令人费解。一个关于灾害相关概念的认知差距的例子就是被人熟悉的"不确定锥区"。这个概念一直被人错误使用，预报局的一位名为 Jeff Masters 的气象学家说，很多人看到这个锥区图后都会想，"哦，这是这个风暴的宽度"，但并不是，这实际上是我们希望能够追踪到的风暴中心。即便我们的眼睛始终盯着这个圆锥体，事实上的确眼睛都不敢眨，仍然有三分之二的概率会出现灾难性的风暴、洪灾和风暴潮。

• 水比风更容易致人死亡。风暴潮被风推向近海地区的上空时，产生的危害比风本身更可怕，因为很多人会因此而溺亡。此外，风暴潮不能使用风暴等级的概念，风暴潮的速度能够轻易把人卷离地面。

- 有危险的地方不仅仅是沿海地区。风暴潮的可怕性不在于它的高度，而是其能够向内陆方向推进的距离。同样，一场大型风暴可以持续数天，然后一股脑地将卷在风暴中的水突然砸向地面，这不一定发生在沿海地区。

国家大气研究中心的科学家们强调，在飓风发生前和发生时，短信预警功能非常重要。无论现在信息技术已经发展到什么程度，或普及程度有多广泛，很多人仍然会因为健康、经济或其他个人原因而无法使用这种服务。无论各种组织在传递预警信息时有多么积极，应急管理工作还是需要时刻重视那些最需要帮助的人的需求，包括已经在避难所的人或是应该前往避难所的人，也包括很多因各种原因被困在家中的无助的民众[135]。

4.13 国家灾害医疗系统的灾害医疗救援队在初期飓风应对中的关键作用

不幸的是，详尽的《联邦应急管理局关于 2017 年飓风季事故后报告》[136]并没有只言片语提到国家灾害医疗系统。一个称职的应急管理工作人员会发现，在随处都可能发生的不同等级的强烈飓风中，联邦政府派遣出来的、机动性极强的灾害医疗援助队，以及应急医疗系统二者结合起来后，会成为之前讨论过的灾害医疗互助协议中的宝贵财富（这种协议通常是基于消防局、紧急医疗服务护理人员、危化品管理处置物资和人员之间）。公共卫生和医疗系统的灾害应对预案必须经常更新以确保能够在灾难事件发生后的黄金 24 小时内迅速调派足够的资源实施救助，因为此时，通常是伤者最需要医疗救助的时刻，也是救助行为最有效的时刻。正确理解国家灾害医疗系统及其灾害医疗援助队的作用，不是仅仅通过完成联邦应急管理局的规定课程或拿到应急管理师认证就能实现的。

一方面，灾害医疗援助队是由护士、药剂师和护理人员、数名医生、后勤和通信人员等志愿者组成的。小队的规模通常在 20~50 人（也可能更多或更少）不等，取决于当时情况需求。很多医生参与这种行动的直接代价体现为经济上的损失，因为他们需要退还给医院他们缺勤这段时间的薪资。小队成员的工资是联邦政府提供的，标准不高，对于非医生行业的人来说都是可以接受的。当志愿者被纳入联邦系统后，他们每年都要承担不超过 2 周的随时调派任务。他们要接受高质量的培训，绝大多数志愿者都很享受在重大灾害中的工作经历。他们可能会在一些有毒区域或条件异常艰苦的地方工作，这是他们人生从来没有过的新经历。简言之，国家灾害医疗系统的专业人士不是为了钱才做这份工作的，更多的是他们希望去奉献。另一方面，不同领域的专家共同组成的队伍，管理起来难度可能会很大。例如，一名退出医疗队的医生"气哼哼"地在一个有线电台的节目上，指责她的同伴们曾经花了一整天的时间去做美甲，还暗示她们强迫美甲店按照最低折扣给她们做了美甲。这说明，当时，这些人应该是在执行任务，她们应该去治疗病患而不是去做美甲。第二天，在同样的节目上，电视台方对此事做了说明，强调这些救援队员当时并没有待诊病患，但关于美甲价格的合理性问题则压根没提。不久之后，评论就把国家灾害医疗系统戏称为"国家灾害美甲系统"。作者也记得几年前，还有一位医生（并未退出）对这系统的抱怨也曾被各大报纸广泛转载，他说他那会儿一直在酒店的宾馆里浪费时间，没有被派遣出去，更不用提参与紧急救助任务了。有时候，确实是会出现这种让救援队在宾馆等候的现象，有时候也确实会存在一些调派上的失误，但这种等待可能也仅仅是因为情况失控时的必要选择。本书的作者之一熟知这个派遣程序，也认为国家灾害医疗系统确实在小队派出的及时性上存在一些问题，但在不了解现场情况的时候，不能轻易就对当时决定的对错与否给出结论。还有一些案例证明，有些人的确天赋过人并且专业素质过硬，这些人可以成为一名优秀的救援队成员，但他们的这些特质同时也是他们难以被管理的原因。（图 4-8）

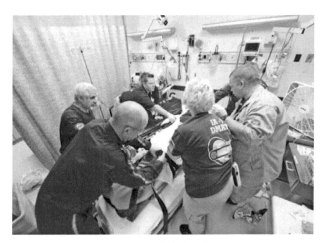

图 4-8　救援队工作

何时叫停并解散救援队也是一个很重要的决定，这个问题需要在小队派遣之初就开始考虑。这是一个关键的决策点，因为事实上，所有提供免费或免于保险赔付的医疗服务的联邦医疗资源都十分受欢迎，一旦派出，这些任劳任怨的医疗人员也愿意多工作一些时间。但过多的免费服务对于当地医生来说不一定是好事，有时候，还需要说服这些医疗人员到其他地区工作。很多医院禁止灾害医疗援助队成员在医院的急救部工作。基于此，大多数救援队都会被派往医院附近区域，并优先处理那些不那么严重的病患，把相对更复杂、赔付价格更高的病例交给当地医院来处理。救援队的目的是去提供援助，而不是完全接管或替代当地的医疗服务。

救援队通常会在州公共服务（州应急管理机构的参与度随时会发生改变）、地方医疗系统、卫生与公众服务部和备灾救灾部门、国家灾害医疗系统的领导下工作。应急管理人员会确保自己始终在信息环和指挥管理环之内。联邦应急管理局必须认可任务分配方案，但事实上任务分派必须留有一定的灵活性，因为有些任务可能是关乎人员生命安全的，当然绝大多数都不是这样的。这就意味着，地方或州应急管理人员需要最大程度为救援队提供相应的安全和交通保障，因为国家灾害医疗系统不会随队派出安全管理人员，也没有任何直升机这类飞行装备保障任务开展。有时候，国家灾害医疗系统的物资和人员会被分配到大型的"舒适号"医疗舰上，这是国防部的一个大型医疗船，在绝大多数灾害发生时都能发挥巨大作用，假设需要运送的病人极多，就可以忽略船只启动的巨额花费，当然还需要首先确定能够把伤员安全地转移到船上。关于"舒适号"的使用还有一个问题，就是即便情况完全不必要，地区卫生部和备灾救灾部的高层官员很有可能希望通过派遣这个巨型船只或其他装备的方式来"亮剑"，这完全是戏精的做派。

地区卫生部和备灾救灾部的官员通常会在州政府机构、应急管理局和地方灾害现场等多地来回奔波，以确保能够迅速、安全并及时高效派出国家灾害医疗系统的各类资源。各个层级的应急管理人员都应该掌握这些官员的信息和他们的联系方式。应急管理人员还要面对另外一个难题，就是需要精准衡量"强化当地医疗卫生服务能力"与"外来援助力量无法在一处停留太久"二者的关系。因为停留太久，就会对当地的医生和医院产生负面影响，尽管这个决定通常是备灾救灾部的地方负责人与州卫生部商议后确定的，但应急管理局也可能会参与决策制定工作。救援队撤出的决定不应该是救援队队长做出，但在决策时最好把队长的意见也纳入其中。原因是，救援队仅仅是一支医疗队伍，并不具有医疗派遣的权限。

另外一个常被忽略的资源就是美国公共与卫生服务部派出的第七军官团，这是一支由 6000 名军官组成的现役医疗队。这些人通常被误认为是美国的海军军官。灾害发生时，这些军官随时听候调遣，协助备灾救灾部的地方负责人的工作。这对于那些受灾区域的州政府来说，这些军官简直是一个"免费的资源"。免费是说他们是在履行任务，如果需要支付薪酬，也是由联邦应急管理局承担。这些军官可以根据各级政府的需要承担具体任务，同时具备过硬的医疗救护专业素质、管理能力以及其他危机管理的专业技能。当然，跟国家灾害医疗系统的工作人员相比，这些军官属于管理资源，而后者更像是一线救助资源。

关于国家灾害医疗系统的派遣，还有一点值得讨论，就是如何开展需求评估。在过去，备灾救灾部的地方负责人负责组织开展医疗需求评估，并与联邦应急管理局的突发事件管理援助队协调确定医疗和公共卫生需求。通常情况下，疾病预防中心派往灾区的工作人员也会参与这项工作，他们会针对公共卫生相关事项提出建议，如饮用水、疾病传播媒介（蚊虫、传播性疾病等）等问题。如果时间允许，备灾救灾部会提前派出工作人员前往事发地，开展需求评估，甚至可能会早于灾害医疗系统派出救援队的时间。中学、酒店等能够承受 150 英里/小时风力标准的场所，通常被选定为预派遣物资的集结地。讽刺的是，在令人心痛的卡特里娜飓风中，国家灾害医疗系统虽然提前派出了救援队并集结完毕，但灾害初期，安全和运输事宜却影响了这些资源的使用。聪明的应急管理人员应该会想办法获得州卫生部以及减灾和应对部地区负责人的联系方式，确保自己的工作在重大事故支持功能的第八项"公共健康和卫生服务"内容之内。事实上，救援队内一些强势的医生可能会影响指挥程序。需求分析十分必要，原因有很多，但其中一个核心原因就是，可以在此时启动紧急处方援助计划，保证灾区内没有购买保险的民众能够迅速获得药品。更多信息参见相关网站[137]。国家灾害医疗系统的任务之一，就是确保老人及那些需要处方药的人能够迅速获得所需药品，避免其情况恶化。对于那些医疗服务人员来说，这看起来像是个闹剧，或者说一个比较有趣的灾害故事，他们认为这让国家灾害医疗系统看起来像是个家庭医生。事实当然不是这样的。除了之前提及的对救援队满腹牢骚的医生的那个隔几年就会被媒体广泛炒作一次的负面案例外，还有一些与公众正面沟通的案例。可以通过一个案例分析来说明这个问题。在 2006 年，一个救援队被派遣至明尼苏达州，当时队员在一个当地餐厅吃午饭。隔壁桌的一个中年男人突然休克，并从椅子上倒落在地。救援队员迅速起身并冷静地用胳膊把餐桌上的食物和餐具扫落到地上，把该男子抬到桌上。在不到 1 分钟的时间内，救援队员就确定其晕倒原因并非窒息而是突发心脏病。他们几乎没花什么时间就让该男子的心脏重新跳动了起来并恢复自主呼吸。当时，已经有人拨打了 911 报警电话。在全餐厅突然爆发的热烈的欢呼声中，救援队员带着羞涩的笑容回到自己的餐桌吃饭——他们没有用自己的桌子来救人。备灾救灾部的负责人收集了一些现场拍摄的照片，组织了几次访谈，并写了一份简短的情况说明交给公关部。之后，他开始联系应急管理局，想办法把故事搬上电视。应急管理局却没有下文。公关人员在那个周末过得无精打采，因为他们没能继续推广这个精彩的故事。这种事情经常出现，其原因都一样，虽然这个原因在很大程度上来看都有点不够聪明，国家灾害医疗系统经常会超额派遣物资，但很少进行公共曝光。事实上，来自公众的关注很可能会提高经费划拨和装备建设水平。据统计，国家灾害医疗系统每年只有不到 1 亿美元的经费，但美国却有约 3.3 亿人口。

关于救援队的规模和国际性派遣的争论一直不绝于耳，并日益尖锐，这种情况已经持续了几十年。这个系统每年 1 亿的预算需要保障 42 个救援队（2018 年统计）为全国 3.3 亿人服务。现在，政府有意把现有的 4600 名队员扩充至 7100 名。尽管这个计划可能随时有变，通常都是外部因素导致的，或是内部高层决策的因素。不论从什么角度来说，国家灾害医疗系统的重要性都不能被低估。例如，在 2017 年的多次飓风灾害中，国家灾害医疗系统共计派出 944 吨医疗物资，为 42000 人提供了紧急医疗救助服务[138]。在各种传染病暴发（埃博拉病毒、寨卡病毒、冠状病毒、流感病毒等）时，国家灾害医疗系统都随时准备着为各地卫生和医疗机构提供支援。

公正地说，常规的派遣决定通常会在相对较短的时间内下达，能够满足甚至超出实际需求。但在应对重大危机时，众多强势的决策参与机构会让决策变得难上加难。这些问题说明，决策通常是那些强势的政治代表和备灾救灾部工作人员做出的，尽管党派纷争的问题好像从来没有直接对这个系统产生影响。事实上，这些人制定的各种政策性决定，直接影响着国家灾害医疗系统的工作，决策体现了两种对国家灾害医疗系统的看法。一种是历来已久就有的，那就是，国家灾害医疗系统远非一个一线应对机构，针对天气事件进行预派遣的机会不多，其主要任务是支援州政府和地方政府的医疗服务行动，因此，类似安全和高机动性（直升机）的问题对于任务本身来说并不十分重要，且解决这两个问题会耗费大量的资源（这是事实）。另外一种观点是把国家灾害医疗系统看作是一个可以面向全球经常派出的资源库，通过派出他们去帮助世界各地的灾民。此外，还可以通过派遣进行各种培训业务，同时也能够吸引更多的志愿者加入

（尽管现在的志愿者团队已经非常优秀了）。在思考派遣问题时考虑这些真的有必要吗？通常都不是。但就像本书已经从很多角度讨论过的那样，很多时候，应急管理人员对现实情况和潜在任务需求可行性的了解越多，他们在工作中得到的支持就更多。（图 4-9）

图 4-9　国际派遣中需要重视不同国家的建筑风格和建造水平、工艺的区别

4.14　冬季风暴

一直到 20 世纪 90 年代中期，冬季风暴才成为威胁加拿大、英国和美国的重大灾害。从那时起，伴随着气候的进一步恶化，因各类灾害死亡的人数每年都在翻番。严重的冬季风暴及其后果会同时对民众和社会系统产生影响，社会系统包括应对各种社区突发情况的能力、在医院内外提供医疗服务的能力等。这些能力都会受到电力系统失灵、复杂的驾驶条件以及地理性隔离等问题的影响[140]。

严重的冬季风暴可能会彻底改变人们生活，可能会让家人被迫分离，学校、商业、医院、紧急医疗救护服务以及政府等可能会被迫关闭，影响水陆空各种出行，对农业、制造业、零售业和服务业的很多分支都会产生破坏性影响。道路中断时，公共安全面临很多风险，安全问题需要被强化，发电站停工、通信中断或被严重影响。在这种情况下很难进行准确的损失评估，因为事件涉及的地理范围巨大，很多问题可能无法及时上报，不可能保证数字准确。考虑到这些局限性，卫生与公众服务部疾控中心使用了一种改进的聚类抽样技术，开发了社区需求评估模型[233]。想当然地认为直升机可以在风速降到每小时 40 英里的时候进行信息收集显然是过于天真的想法。有时候,直升机的调派控制权通常被垄断在一些政治集团或其他利益集团手里,而且在持续的大风、冰暴、大雪以及其他类似情况下,直升机很难降落和平稳飞行。冰暴天气下,道路无法通行,电线电缆掉落,电话线断路,电话信号时有时无,这些可能是应急管理人员能遇到的最坏的情况了。在这个时候,创造性、坚持再加上一点点运气,可以成为应急管理人员强有力的武器,在一些十分严重的冬季风暴中,跟通信有关的问题只有通过这个武器来解决。此外,像前文所说的那样,现在的无人机越来越多,也越来越有效。

在 2007 年 1 月中旬,荷兰上空的一股气旋造成了"欧洲冬季风暴",风速达到了 202 千米/小时(125 英里/小时),仅在英国,就造成了超过 50000 户家庭断电,数百架飞机停飞,铁路出行受阻,欧洲多条高速公路封闭,船只全部停运。事故共造成 47 人死亡,这些人的死因主要是被天上掉落的各种物品砸中或死于机动车相撞事故。在很多方面,桑迪飓风和冬季风暴表现出来的破坏性如出一辙。同样有很多机场被关闭,一个大型货场关停(这是 1888 年之后首次),造成 8 个州 800 万人无电可用,其中有 60 万人在风暴来临 10 天后仍然处于断电状态。风暴发生的几天后,曼哈顿城中心的剧场重新营业,票价以 10 美元一张的价格销售,当时很多人都认为百老汇及周边的剧场都会停止运营。桑迪飓风之所以会造成如此大规模破坏,是在各个领域都出现了太多的"断路",这些断路发生的速度非常快,并且根本无法预测。但应急管理局和重大事故救援基金会当时尽全力采取了迅速的应对措施,这也得益于当时没有其他衍生灾害影响应急管理局的应对行动。

桑迪飓风抵达康涅狄格州、纽约州和新泽西州时,已经跟其他风暴搅和到了一起,破坏性更强,但这就是一场风暴潮,产生的破坏性影响十分典型,对住宅建筑的损害最大。飓风中,很多昂贵但不起眼的 2 层民用住宅(在当时价值 60 万美金或更多)在风暴潮和暴雨中被摧毁,无法居住。墙壁和装修跟家具、家电一样,都必须更换。很多人把家中的一层出租了出去,因此对业主来说,这个无法居住的房子不仅仅意味着无家可归,还意味着租金的损失,这就让这些业主面临着房屋被银行收回的风险。美国联邦小型商业署虽然针对这种情况提供长期低息贷款,但贷款申请流程需要耗费数月,而不是数天。而联邦应急管理局对那些没有保险的业主提供的资助上限是 30000 美元,这个资助能否到手也不确定,同样也需要数月的审批流程。私人住宅保险通常都包含因大风造成损失的赔付条款。随着这些问题的凸显,人们就不期望复杂的海岸线减灾工作能顺利解决了。幸运的是，多数业主都购买了保险，尽管多数保险都不含洪水和风暴潮这两类灾害，但他们的需求会在美国联邦应急管理局的洪水险中得到赔付。把这些特定的专业领域问题放在这里讨论的原因，是这些问题是应急管理的背景，如果希望自己的决策符合实际并且有效，就必须要意识到这些问题。

应急管理人员必须在实施行动方案、分配物资、协调行动时了解目的地的基本情况。人们可以轻易地探测到一场冬季风暴是在哪个时间发生在某一区域的，但风暴对人类生活的影响却很难评估，尤其是根本无法通过飞机或陆路前往灾区时，这时，就要考虑建立一个指挥体系了。无人机也是一样，在大雪或大雨情况下同样很难有效执行任务。例如，桑迪飓风后带来的电力中断，意味着很多高层建筑都没有电力供应，而这些建筑里有很多年迈的住户、租户或共有业主，在没有电梯的情况下，这些人很难步行通过5~10层（甚至更多）的楼梯去填写处方单、购买食物补给等。前文已经讨论过，在短短的几周内，那些原本相对健康行动自如的慢性病患者可能会因为缺药而变为真正的病人。通常，当地的医护人员不得不前往这些建筑内，逐一探望这些年迈的住户，检查他们的身体情况和相关事宜。但这么做的前提，是需要掌握这些建筑和这些住户的位置，排列优先顺序，并能够通过适当的方式抵达目的地才行。有些高层建筑中配有发电机，能够给电梯供电，只要发电机保持运转并有足够燃料，就不会出现这类问题。因洪水而无法通行的道路同样阻碍人们上班、采买生活用品、前往医院等，这跟之前讨论的问题相似，同样需要格外注意解决。也有一些受灾区域相对幸运得多，这些地方的医疗服务更有韧性，紧急医疗救护和相关体系健全，此时，这些区域就能够在应对行动初期提供非常有效的帮助[2]。国家灾害医疗系统的医疗救援队随时可以增援。

4.15　龙卷风

龙卷风是由强烈的雷雨引发，风速可达250~300英里/小时。龙卷风的形成，需要不同温度、湿度、密度的空气层叠加后，在风的作用下形成。龙卷风通常在雷电云内部形成，在这些云的表面是温暖潮湿的空气，但在内部却是温度堪比大气层的冷空气，同时还有一股强烈的上升气流助推运动[141]。龙卷风季通常指3月到8月期间，但龙卷风在任何月份都可能出现，出现的时间一般在下午或晚上，超过80%的龙卷风发生在中午到午夜这段时间里。美国每年大约会出现1000次龙卷风,但幸运的是,只有极少数出现在陆地上。龙卷风高危州包括得克萨斯州、俄克拉荷马州、阿肯色州、密苏里州、堪萨斯州。但近年来,也有一些地方也遭受过龙卷风袭击,如迈阿密、纳什维尔,甚至华盛顿也有过。(图4-10)

图4-10　龙卷风会在很短的时间内造成很大的破坏

2011年发生在密苏里州乔普林的E5级(超过200英里/小时)龙卷风宽度达1英里,造成158人死亡,超过1000人受伤,并将该城市的大部分区域夷为平地。这给应急管理人员在以后的决策制定过程提了个醒。(图4-11、图4-12)

图4-11　规模较大的突发事件管理行动

图 4-12 应急管理人员正在协助当地医院开展工作

现在看到的很多地表位置宽度都高达 0.5~1 英里甚至更宽的龙卷风是非常可怕的，并且可能会促使应急管理领域修改对龙卷风的定义[2]。还有一次发生的龙卷风的地面宽度是这个宽度的 3 倍，达到了 2.6 英里。龙卷风也跟飓风同时出现。2004 年那场对佛罗里达州西南地区造成巨大破坏的查理飓风就是一个 4 级飓风，但其破坏性比最初预测的要高得多。事后的分析发现，龙卷风很有可能是这些损失的罪魁祸首。

对龙卷风的早期预警能起到救命的作用。因为得到预警信息的民众能够迅速躲避到那些能抵挡龙卷风的建筑内——龙卷风造成的伤亡，通常是由于强风导致的建筑坍塌、被风卷起的建筑碎片等击中而产生的。多普勒雷达和其他气象学工具极大地提高了人们提前探测龙卷风的能力。先进的通信手段和公众对龙卷风灾害的认识提高对于预警来说也十分重要，短短几分钟的时间，可能直接关乎生死。（参考文献 2，第 46-9 页）.

加固的建筑（前文提到的建筑规范在此处又一次被强调）、安全屋，是最经济的龙卷风减灾措施。安全屋的造价只要 3000~5000 美金。事实上，还有一些建筑技术同样适用于提高建筑抵抗龙卷风的能力，那就是在飓风高危区域使用的一些抗风技术。因为发生飓风后，龙卷风往往随之而来。应急管理人员如果有时间和充足的人手参与这些社区减灾工作的话，对他们自己来说也是一件好事。再次强调的是，社交和公关技巧对于应急管理人员来说，是比那些专业知识更为重要的技能。Waugh 和 Tierney[67] 引用过一个案例，说明针对龙卷风的及时预警不但是正确的，也是必要的：

2003 年 5 月，一场 3 级龙卷风袭击了俄克拉荷马州摩尔地区，摩尔靠近俄克拉荷马城，位于龙卷风巷的中心。国家气象局在龙卷风抵达 15 分钟之前发布了预警信息，但摩尔的居民早有准备，他们在过去的 5 年内已经经历过 3 次龙卷风袭击。应急管理人员拉响了这个城市的警报后，所有居民都躲到了安全区域，根据应对预案，该地建有约 750 座安全屋、地窖以及其他避难场所。正是由于这个有效的减灾策略，此次龙卷风没有造成任何人员死亡，只有极少人受伤，但是，有超过 300 栋建筑被完全摧毁，另有至少 1200 栋建筑受到不同程度损坏[142]。

几十年前，讨论如何提高社区组织的应急管理技能这种问题，毫无疑问会引来嘲讽，至少那会儿很多应急管理从业人员会不屑于这种想法。幸运的是，尽管应急管理工作一直处于经费和资源紧缺的情况，但是专业领域不断扩大，专业人员不断增加。

4.16 干旱和山火

干旱是跟正常情况比长期缺水的状态，主要是由于长期少雨和其他降水天气，或由于异常的高温和低湿度而引起的。干旱会对农业生产造成困难，也会造成储备水资源的大量消耗。在很多极贫国家，干旱就意味着饥荒。在美国，干旱偶尔会影响几大河流上的商业活动，例如 2012 年发生的那次罕有的旱灾中，密西西比河上的船舶全部停运，影响了价值数十亿美元的货物运输和数千份工作。2011～2018 年间，加利福尼亚州持续出现严重的干旱气候，对农业产生了巨大影响，州长不得不签署用水限制令。干旱还引爆了一些尘云，引发了哮喘爆发和砷污染事件。最近，那些通常都非常潮湿的火绒在干旱的天气下变得非常易燃，是造成加利福尼亚州 2019 年山火爆发的直接原因之一，这场山火是美国有史以来最为严重的一次。这些火绒在正常状态下是非常潮湿的，能起到缓冲林火蔓延的作用。Edward P. Richards[232]教授建议，专门出台一份简明准确的《火灾基础要点》。在其他出版物中，作者也提过类似的建议，这份 11 页的要点是山火高危区域的应急管理人员必须要阅读的一份材料。

国际上，很多武装冲突的起因都是由极度的水资源缺乏问题引起的，如叙利亚[145]、索马里，甚至巴以冲突等都与水资源问题有关。这并不是说应急管理人员需要精通国际外交与历史，Boyd 上校的 OODA 循环理论可能更为合适。乡村地区或干旱多发地区的应急管理人员，必须时刻牢记水的重要意义，或者说，他们需要知道，缺水会给生活和商业活动带来哪些影响。当然，水是人类生存必不可缺的物质，很多人认为美国的水资源十分丰富，但干净的淡水资源实际上储量有限，国际上对淡水资源的需求日益加大，原因是人口数量不断增多、城镇化规模不断扩大以及国家财富的普遍增长。同时，加速的全球气候变化以及环境恶化，也正在改变美国和世界各地的地区性和季节性水获取方式，同时也影响着水的质量。对水资源的竞争，会引发冲突甚至形成暴力冲突，尽管研究人员强调，水资源匮乏并不像石油冲突那样常见，更多的实际上是源自对水资源的实际控制和管理方面的原因[146]。国家综合干旱信息系统开发了一个信息丰富的网站，是进行干旱应对准备工作时首先应该使用的[147]。幸运的是，应急管理人员也可以通过每周或者每月关注国家气象局的气候预测中心提供的报告来掌握天气信息[2]。

另外一个与旱灾相关的问题是，应急管理人员需要时刻关注的不仅仅是直接关于干旱的信息，还包括一些与旱灾同时出现的问题，以及那些可能由于干旱而引发的各种事件，如山火、沙尘暴等。这就对应急管理人员提出了一个时限性的要求，灾难性的旱灾通常发展速度相对缓慢，但频率较高。随着全球气候变化导致的高温干燥天气和极寒天气的频频出现，应急管理人员不能盲目自信，不能因为某一地区此前从未发生过类似问题便掉以轻心。例如，持续的干旱条件，导致了奥加拉拉含水层补水严重不足，这会造成区域性甚至国家性的灾难事件，而不是仅对某一州产生影响，出现食物供给短缺、物价上涨等问题，并对当地人们的生活和很多商业活动产生重大威胁。2014年内华达州发生的旱灾，让黑麦水库的蓄水量降到了其最大蓄水能力的3.5%，水库的湖床直接暴露出来，导致该地区在长达100多年的时间内始终处于缺水状态。奥加拉拉含水层面积超过174000平方英里（450660平方千米），流经南达科他州、怀俄明州、科罗拉多州、新墨西哥州、内布拉斯加州和得克萨斯州北部，是世界上最大的含水层，在很大程度上支撑着全美国的农业[148]。

在美国，旱灾已经变得愈发危险，程度正在不断恶化。与美国一样，1980年以来，旱灾已经夺走了印度59300名农民的生命[149]。

现在的"新常态"是，世界各地的山火发生频率不断增高，情况不断恶化。爱达荷州博伊西的消防中心，曾经准确地预判到，2018年的天气较之以往更加高温干燥，雷电发生频率更高，积雪量减少，加之该地有大量的草原植被，当年极有可能会造成较大甚至巨大的山火事件。2018年8月的那场山火印证了这个预判，大火横贯加利福尼亚州、科罗拉多州、新墨西哥州和西部的很多地区，吞没了山林，摧毁了不计其数的各类建筑，数十万人被迫离开家园。在一些州内，还有一些现实问题让山火的影响雪上加霜。近几十年来，人口增长和郊区扩张，越来越多的人选择到靠近森林的地方购房或建造新房，这个地区发生山火的概率极高。根据国家统计数据[81]，在加利福尼亚州，2018年7月，山火过火面积是2017年同期的3倍，高达12万英亩（485平方千米）。现在，一些严重的山火中，出现了"火龙卷风"，关于这一可怕现象的图片在社交媒体上随处可见。"火龙卷风"也被称为"火旋"，其旋流速度可达140英里/小时。主要引发原因是火灾引发的高热以及高速旋风。

最后一个关于山火威胁的问题是，山火会导致水源污染，被烧毁的森林不再具备过滤、渗透雨水的能力，所以雨水会直接从山顶流下形成很多新的径流[150]。欧洲同样面临着高温和持续性的干旱天气，靠近北极圈的瑞典，最近也遭遇过山火的袭击，2018年7月，瑞典当局不得不对一些村庄采取疏散措施，并向挪威和意大利请求支援派出2架飞机实施灭火[151]。第二年，巴黎的温度达到了109～110华氏度（42.78～43.33摄氏度），这是巴黎从来没有过的。全球范围内的山火和干旱问题说明，应急管理人员除了要随着迅速变化的各类自然灾害不断更新自己的知识储备，还需要在各类灾害发生时迅速行动，实施疏散撤离和其他一些"例行"的灾害应对工作，疏散时他们需要跟医院和卫生系统、联邦机构和国防军队、国家灾害医疗系统、疏散组织等协同行动。

《国家气候评估》的第四部分"总结"一章，能够在相关网站[152]查阅。这份报告详细说明了大规模山火进一步爆发的可能性及其衍生灾害的破坏性，2018年的报告已经把加利福尼亚州的这场史无前例的火灾写进去了（本部分在2019年完成，在任何角度来看，2018年都是"破纪录"的一年）。例如，在秘鲁，灌木林火灾的发生数量剧增，目前该国没有针对山火采取任何减灾措施，也没有专门针对这类火灾的消防资源储备。山火和过度的森林砍伐，对亚马孙盆地、安第斯山脉水源以及全球气候变化的影响可见一斑。山火给加利福尼亚州、西部各州、全美甚至全世界以及应急管理人员带来的影响可能很难具体量化，但可以明确的是，针对火灾开展的应对准备、处置、恢复和减灾等工作任务只会更重，远远超出目前的人力和资源储备水平。

应急管理人员在面对山火时的一个特别的难题就是，不同特点的山火，所使用的灭火措施和技术也千差万别。对抗山火的最好办法就是在干热天气席卷美国西部各州之前，在减灾阶段提前部署大量的灭火用无人机。在每次重大山火事件发生后，都会出现一种声音，就是必须要限制火灾高发区域内的住宅增长数量。但这种想法很难实现。因此，出现了一些更加容易实现的方法，包括在住宅区外围种植一些植被,形成火灾缓冲带;屋顶使用耐火不燃材料,从而不会因山火逼近而被高温灰烬引燃;或者是在住宅周边设置一些"防御空间",这样能够方便消防员采取救助行动。当然,控制燃烧的方法(在一些地区,或者从森林管理的角度来看)更像是一种个人或地方的减灾手段。在山火高发区域,应急管理人员需要在决策时保证一定的灵活性,综合衡量在不可避免的情况下山火爆发的风险以及山火爆发时地区减灾预案和应对方案实施的需求[153]。

4.17 热浪

热浪(或者,疾病预防中心称其为"极热天气"),是对那些出现在某地夏天特定时间段内的高温天气的统称。热浪事件可能会突然出现,应急管理人员必须立刻采取行动,实施准确应对,实现控制死亡事件和致病事件发生的应对措施。但地方、州和联邦卫生和医疗机构通常是这类事件的主管机构,这会让应急管理人员的应对工作变得没那么容易开展。尽管全世界都意识到了,全球气候变化条件下热浪的危害性,但在温度真的已经超过正常标准时,还是会出现一些奇怪的现象。这些现象会引发破坏性的后果,尤其是关于高温的预报通常是由国家机构通报,而地方政府面对这种一般性的预报信息很难采取有效的应对措施。关于热浪,一个常见的错误理解就是,人们不会因为单纯的高温天气而死亡,不管这个温度是不是比正常高很多。例如,在一些特定地区,夏季温度原本就高于其他地方,如亚利桑那州,这些地方的人不太可能因为温度太高而死亡。事实上,类似凤凰城这样的城市,其温度轻易就能达到110~115华氏度(43.3~46.1摄氏度)(甚至可能更高),在这些地方,几乎没有人是因为高温而死亡。大众传媒和公众一样,在空调的作用下已经把高温天气视为一种正常的生活现象,最多可能会在这种情况下去关注一下那些老人或因身体缺陷无法离家的人员的情况。另外一对容易被混淆的概念就是"绝对温度"和"热指数",当然,在那些经常出现高温天气的地方,这二者的差别的确不大。

热指数是由绝对温度加湿度等级组成的。例如,亚利桑那诺加利斯的绝对温度如果是118华氏度(47.7摄氏度)的话,由于该地的湿度通常较低,该地的118华氏度远没有加利福尼亚州的105华氏度(40.5摄氏度)可怕,因为在加利福尼亚州湿度太大。在1995年芝加哥热浪事件中,超过700人死亡,事件第二天是死亡人数最多的一天,这是美国历史上死亡人数最多的热浪事件。当然,还有很多热相关事件也不容忽视。在旧金山，2017 年 9 月的一天，是最近 150 年里温度最高的一天。当时的加利福尼亚州，高温天气状况已经持续了一周，数千户居民的电力供应得不到保障，干热天气引发了超过 12 场山火，旧金山市中心的温度达到了 106 华氏度（41.1 摄氏度），这对于这个城市来说是极其不寻常的现象[154]。但这场高温远不像 1995 年那次高温事件那么致命，那次事件中有多人因持续性的热浪而死亡。在该次事件中，并没有出现 1995 年芝加哥热浪事件中的那种温度迅速上升现象。

热浪的危害绝不能低估，无论任何地方都是如此。在过去的 30 年中，因热浪事件而死亡的人数远远超过其他天气相关的灾害性事件。

在 2003 年，大约有 70000 人死于欧洲热浪袭击事件，其中有很多是经济条件比较富裕的老人，当时这些人的亲属在外地度假而没在他们身边。空调在这种事件中用处很大，但在欧洲，空调并不普及。现在，随着欧洲天气逐渐变得更为极端，空调的安装率也越来越高了。欧洲人在 2003 年的这场事件中得到了教训，在此后发生的热浪中，即便是在 2019 年巴黎热浪事件中，当时巴黎的温度升到了 110 华氏度，死亡人数都没有那么惊人。空调这个曾经只能在酒店中才能看到的奢侈品，现在已经越来越家电化，同时，老人以及其他热浪易感人群对这种极端高温天气的警觉性也越来越高。不幸的是，要想有效地应对热浪这种形成速度快、破坏性大的天气事件，需要对热浪相关的事件都有深刻了解，仅仅通过现在流行的国家热浪事件预案来制定一个应对方案肯定是不够的。应急管理人员在很多资源（下文会具体讨论）的帮助下，是有可能成为一个相对专业的热浪应对和准备专家的。有了这些资源的帮助，在热浪事件即将发生时，应急管理人员能迅速做出高效的应对决策，因为热浪事件发生的一些主要原因已经刻在了应急管理人员的脑海里和应对预案中。此外，通过共同参与训练和演练，应急管理人员也能够跟健康和卫生机构的相关人员建立良好的协作关系。

4.18　城市热岛

在美国，城市热岛这个概念已经存在了 100 多年；在欧洲学者关于热浪、热浪应对的研究中，这也是一个非常流行的概念；对于发展中国家来说，热岛对于城市地区也绝不陌生。高温会影响人们的生活，因为这会导致对能源、空调的需求突然加大，导致空气污染以及热相关疾病和死亡增多等。

城市区域较之别处，会更热一点，因为城市中遍布的石头、砖、沥青和水泥更多。这些深色的物体表面会在白天吸收更多的太阳能，并在夜间将这些能量重新辐射到城市的环境中。同时，城市中能够发挥降温作用的树、灌木丛、植被数量都很少，风和冷气流的数量在城市热岛区也基本已经消失。尽管这种城市热岛内部的区域通常居住的都是富裕的住户，但为这些区域和住户服务的却是那些低收入人群。热浪事件中死亡人数最多的以及引发最多社会问题的指标通常包括贫困、社交隔离、社会阶级、种族/少数群体、犯罪、较差居住环境、医疗、高离婚率和家庭破碎率、流动性限制，以及现在非常普遍的"单身贵族"。值得注意的是，城市热岛不仅仅是那些规模大、建成时间久、水泥和沥青覆盖着的城市区域，在那些人口规模较小的小城市、乡镇甚至郊区也存在，并同样会产生一些致命性的破坏，如俄亥俄州东利物浦。令人疑惑的是，很多在热浪中被发现的老年死者家中空调都处于关闭状态。

聪明的应急管理人员会保存一些最好的、最新的热浪应对准备工作方案，随时用做教学材料，同时这些材料也可以作为自己制定或更新应对方案的参考模板。热浪高发地区，如费城、多伦多和芝加哥的应对预案就具有很大参考价值。《高热事件综合应对手册 2006》第 22 页列出了一些有价值的高热事件应对准备程序（主要是基于费城和多伦多的高热事件应对预案）[155]：

- 经常浏览那些能够提前预测未来 1~5 天发生的高热事件的信源；
- 协调天气预报信息的传递工作；
- 评估热浪对人的健康影响、可能发生的死亡人数并进行量化，掌握高危人群相关信息并制定一份关于这些高危人群居住地（就医地）的信息详单；
- 与预报机构沟通确认热浪的发生时间、严重性和持续时长；
- 建立通信电话线路；
- 指定公共降温中心，延长中心的空调开放时间；
- 指派更多工作人员和社区联络人员参与应急支援服务机构的工作，包括基督教堂、犹太教堂和清真寺以及其他社会组织；
- 直接与已知的高危人群（以及这些人可能会聚集出现的场所）联系，并评估他们所在场所的环境情况和个人健康状况；
- 关注那些无家可归的人员，并制定将其运送至避险场所的方案；
- 暂停一切设施停运；
- 如有必要，调整公共集会时间；
- 制定并执行城市热岛效应的消除方案。

高危人群当中，因热浪事件容易生病或死亡的是那些幼童、老年人（独居，通常没有空调）、卧床不起的人、患有缺血性心脏病或其他慢性病的人员、经济境况差的人，以及使用特定药品的人群（如抗精神病药或抗帕金森病药物）。通常，这些人都是独居状态，前文已经介绍过[156]。

在图 4-3 中可以明显看到，在某一地区，如果 75 岁以上的老年人口较多，则这些人将会是高温相关的致病或致死事件的主要受害者。更麻烦的是，其中很多老人的生理机能已经开始退化，他们已经没有口渴感甚至进行自主身体温度调节的身体机能了。一定程度上，这就意味着他们很可能根本就没有打开空调（尤其如果是因为想要省钱的原因），尽管室内温度已经上升到了一个非常危险的水平，但他们没有感觉补水的需要，此时，他们就会开始逐渐患上那些与高温相关的疾病。法国数以千计的、脆弱的中产阶级老年人因热浪事件死亡的原因，极有可能是没有及时补水，因为他们死时处于"脱水状态，证据就是肾衰"[157]。印度的贫困人口数量巨大，在近期持续出现的高温天气中，温度维持在 111 华氏度（43.8 摄氏度）左右，最高达到了 118 华氏度（47.7 摄氏度），贫民区的死亡率已经上升到了 43%，这个数字远远高于平时气温较为温和的情况[158]。欧洲的地理环境一般不会形成热浪事件，但在 2015 年，德国、法国和荷兰都发生了严重的高温天气现象[231]。而老人，一再成为热浪事件的受害者。近期，有研究表明，老年人应对高温天气时，经常出现错误判断，导致未补水、未使用空调等问题更加致命。还有研究表明，那些年轻力壮的、在极热天气中仍然在户外工作或玩耍的人，出现热相关身体机能损害的临界点比人们之前想象的要低得多。应急管理人员需要评估当地人口分布情况，以及城市热岛区域，以便在日常的灾害应对准备工作中，提前预判热浪风险，而不是等到事件真正发生后才追悔莫及。最后一点，就是不要过度依赖重大事故救援支持功能能够迅速奏效，在事件发生后，要迅速跟医院、互助系统、国家灾害医疗系统救援队、媒体、当地紧急救护队、消防部门一起启动应急行动。作者见过反应迅速的应对行动，即便有一些医生因未参与过热浪事件应对准备工作而阻碍应对方案的执行，但是救援行动还是"巧妙"地展开了。这就是应急管理人员的沟通技巧和决策本领发挥作用的时候。尽管，很少有专门针对热浪事件的应对演习，但必须意识到，随着全球气候变化的加剧，这种致命性的自然灾害发生的概率越来越大，定期开展热浪应对演习具有重要的现实意义。此外，一场热浪应对演习也是一次突发事件紧急救护演习，只不过换了种说法而已。

4.19 技术性灾害

不幸的是，就像联邦应急管理局在 1993 年指出的那样，很多技术性灾害只有在发生后，才开始研究。这些事件只能在事后开展针对性研究，研究人员的脚步始终慢了一拍，因为技术一直在进步[159]。应急管理人员必须明白自己的职责，并尽可能跟私人企业合作，他们要认识到，自然灾害同样会涉及一些技术性问题，而这些技术性问题带来的破坏性，甚至会大于自然灾害的破坏性[2]。技术性灾害被定义为技术创新和人类进步带来的一种不可避免的附加产品，包括建筑火灾、堤坝溃防、危化品事故、核事故以及辐射事故等。它们的起因，既包括工程结构、技术、制造工艺或其他现代生活的一些方面自身的失灵，也可能是人为的错误使用，从而产生一些意外的结果。与各种自然灾害相比，人们对这些技术性灾害的了解还不够多，然而随着人们对技术的依赖性越来越强以及技术本身的发展，技术性灾害的发生频率越来越高，交通领域是发生重大技术性灾害的重灾区。Waugh 和 Tierney[67]强调过应对技术性灾害的难点：

由于各种人为因素的复杂性，评估人为因素导致的灾害等级远比评估自然灾害的等级难得多。尽管如此，负责减灾工作的官员同样可以在他们管辖范围内列出一系列与人有关的可能发生的技术性灾害，他们可以通过查阅公共和私人团体的突发事件和灾害的应对预案、报告来完成这项工作，包括查阅放射性物质泄漏事故的应对预案和报告。放射性物质泄漏应对预案是一个很好的例子，因为这类事件是由联邦应急管理局直接管理并负责经费支持、组织演练的，而组织实施是由各州和地方应急管理机构协同当地核设施管理机构共同完成的，每年更新的预案副本会发送给经济支援基金会。另外一个典型就是那些使用危险化学品材料的机构内部针对化工装置、仓储、有毒物品发放等的应急预案，以及国家灾害应对准备方案。

应急管理人员在应对绝大多数技术性灾难时，首先要做的是，要意识到他们对这些威胁和风险的理解永远不可能超前。理想的状态可能是对众多技术领域的知识都有所了解，并有足够的信息源随时可供查阅，但事实上，在灾害应对阶段，常常是越需要什么信息就越没有什么。意识到这点，应急管理人员就会明白，那些简明的但能够迅速获取的、过时的灾害应对准备方案有多重要了。这对于同时处于经费不足、人员短缺的地方应急管理机构来说，就更为关键。对于联邦级官员来说，这问题没有那么急迫，尤其是联邦应急管理局，他们的应急管理人员拥有大量消息灵通的中小企业。不能因为绝大多数技术性灾害的发生地较为偏远，就认为这类灾害可以忽略不计。例如，就像之前讨论过的，在农村地区，不管是煤电站、天然气电站还是核电站，也包括变电站，通常是当地最大的工作场所，都是最主要的技术性灾害源。郊区的高速公路，尤其是州级和联邦线路，或者铁路，显然也是可能发生重大危化物品事故泄漏事件的风险源。此外，这些风险源常常地处偏远的农村地区。有些地方的设施和企业，虽然为该地区增加了风险，但他们内部也有应对各种潜在风险的预案和相关资源，因此，应急管理人员要跟这些设施所有人和企业建立紧密的合作关系。

从经济角度来看，绝大多数（当然不是全部）农村居民会因为经济利益的原因选择接受这些风险。

回顾一下三英里岛的"学到的和没学到的教训"，能让我们更直观地感受应急管理人员在应对技术性灾害时面对的决策难题。这个研究的主要结论大多与应对准备相关，但能够为各个层面的应急管理人员提供非常有价值的信息[160]。

4.19.1 三英里岛反应堆灾难给行业的教训

- 行动的责任是属于管理人员的，而不是任何联邦或州监管机关。这些管理机关的人员希望构建一个安全行动的保护罩，但判断这个保护罩是否合适并使用的，是管理人员的职责。事故发生时，职责和权限并没有搞清楚。
- 在三英里岛，没有开展过任何风险评估工作。
- 技术性灾害应对，需要的是能力强并充满自信的管理人员，他们的意见需要被尊重，指挥的权威性也应该得到保障。需要建立简单并直接的指挥链条，但事实上并没有。
- 操作团队的能力至关重要，但该机构并没有花重金聘请高水平的操作管理人员。
- 律师和法庭的影响力不能替代对高效管理、人员和安全保障设施的投资。用法律作为不做什么的借口的做法十分常见。

4.19.2 三英里岛反应堆事故对监管者的教训

- 应对事故最好的办法应该是，预先准备、针对性训练并做好应对方案。
- 不同级别的监管者都要共同承担一些责任。当然，行业应该承担更多的责任，但监管者应该有的理念是效率至上。

- 法庭的影响力越来越大,在实际操作中,监管行动应该尽量明确并师出有名。
- 公众必须接受关于各类风险的教育。

4.20 恐怖主义

1993年和2001年针对世贸中心的袭击事件,把所有人的关注都聚焦到了应急管理人员的生命安全上(前文已经讨论过这一话题),应急管理人员的位置变得更加微妙,一方面他们要承担很多额外的任务(他们根本无法控制),另一方面是公众和政府对于传统的自然灾害和技术性灾害的经费支持和关注度都在逐渐降低。对于那些规模大、情况复杂的城市地区来说,或者对于那些建有恐袭目标的农村地区来说,需要重视恐怖袭击事件,因为绝大多数在农村地区的应急管理人员一直在努力应对其他类型的、常见的灾害事件。恐怖主义事件通常是由联邦调查局主管,但在严重的事件中,安全问题需要格外注意,这就意味着恐怖主义袭击事件的应对也必然会涉及很多应急管理职责和资源。

在化学恐怖主义袭击事件中,一般性的危化品处置技巧对于应对行动也十分有用,但应急管理人员通常不会承担化学制剂的侦检任务。化学制剂辨认难度极高,尤其是如果恐怖分子使用了很多伪装手法来传播这些制剂。生物制剂的辨认工作可以由现在的公共卫生监测机构或地方、州以及联邦政府有关的机构使用流行病学工具来完成[2]。无论如何,对于地方应急管理机构来说,最好能有人懂得如何使用昂贵的聚合酶链反应检测工具。应对恐怖分子的大规模杀伤性武器袭击需要依靠各种各样的科学研究和专业材料、演练以及相关训练。但针对某一特定恐怖袭击事件的处置行动,常常只需要在联邦调查局的主导下,统合联邦、州、地方政府的力量即可实现。如果事件规模较大,美国卫生部可以派出国家灾害医疗系统资源和美国公共卫生任务队,支援地方公共卫生和医疗服务能力。

讽刺的是,尽管全国上下一再强调恐怖主义发生的可能性,但是在重大恐怖袭击事件发生后,各级应急管理机构仍然需要使用互助系统,来调集周边地区的紧急医疗救护、危化品处置、医疗系统、运输系统、环境保护等资源,实施互助增援,通过标准的全灾种方法来组织疏散、处置伤员及污染现场、通信、交通、公共信息发布等。既然辨别化学和生物制剂成分是应对这类事件的基础,聪明的应急管理人员会尽力与地方和州公共卫生和环境相关机构建立良好的关系。然而,事实上，无论地方、州、联邦政府的各级应急管理人员参与与否，制剂成分的辨认工作都会立刻开始进行，地方公共卫生和环境机构的工作人员，甚至国家疾病和预防控制中心的工作人员都会参与这项工作。所以应急管理人员要确保自己始终处于这个信息流通圈内，因为在很多问题上，他们能为前来的工作人员（如疾控中心派到事发地的工作人员）提供十分宝贵的支持作用，如关于住所安全、交通、情况简报、电话或邮箱列表等事宜。

此时，随时更新的地方信息和相关人员联络信息的重要意义就显而易见了。

大规模恐怖袭击事件中，可能会把一些对应急管理决策而言非常重要的信息和程序排除在外。尽管很多小规模或中等规模的应急管理机构面临的恐怖袭击事件的可能性或许被夸大了，但对他们来说，建立一个他们自己的恐怖袭击应对模型仍然很有必要，就像 Boyd 上校说过的那样。从这个意义来说，美国行为科学家关于恐怖袭击的特殊性的研究虽然已经过去了 20 多年，但仍很有价值，值得一读[161]。另外一本书也值得大家参考，跟这本有点不一样，更多的是关于恐怖主义、恐怖主义集团以及很多案例研究的内容，是 Bolz 等人所著的《反恐手册：战术，程序和方法》[162]。最后一本推荐的书是 Christopher Dickey 的《保护城市安全：美国最好的反恐力量——纽约警察局》[163]，作者是一名记者，不是一名反恐专家，但他关于纽约市反恐体系架构和措施的描述非常值得对这一话题感兴趣的人学习。同样，Richard Priest 的《风险区：一个可怕的真实故事》[164]也值得一看，这是一个关于一种致命病毒导致 90%感染者死亡的故事，并且在华盛顿郊区，没有有效的治疗方法和免疫手段。这本小书，是前应急准备办公室主任 Frank Young 要求的必读书籍之一，这个小机构，就是美国备灾救灾司的前身。

Common mistakes in decision making during events

第 5 章
突发事件决策中常见的错误

- 5.1 把完成官僚政治程序和完成实质性救灾任务相混淆
  联邦应急管理局应急管理人员决策失败的案例：把完成官僚政治程序和完成实质性救灾任务混淆了
- 5.2 群体正确决策的问题
  - 5.2.1 群体决策
  - 5.2.2 群体思维
- 5.3 突发事件决策中专家判断的问题
- 5.4 与联邦应急管理局的联邦协调官打交道时可能遇到的问题
- 5.5 没有预先部署符合实际情况的人员和资源
- 5.6 认为联邦应急管理局会帮助没有做好防灾准备的州和地方应急管理机构摆脱困境
- 5.7 信息缺乏或信息错误导致灾害初期决策错误
- 5.8 忽视灾害后恢复和灾害减缓工作
- 5.9 忽视有效的公共关系
- 5.10 灾害响应和灾后恢复时忽视经济、健康状况（残疾）、语言和种族差异问题
- 5.11 应急管理决策时忽视个体倾向、个体差异和个体特征的问题
- 5.12 应急管理人员不考虑政治，后果会不堪设想
- 5.13 不要指望联邦应急管理局或任何联邦机构在灾害或突发事件期间承担安全责任
- 5.14 灾害后恢复或响应时忽视公共卫生问题
- 5.15 忽视第一响应人员或受灾群众的心理健康问题
- 5.16 很多时候会和精神病患者打交道
- 5.17 永远不要忘记巨灾对历史产生的重大影响
- 5.18 忽视科学研究

本章将作者的经验与从灾后报告和灾害文献中得出的不明智的决策相结合，列举突发事件决策中常见的错误。

5.1 把完成官僚政治程序和完成实质性救灾任务相混淆

当应急管理人员花大量时间忙于开会、撰写总结和灾害形势报告，以满足各级或各类应急管理机构的官僚政治要求时，他们很容易认为自己在积极地进行减灾或救灾工作。因为灾害波及的地理区域大、范围广，非常危险，所以，灾害期间应急管理人员更容易感觉自己在做着有价值的事情。但是应急管理人员必须不断提醒自己，必须用如下两个目标来衡量所做事情的价值。第一个目标是收集合适的和大量的数据，确定需要完成的任务及任务的优先级；第二个目标是开展影响居民、基础设施、环境及本地经济和就业需求的实质性任务。为应急行动中心合理配备工作人员，及时准备和提交形势分析报告，做好会议记录，与联邦协调官建立良好的关系，满足物质和其他非物质的需求，所有这些任务都被认为是支持官僚政治体系，有助于执行实质性任务。但是这些任务仅仅是工具和程序，应急管理人员的最终目的是救助灾害或突发事件中的受灾人员。

值得强调的是：大多数政治变化会导致组织和程序的变化。有句带有可悲色彩的智慧名言"如果你不知道自己该做什么，也不知道正在做什么时，就应该重新谋划"是正确的，而且可能永远是正确的。Don Kettl 认为，在克林顿总统任命的联邦应急管理局局长 James Lee Witt（一位经验丰富的"美国南部地区的应急管理人员"）的领导下，"由于领导人的领导能力，联邦应急管理局在管理上是成功的……重组不能代替领导力……结构体系很重要。领导力更重要。"（这些评论出现在 2009 年国土安全部监察长办公室的报告中："联邦应急管理局：前进还是后退了"，见参考文献 2）。（图 5-1）

联邦应急管理局应急管理人员决策失败的案例：把完成官僚政治程序和完成实质性救灾任务混淆了

再一次以卡特里娜飓风为例来说明作者的观点，作者关注新奥尔良市：在灾害的第二天和第三天，当洪水漫过新奥尔良九区的堤坝时，那些能够疏散的人群离开了这座城市，或迁往避难所（Holidome 和 Morial Convention Center），但仍有数千人被困在屋内或公寓的屋顶，其他数以千计的人挤在肮脏和危险的各种避难所。所有这些疏散行动都需要足够的安全保障，但是超负荷的机场疏散，几乎没有公交车和直升机，没有必要的应急工具，物资供应短缺，导致灾害以不同破坏程度蔓延到六个州，进一步破坏了当地和区域之间的正常互助响应资源。

图 5-1　政治和应急管理是一场微妙的舞蹈

在这场大范围的破坏中，应急保障机构中的公共卫生和医疗系统的一个成员接到了他侄女的电话，她在当地大学就读，她打电话说：她刚接到一个护士朋友的电话说"她和十二三个虚弱的病人被困在新奥尔良地区某医院的屋顶上，大多数病人都在静脉输液。如果不能及时获得所需的药物、氧气和其他治疗，至少大部分人都有死亡的危险。"这个护士的手机要没电了，她非常恐惧和愤怒，认为当地和联邦应急响应机构不仅没有救助她和她的病人，而且也没有救援这个城市和国家。实际上，所有的大型灾害都会出现这种情况，健康的人和健康状况较差的病人都会因为无法获得所需的药品和无法及时接受治疗而面临死亡的风险。由于道路被洪水淹没，缺乏合适的疏散工具，应急保障机构的主要负责人找到联邦应急管理局的夜间行动部主任，让他了解护士和她的病人目前面临的严峻形势。当夜间行动部主任打电话告诉这位护士，问题正在解决（她的手机号码由该应急保障机构人员的侄女提供）时，她非常愤怒并充满恐惧，告知了具体位置和病人身体状况不断恶化的详细情况。Kahneman 通过观察发现：分析他人的决策过程要比深入理解自己的决策过程容易得多。

联邦应急管理局夜间行动部主任正赶去参加一个他认为很重要的会议，他说解决病人疏散问题需要一两个小时，在下次所有人都参加的应急保障机构会议上才能解决；目前没有工作人员来立即解决这个问题，并再次重申必须等到即将举行的简会结束后才能解决。应急保障机构的工作人员迅速寻找固定电话，希望接收到比手机更稳定的信号。当时联邦应急管理局的现场指挥员不在现场，所以应急保障机构的主要负责人"越过夜间行动部主任"协调解决病人疏散问题所需时间更长，困难更大。幸运的是，附近的教堂有一个螺旋翼飞机，并在沟通后立即被派往医院的屋顶。如前所述，已经联系上了负责的护士，她正在以最快速度为病人的空运转移做准备。应急保障机构的主要负责人后来没有再追踪病人的情况，也没有收到护士的消息，但他知道事情已经解决，没有人员死亡。联邦应急管理局的夜间行动部主任匆忙赶往另一个会议时被告知了刚刚发生的事情，很显然，他已经忘记了医院屋顶上急切等待救援的护士和病人。

联邦应急管理局的夜间行动部主任并不是不称职，事实上，他因为能力出众而担任了这一关键职位，但是他被各种各样的会议、简报和报告搞得焦头烂额，无法集中精力去关注被困在屋顶上的十二三个病人的生死。尽管联邦应急管理局夜间行动部主任一直要参加会议，但是联邦应急管理局办公室的工作人员可以建议他只进行响应决策即可。Stallard 和 Sanger[6]在书中谈到了办公室工作人员应该对高层领导的错误决策提出建议的重要性。尽管应急管理组织机构中有办公室工作人员，但需要的是有参谋技能的工作人员。军事决策过程也认识到这种参谋技能及其在正常指挥链中的重要性。有时虽然参谋人员给出了很好的建议，但是决策人员都没有执行。即使越来越多的应急管理人员夜以继日地工作，但是他们展现出的才华和献身精神有时也不足以确保他们做出正确的关键性决策。应急管理并不是一个让人谋利的职业。永远要记住"大多数人都是为了完成应急管理的使命"。

5.2 群体正确决策的问题

群体决策是应急管理决策的核心，群体做出的正确决策要比只有一个人或两个人的决策复杂得多。指挥链中不同层级、不同能力、不同个性人员的冲突观点和信息量增加了群体决策的复杂性。群体决策非常复杂，但能带来巨大效益，群体决策是一个正确的做法。本节的重点不是让读者了解做出糟糕决策的可能情况，而是考虑影响群体决策的主要因素。这意味着应急管理人员需要时刻谨记：在决策或延迟决策时，需要考虑个性冲突、应急决策的自信问题，以及各种可能增加、最小化或破坏群体决策价值的个体和群体。本章有几节内容是关于群体决策。这个领域涉及面很广，这里不是总结，而是举一些作者所经历或学到的实例。这些糟糕决策的实例包括第 1 章中与关键决策有关的一些概念。在以问题为导向的语境中，有必要对这些关键概念进行重复。

5.2.1 群体决策

尽管突发事件应急管理人员或与应急管理有关的人员进行相关阅读是有益的事情，但是讨论群体决策，并不一定要回顾大量关于群体决策的思想和研究，也不用深入研究群体心理学的关键发现。作者们建议应急管理人员应该将决策群体视为在制定及时正确决策过程中，可能会有利于或不利于决策。这意味着群体决策既有潜在的群体价值，又有潜在的陷阱。回想一下，作者们都曾目睹了一个原本有效的简报被两位充满敌意的、既有才华又很聪明的参与者所破坏，他们只是恰巧彼此不喜欢，或者其中一个人就是忍不住要说话，不停地说话。作者们重点关注群体决策问题，这些问题反复出现在应急管理文献和一些经典研究成果里的大量突发事件中。

5.2.2 群体思维

"群体思维"[37]这个术语现在已经出现在应急管理决策的词典里，因为组织和机构决策采用的是群体思维。但是，正如第 1 章所指出的那样，群体思维有时容易使群体决策结果遭受质疑，有时群体思维比个人决策更容易出错。Janis 发现行政管理人员往往对群体决策人员的观点不发表批评意见，因为他们尊重决策群体中的每一位成员。实际上，这意味着应急管理人员必须提防一群才华横溢的老朋友和同事"在重要问题上想法一致"的问题。在重要问题上想法一致，可能是一件好事，但亲密的人际关系和对彼此的强烈尊重，可能会扼杀应急管理人员在某些情况下表现出来的一些创造力和进取心。无论危险或无效的行动是谁的提议，或者受谁的支持，都不能沉默，沉默就是一个典型的错误决策的例子。

5.3 突发事件决策中专家判断的问题

有经验的应急管理人员都知道，即使是最让人信任的应急管理专家的评估，也会和他的同事，甚至和他自己在以往类似情况下的评估大相径庭。事实上，只要专家判断或其他判断存在偏见或不准确的可能，就应该审查，这可能需要成本，需要付出经济代价。在突发事件应急管理中，如果忽视这些成本是很危险的。例如，在3级飓风的第一天，美国卫生和福利部的区域主管估计，美国国家灾害医疗系统需要派出（或已经预先部署了）国家灾害医疗系统的200多名工作人员，前往波多黎各进行医疗系统评估和提供初级医疗救护。当然，这不包括高级管理人员因各种原因偶尔有滥用职权的可能。然而，同一个人可能在几年后，估计在类似的情况下只预先部署100多人到波多黎各。

在复杂的决策中，清理废墟的合同、水的数量、联邦应急管理局的蓝色防水布数量会出现不一致性的情况。只要应急管理人员及时追踪和调整不精确的专家判断，这些判断并不一定是致命的缺陷。可以确定的是，清理废墟的合同、防水布、水、食物、链锯、各种大小的发电机、公共汽车、国民警卫队和国防部保障物资、国家灾害医疗系统中的灾害医疗救助队和许多其他必需品的数量如钟表一样精确，联合作战行动中心空缺人员的数量也是如此。只是在决策时常常会出现对资源部署的时机、救援人员数量、补充的工作人员和地点的错误判断。回想一下Kahneman等人[26]的早期发现，他们指出专业人员在专业领域做出的许多决策常常是不可信的。他们的一篇文章《噪音：如何克服不一致决策带来的高额隐性成本》或许应该摆在每位应急管理人员的书架上，并经常阅读。

5.4 与联邦应急管理局的联邦协调官打交道时可能遇到的问题

灾害初期，联邦应急管理局最少会任命一名50岁以上的男性（尽管这种情况在发生变化）联邦协调官，一般都曾在军队、消防部门（通常作为医疗护理人员）、执法部门甚至联邦政府担任过高层管理人员，工作表现出色。但是，他不一定适合较长时间的、琐碎的灾害恢复方面的工作，如与避难场所有关的事宜、与红十字会和食物供应机构等非营利组织的协调，这些工作不容易解决，而且需要很长时间。联邦应急管理局的工作人员很少被提升到美国联邦政府职员。许多联邦协调官自信有领导能力，但有时缺乏灾害响应和恢复时管控实质性任务的经验或相关知识。公平地说，联邦应急管理局的培训包括应急保障模块的物资和保障过程，培训内容需要经常更新。作者们已经讨论过，领导层，特别是新任命的领导，往往会出现过度自信的问题，这个问题很容易因为缺乏处理如环境、公共卫生和医疗系统、与美国陆军相关的实质问题的经验而变得复杂。因此，为避免重大失误，通常经验丰富的联邦协调官不会坚持追求最高级别的响应。这并不意味着联邦协调官想要进行草率的响应，只是他们和许多其他联邦甚至州政府人员一样，更想避免重大失误。公平地说，这些人员通常学习得很快，能回忆起他们在培训课程中学到的内容和他们在其他灾害中经历的事情。大部分情况下，他们的自信有利又有弊。联邦协调官也特别重视地方和总部的建议，以免影响他们未来升职的机会。因为多种显而易见的原因，联邦应急管理局需要高效的联邦协调官。

联邦协调官负责管理工作，召集会议，对工作人员提出要求，为联邦应急管理局的救灾工作提供资金，所以联邦应急管理人员向联邦协调官汇报的程序非常烦琐。灾害初期联邦应急管理局更容易获得在卫生、医疗、环境和相关项目上的紧急支出批准，随着灾害的发展，如果联邦应急管理人员的报告简短，明确客观地表明灾害进展顺利，会有利于联邦应急管理局应急保障部的工作。因此，明智的应急管理人员向联邦协调官汇报时一定要严谨。地方和州的应急管理人员汇报的目的主要是获得联邦应急管理局的重视和资助。这一切都很复杂，因为很多信息源会产生越来越多的、自动化的、详细的数据。指挥链的最上层及其政治领导非常重视这些数据，但是短时间内获得更多、更详细数据的压力会阻碍应急响应的指导方向和响应等级，这是一个永恒的主题。联邦协调官必须与联邦应急管理局的高层保持联系，这就意味着政治风险，对于联邦协调官来说是很难的一件事情。联邦、州和地方应急管理人员也面临着不同程度的政治风险，但所有联邦协调官，无论他们决定做什么或不做什么，都将面临大量的政治风险。为了有效地与联邦协调官合作，上述情况必须引起应急管理人员的高度重视。

如上所述，与联邦协调官合作可能是一把双刃剑。例如，在灾害初期，雇佣当地失业的人做环保清洁工作，既可以帮助启动当地经济（即雇佣当地人），又减少了环境污染问题，同时清理道路也改善了交通。联邦协调官向其上级提出这一建议是非常有效的。如果联邦协调官无法获得这些支出费用的批准，那么与联邦协调官合作的联邦应急管理人员就需要一位接受最新教育的律师，收集获取更多的信息，参与这些支出费用的申请工作，服务于联邦协调官所在组织的需求。一般来说，联邦协调官所在组织的需求，也是支持联邦协调官的其他应急管理人员所倡导的实质性需求。支出费用没有获得批准，或者救援任务中稍微"不寻常"的请求，都会使联邦应急保障部门的应急管理人员的利益面临更大风险，使他们的生活复杂化。如果要使这些支出费用获得批准，应急管理人员就需要和联邦协调官保持良好的沟通，并说服联邦协调官，让他理解应急管理人员的使命对于受灾人员、对于州和地方都是非常有益的。

本节的所有内容主要是从联邦应急管理人员的视角出发，这些人员管理联邦保障机构，或在联邦保障机构负责应急保障工作。简要回顾第 1 章，各级应急管理人员都应该站在联邦协调官的立场，承担联邦协调官应承担的复杂任务。如果应急管理人员努力尝试去做，大多数人都能做好。这些复杂的、有时甚至矛盾的任务通常包括：联邦协调官需要将更多和更高水平的数据和信息提供给联邦应急管理局华盛顿办公室；满足联邦应急管理局区域办事处、区域主管、应急响应中心所在的各州和各市的特殊需要（从联邦应急管理局的角度来看，灾害主要是区域性突发事件）。正如人们所期望的那样，公共关系工作人员优先考虑的重要事情是获得准确的信息，使联邦应急管理局处于最佳状态。联邦应急管理人员对与他打交道的联邦协调官的艰难经历产生共鸣，可以减轻联邦协调官的心理负担，让他们生活得更轻松。

5.5　没有预先部署符合实际情况的人员和资源

大多数灾害，尤其是大规模飓风、森林火灾、洪灾和冬季暴风雪等巨灾中，在国家和地方响应前，联邦应急管理和应急救援行动中心就开始行动了。如果人们能够预测灾害的发生、预料灾害的发展过程，那么在灾害发生之前就要进行备灾行动，如后勤、管理、金融资产部署等。例如，在风速已达到每小时 140～150 英里的飓风危险区，负责应急保障的联邦应急管理人员应该在该区的大型宾馆、中学和某些机场设施等预先部署人员和资源。联邦应急管理人员通常比地方或州的应急管理人员拥有更多实质性的资源，预先部署行动更灵活。为"安全躲过飓风"，预先部署联邦应急管理局的通信人员和其他联邦行政管理人员，在宾馆会议室设置初期救援行动中心，提供某地区历史上遭遇飓风的早期信息及其与当地应急管理联络员协调。虽然使用无人机的程序很复杂，但是它能辅助预先部署行动。

通常，应急管理人员很重视正常的、可以预见的备灾行动。业务繁忙时，应急管理人员常常会忽视预先部署人员和装备、任务分工等额外事项，这就增加了联邦应急管理局的备灾工作。例如，2018 年北卡罗来纳州为应对"佛罗伦萨"飓风，动用了 2800 名国民警卫队员，准备了 13 个露天避难所、上万吨水、药品和链锯等设备。2017 年，联邦应急管理局在"哈维"、"厄玛"和"玛利亚"飓风的常规应对行动中花费了大约 24 亿美元，包括活动房、"蓝色防水布"、食物和检查等产品和服务的"预付款合同"。上述救灾行动进行顺利，资金充足，但是并不是所有的救灾行动都会如此。虽然在 2017 年波多黎各发生的玛利亚飓风中没有进行充足的预先计划和准备，但是，联邦应急管理局与各州和地方政府一起整理救灾行动后的报告，更加顺利地推进了互助、资源分配点的部署及调整。波多黎各在玛利亚飓风着陆前没有请求互助，这实际上就要质疑联邦应急管理局为什么没有提供互助，至少应在生命安全、通信、运输及电力等相关领域提供一些初期的保障活动。

这些预先部署的工作人员可以协助州的工作人员，确保互助人员和互助资源尽快抵达波多黎各岛屿，帮助联邦应急管理局事故管理团队收集和共享关键的灾情信息。以医疗紧急救治为例，灾害发生后的第一个"黄金 24 小时"，国家灾害医疗系统、灾害医疗援助队等先进的救助系统已准备治疗病人，进行医疗需求评估或扩大当地治疗，这能使灾区真正受益。但是没有给公共卫生和医疗人员提供躲过风暴的安全位置，事实上，飓风过后已经错过了灾区医疗救助的最佳时间。完成上述工作后才可以更有信心地做出预先部署的决定。

各级应急管理人员应考虑不同类型的救援人员和救援资源，特别是国家灾害医疗系统的灾害医疗援助队、国家灾害医疗系统的医疗评估小组、联邦应急管理局的事件管理援助小组、螺旋翼飞机和许多其他预先部署的资源。灾害初期浪费的时间和不及时的医疗救助导致的致命问题都无法弥补，所以应该尽早评估。各级应急管理人员也可以预先部署其他类型的人员和资源，以提高应急响应的时效性。例如，2018 年 4 月，联邦应急管理局为应对季节性飓风而成立的联邦应急管理局综合性队伍，这支队伍与州政府官员长期合作，提供技术援助和培训。北卡罗来纳州应急管理局称，这种预先部署形式使北卡罗来纳州第一个获益。飓风即将到来时，能源部门会预先部署数以万计的工作人员。在准备应对佛罗伦斯飓风的过程中，杜克能源公司大约有 400 万客户在北卡罗来纳州，约 2 万名工人被安置在酒店和集结区，那些被雇佣的当地人在家中电话待命，还有 2 万人被派往该地区的其他公用事业部门。可笑的是，2017 年，波多黎各岛没有与电力公司达成有效的互助协议，而是雇用了一个小承包商来完成正常情况下需要成千上万互助人员才能完成的任务[166]。

如果所有救援系统都正常运行，那么在灾害发生之前再预先部署额外的人员和资源是很困难的一件事。例如，救援人员需要努力谈判医疗救治、医疗评估、救援物资的紧急补给和用于灾民疏散的螺旋翼飞机的数量及其起降位置，需要从大量机构申请经费，经费能否申请成功有时也要靠运气。通常情况下，这些支出会有利于灾害响应工作。如前所述，越来越多地利用无人机将会解决这些灾害响应问题。

5.6 认为联邦应急管理局会帮助没有做好防灾准备的州和地方应急管理机构摆脱困境

联邦、州或地方的基层应急管理人员都知道，联邦应急管理局没有职责，也没有经费来解决一个地区重大灾害造成的重大损失问题，例如，美国多个州遭受的严重飓风。正如作者们强调的那样，对"联邦应急管理局"的批评在某种程度上是非常不公平的，联邦应急管理局的工作非常复杂，后续的每一届政府对联邦应急管理局不断做出的行政变更，会使联邦应急管理局的工作变得更加复杂，近年来大幅改变资金来源，频繁地采取紧缩措施，对联邦应急管理局产生了消极的影响。作为一个联邦政府机构，联邦应急管理局和大多数其他联邦机构一样，预算和人员配置数量是通过国会拨款优先权和总统行政权力相互作用来确定的。联邦应急管理局承受着许多有权势的承包商施加的巨大的合作压力。联邦应急管理局与其他联邦机构的不同之处在于：它的年度运营预算（2018年为139亿美元）和核心工作人员的支出，与用于州和地方的救灾流动资金相比往往相形见绌，这些用于州和地方的救灾流动资金是根据《斯塔福德法案》和其他当局统计的。2018年年中，国会拨款超过1200亿美元，作为得克萨斯州"哈维"和"艾玛"飓风以及史无前例的加州山火的补充资金。如上所述，联邦应急管理局没有职责解决超出整体预算损失的那些救灾问题。2017年，美国国家海洋和大气管理局估计，仅当年各类灾害造成的累计损失就超过3000亿美元。据初步估计，2017年波多黎各"玛利亚"飓风造成的累计损失可能超过1000亿美元，但截至2018年初，联邦应急管理局在"玛利亚"飓风中仅有120多亿美元用于灾害响应和恢复行动，包括支付给房主现金，小企业管理局提供的长期低息的房屋重建贷款和小型企业贷款，修理损坏的水处理和水净化设施，支付葬礼费，灾害初期的废墟清理和街道开放，为医院、公共建筑、关键商业提供大量发电机，修复和重建公共基础设施，公共卫生和医疗服务及许多其他关键性的援助。这并不是说联邦应急管理局的灾害响应和初期恢复活动没有效果。

联邦应急管理局的性质及其协助州和地方进行灾害响应和恢复工作，说明联邦应急管理局的任务很复杂。此外，它还进行培训、教育、演练，甚至提供资金帮助州和地方有效地减轻未来的灾害。联邦应急管理局一直存在工作人员不足的问题，根据联邦应急管理局最新估计数字，人员不足比例达到37%。根据《斯塔福德法案》，联邦应急管理局有权在需要的时候增加员工。此外，联邦应急管理局从两类人员中挑选雇员，第一类是应急激增型队员，这是从其他联邦机构"借调"的、灾害发生时才需要部署的工作人员，他们几乎没有进行过相关培训，也很少有人获得过相应的资格证书。第二类是联邦应急管理局的员工，他们是联邦临时雇员，必须接受培训。根据美国政府问责局最近的一份报告[167]，2017年联邦应急管理局部署的工作人员中，有54%的工作人员没有接受过充分的岗位任职能力培训。除了这些工作人员外，联邦应急管理局还在灾害期间雇佣承包商和当地人。一般来说，联邦应急管理局的临时工作人员往往缺乏培训，不仅薪酬严重偏低，而且需要完成的任务量超乎他们预料，因此，很难留住这些工作人员做一个比较，联邦应急管理局担任行动管理者这一重要角色的临时工作人员，薪水大约每小时是30美元，而联邦应急管理局长期担任这一职务的工作人员，薪水大约每小时65~80美元。联邦应急管理局的临时职员需要接受强化训练才能达到大多数联邦应急管理局专业人员的水平。

近年来，美国遭受了飓风、山火和洪水的巨大破坏，全球气候变化给全世界带来越来越大的破坏。联邦应急管理局自成立以来，其预算和工作人员经历了严重的"繁荣和萧条"周期，无法应对2017年和2018年灾害所带来的严峻挑战。美国政府问责局在同一份报告中得出结论：联邦应急管理局在应对"哈维"、"厄玛"飓风和加利福尼亚州山火时，总体上履行了预期的职责，但没有做好应对"玛利亚"飓风对波多黎各影响的准备工作。"从工作人员的角度看，他们完全不知所措，"美国政府问责局应急管理事务部主任和审计负责人Chris Currie说，一旦"玛利亚"飓风登陆，他们的人力资源就会枯竭，其他商品和救灾资源也会耗尽。从这个角度看，"玛利亚"飓风到来时，波多黎各就已经缺乏食物、水、防水布、帆布床和其他供应品了[168]。

通常，地方和州应急管理部门负责大多数灾害第一响应任务所需的资源，但在贫困地区，资源并不充足，比如2005年卡特里娜飓风之前的新奥尔良，以及

2017年玛利亚飓风之前的波多黎各。联邦应急管理局在波多黎各初期响应中发挥了一定的作用，但是考虑到飓风的强度、地区的贫困、基础设施的缺乏，人们对飓风的破坏力和初期响应的效果不应该感到惊讶。波多黎各基础设施的缺乏已造成了数十年的影响。尽管这是个特例，但在合适的时间和地点，预先部署国家灾害医疗系统的灾害医疗援助队以及当地应急管理评估人员或第一响应人员，可以完成联邦应急管理局要求的指令性任务。作者们必须再次强调的是，联邦应急管理局中对专业人员、承包商和分包商进行政治任命的比例最高。

5.7 信息缺乏或信息错误导致灾害初期决策错误

任何参与飓风灾害救援的人都听说过（不一定读过）地方治安人员或其他执法人员发现"尸体被冲上岸"的报告。"毫无疑问，这种情况在某些地方发生过。最严重的飓风造成的死亡人数确实包括一些"岸上的尸体"。如1938年，纽约长岛特快列车事故造成700人死亡；1928年，佛罗里达奥基乔比飓风造成3000人死亡；1900年，横扫得克萨斯州加尔维斯顿的飓风造成8000人到12000人死亡。致命的飓风造成尸体被冲到岸上，但实际上在过去的75年左右的时间里没有发生过。继"尸体"主题后，2014年，加利福尼亚的南那不勒斯发生6.0级地震，地震后发生了特别令人不安的"操纵推文"事件。在地震响应最初的几天里，大部分最受欢迎的推文话题都包含遇难者尸体的照片，但这些照片与地震无关[169]。这使应急响应人员的生活更加复杂。

随着社交媒体的广泛使用，灾害期间有很多重大的传播谣言的例子。2018年，联邦应急管理局在佛罗伦萨飓风期间开设了一个谣言控制网站。但大型灾害的初期，谣言问题仍然是一个重要的问题。任何情况下都需要解决谣言问题。尽管有应对和处理谣言问题的技术和方法，但是，互联网和社交媒体时代增加了解决谣言问题的难度。灾害期间要尽量减少谣言和不准确的报告造成的决策失误，此外，谣言也会对救灾人员和受灾人员造成严重影响，并严重妨碍灾害响应和恢复的效率。例如，2013年波士顿马拉松爆炸现场被封锁后不久，就有媒体发布了相关报道，但报道中两名嫌疑人的名字是错误的。社交媒体的歇斯底里和提供的错误信息迅速进入了大众媒体，幸运的是，调查最终找到了那两名嫌疑人，且身份得到了核实。

5.8 忽视灾害后恢复和灾害减缓工作

通常，灾害后恢复和灾害减缓工作要比灾害响应工作的时间长、程序复杂、代价高。在过去十年或更长的时间里，联邦应急管理局对恢复工作，特别是对其总体任务中减缓工作的重视程度不够，提供的资金也不足，这间接地增加了联邦、州或地方应急管理人员的工作压力。应急管理人员始终要牢记，恢复和减缓往往比响应更复杂，涉及更多的利益相关者，成本也更高。灾害减缓工作可以为未来节省很多资源，只需要做好防灾方案和准备好防灾资源。如果应急管理人员忽视灾害减缓工作，其后果在灾害后期会显而易见，而且往往代价很高，有时甚至是致命的。在"9·11"事件，即第二次世贸中心响应期间，如果美国疾病控制与预防中心和媒体警告第一批救援人员，在废墟上或废墟附近救援时佩戴呼吸器或N-95型口罩，事件发生18年或更长时间以后，癌症和与肺相关的死亡病例就不会那么高。在搜寻遇难者尸体、为第一响应人员提供医疗援助和安置遇难者等任务中，应急管理人员很容易忽视防护问题。联邦应急管理局的灾害专家Scott Gabriel Knowles说："缩减联邦应急管理局的减缓资金看起来是降低了成本，但未来就要付出巨大的代价。"[170]

如果继续将联邦应急管理局的主要活动限定在灾害响应上，如果不重视大坝和防洪堤等重要基础设施的质量，如果假定不同年龄和不同收入的个体都能应对灾害，那就是没有想象力。研究表明，长远的计划可以拯救生命，降低损失。对灾害进行反思能减轻道德负担，但事与愿违。因此，应该建立一种基于科学现实和长期准备的灾害文化，与此同时，承认灾害是一个揭示社会价值观的过程。灾害的开始和结束可能是模糊的，但这不能成为不去寻找原因和付出代价的借口。缓发性灾害对社会的破坏是复杂的，对缓发性灾害的思考同样也很复杂。

Knowles的话很有见地，强调了联邦应急管理局由国会资助和组织，并由行政部门管理和指导的现实。这一现实使国家不会优先考虑灾害的长期减缓工作。这也承认了"深藏"在美国国土安全部的另一个现实，即联邦应急管理局工作人员必须面对资金和人员的常年不足、复杂和令人困惑的规章制度、经常变化的项目或计划的优先级。面对这些问题，联邦应急管理局的应急管理人员如何能适当地强调恢复和减缓工作，最大限度地减少资源的使用，并在未来最大限度地避免这些负面后果呢？这些问题没有明确的答案，这使得应急管理人员必须努力为现在和未来做"正确的事情"，但该机构的政治领导人却很不赞成将灾害视为长期突发事件。国会需要立法，为恢复和减缓提供资金，如审查防洪堤、大坝、宝贵的湿地和减轻洪灾的河口和海岸，审查国家建筑规范，禁止在脆弱地区建设需要硬化的建筑，禁止在其他非脆弱地区改造建筑。到目前为止，对这些问题还没有采取任何重大的举措。

国家和地方应急管理行政人员往往对有效恢复和减缓的长期规划问题更为敏感，因为他们不得不解决他们社区的实际问题，社区规划不合理或者没有规划导致代价高昂或发生致命的后果。其实，某些州的应急管理人员知道这些问题，但是他们所在州的立法机构却否认全球气候变化的现实。因此，应急管理人员要想有效地履行职责，还必须是一位有一定技巧的政客。即便如此，在处理恢复和减缓问题时，也不能保证一定会成功。联邦应急管理局关于减缓成本和效益的最新报告（2014 年）可以在相关网站下载[171]。

5.9　忽视有效的公共关系

几乎所有联邦、州和地方应急管理机构以及应急保障机构都有其独立的公共关系办公室，但是规模和职能各不相同。如果应急管理人员在公共关系方面很坦诚，大多数人可能会说"没有公共关系办公室也行"，媒体、高层管理人员或政治任命人员也可以不关注。当然，正如前面所提到的，即使是友好的公共关系也会导致谣言的出现，可能造成大规模恐慌或误解。从个人的角度看，应急管理人员几乎不会从公共关系中获益，而且会在复杂的响应过程和解决公共关系事宜等方面浪费很多时间。在这个越来越多的数据被生成、存储和获取的时代，有时任何公共关系的琐事都可能使机构获取的数据越来越碎片化。总之，良好的公共关系或大众媒体报道，不仅没有让应急管理人员获益，反而很有可能使应急管理人员遭受很多损失，但是会给机构带来巨大的好处。这并没有解决灾害发生前和发生期间有助于保障公众安全的公共服务信息问题。应急管理人员希望安装有效的数字媒体信息系统，唯一的方法是雇佣或与专业人士签约。如果一位员工或一位志愿者在社交媒体平台上很活跃，但他不是公共关系专家，那就是在自找麻烦。

国防部、卫生和公共服务部疾病控制中心，及其他联邦机构都有大型高效的公共关系办公室。公共关系办公室的各职能部门往往机构强大，资金充足，受到尊重，或多或少得到国会的保护，因此各部门几乎都能独自做好报道工作。但是在重大或较小事件的谣言中，会由于某种原因而导致正面的公共关系和新闻报道失去控制，联邦、州或地方应急管理人员也无法控制。

那么，一个明智的、以完成任务为目的应急管理人员，应该做什么才不至于愚蠢地冒官僚风险呢？令应急管理人员困惑的问题是：向大众和社会媒体提供灾害或突发事件的充足信息是公共关系专家的工作，而公共关系工作人员不能解决新闻报道给应急管理人员带来的困难。任何公共信息都会引起质疑、潜在冲突和其他问题。无论这些公共信息是否明智、是否全面，都会使应急管理人员对公共关系犹豫不决。在灾害恢复阶段，快速提供各种类型的避难所和灾害中心的位置，基本上不是应急管理人员而是公共关系工作人员需要做好的工作。当公共关系工作人员和高层管理办公室人员大声要求"更多数据"时，宝贵的时间很容易被浪费在非任务导向的活动上（这可能是相当保守的说法）。不幸的是，没有统一的答案，只能说"要小心，真的要非常小心"。

应急管理人员可以为任何媒体或机构的高层管理人员和公共信息办公室问讯处快速提供大量的正确信息。各级应急管理人员都应该有一到两名工作人员负责获取和发布数据。发生大规模灾害和突发事件时，可以从联邦应急管理局借调几名员工处理数据。大多数情况下，灾害发生前就要建立好这些关系。如果灾前没有确立这些合作关系，可以通过借调人员完成临时性任务。但是，应急管理人员要不断意识到，不同的组织对数据处理有不同的需要，应该根据对数据处理的要求确定借调的人员名单。

Haddock 等人[2]认为：随着社交媒体在灾害准备、响应和恢复的通信中的广泛应用，其在救援行动和决策中的作用也将不断演变。未来国土安全形势和应急管理的变化，很大程度上会使通信在所有突发事件救援行动和规划中发挥更重要的作用：

将数字和社会媒体形式和功能纳入通信计划和战略中，并采用新技术收集社交媒体用户生成的数据，将是所有应急管理机构的当务之急。应急管理部门和国土安全部的官员不能再回避与医务人员和公众之间的通信问题。应急机构必须承认通信在应急管理四个阶段中的作用，并将通信作为满足公众需要的宝贵工具。当把那句古老的拳击格言"你可以跑，但你躲不了"应用到灾害和突发事件的通信时，这句格言变得越来越真实。

5.10 灾害响应和灾后恢复时忽视经济、健康状况（残疾）、语言和种族差异问题

本书多次强调：一个地区最贫困的居民通常生活在地势较低、洪水频发的地区，生活在最易受天气破坏的房屋里，缺乏自我保护，除了贫困外还有医疗问题。这些居民可能缺乏资金来修复被洪水或大风毁坏的房屋，也可能没有足够的保险或充足的流动资金，让他们在撤离到一个地区（或临时待在避难所）和决定"挺过难关"之间进行理性地选择。通常，贫困的人会迫不得已地选择"挺过难关"。

卡特里娜飓风过后，州和地方政府犯的最严重的应急管理错误之一就是，许多九区居民没有实际的撤离能力，也没有及时利用联邦应急管理局或小企业管理局的房屋维修贷款。卡特里娜飓风表明，许多人在飓风发生前的几十年就已经被更为极端的社会状况边缘化了。卡特里娜飓风还表明，桌面推演、媒体报道、专业技术以及疏散和其他措施的科学前沿知识，实际上不足以让墨西哥湾沿岸的居民做好应对严重飓风的准备[67]。

北卡罗来纳州残疾人权益组织在 2019 年发布的《飓风之后的风暴》报告[172]表明了政府官员对佛罗伦萨飓风的响应是不充分的。该报告发现：

- 难以进入避难场所；
- 医疗救助场所不合适；
- 缺乏重要的救助服务；
- 州和联邦救助服务不充分。

报告指出，如果未来的灾害计划和恢复工作更加包容、更加尊重各类残疾人，并确保他们的公民权利，就可以避免许多流离失所和创伤问题[172]。

2017 年，由于波多黎各没有收集这类信息而造成了很多无辜人员的死亡。例如，波多黎各 68 家医院中有 58 家在飓风"玛利亚"刚过去后就断电和缺乏燃料，有些医院等了好几个月才恢复供电，一家医院为防止燃料被抢劫，由武装警卫人员运送燃料。在没有水和电的情况下，普通人和医疗机构都无法完成像冷藏药品或消毒设备这样简单的任务[173, 174]。

医院、专业疗养院和社区卫生中心的基础设施陈旧，没有预先部署发电机，也缺乏发电机改造工具和使用这些工具的人员。普遍缺乏直升机医疗救援服务，这些设施只能勉强维持下去。停电时，佩戴呼吸器的病人、需要肾透析的病人、

需要壁挂供氧的病人，以及其他有类似需求的人都处于绝望的境地。如果任何一个岛屿的供电都得不到恢复，那么许多在医院重症监护室的病人就会有生命危险。护士和其他人员可以对那些戴着呼吸器或其他需要帮助的病人进行"手动呼吸"，如果这样做他们就不能做任何其他事情，直到供电恢复或病人死亡。需要手术或其他复杂治疗的病人会受到进一步的威胁。令人惊讶的是，尽管这些问题被各种大众新闻媒体和研究机构报道过，但联邦应急管理局的《2017年玛利亚飓风行动后报告》却没有报道这些问题，也没有报道造成近3000人在飓风中死亡的原因[175]。（图5-2）

图5-2　制定计划是正确的应急管理决策的一个重要组成部分

玛利亚飓风过后6个月，岛上的医疗系统仍在缓慢恢复。例如，作为一个非常贫困的地区，20个联邦社区卫生中心为93个城市和农村地区的353172名（占全岛人口的十分之一以上）患者提供服务，2016年共接待了1250万名患者就诊。6个月后，这些联邦社区卫生中心的情况有所改善，但仍面临许多挑战，约10%的联邦社区卫生中心仍然存在供电有限或根本没有电网等问题[176]。

高效的应急管理人员在准备阶段、响应阶段和恢复阶段的关键决策中都不能忽视人口属性问题，在响应初期应特别重视并完成群体属性的汇总工作。地方和州应急管理部门首先要考虑的是所需物资及其变化的信息。城市地方规划部门、区域规划部门、各种公共和私人不动产集团，以及公共卫生部门，要根据其核心任务的需要评估所需的物资。正在研发的人工智能与大规模新数据库相结合的技术，很快会成为应急管理人员对灾害准备、响应、恢复和减缓的手段[219]。

需要评估一些社会组织及当地的商业或居委会的救灾能力，并在必要时形成救灾联盟。应急管理人员可以查阅这些评估结果并正确地绘制救援能力图。"谁住在哪里"的可视化是社区有效地响应任何级别的灾害或突发事件的基础。这一层级的社区知识是城市规划课程的基本组成部分，也是联邦应急管理局重视学位的主要原因。典型实例是哈维飓风袭击休斯敦后，联邦应急管理局没能成功救助贫困居民。成千上万的贫困居民仍然无家可归，有些人莫名其妙地遭到各种救济方式的拒绝。令人费解的是，将近27%的拉丁美洲人、20%的黑人和11%的白人报告说，他们的房子在一年后仍然不安全。这些居民大多聚集在休斯敦的贫困地区。联邦应急管理局批准给休斯敦的50亿美元的社区资助基金，到2018年秋天还没有到位[177]。应急管理人员必须认识到：不仅要区分人口特征的差异，而且要特别关注有特殊需求的人，这些因素不仅会影响灾害响应和恢复决策，还会影响个体和群体对灾害和突发事件的响应。

发生严重灾害时，宗教问题可能会使灾民和应急管理人员之间的协调工作变得复杂，尤其是语言困难会使他们之间的有效合作更加复杂。人口结构类型的冲突会严重破坏精心计划的灾害响应或恢复工作，但如果及时处理（即在发生灾害之前），则几乎不会引起任何问题。

5.11　应急管理决策时忽视个体倾向、个体差异和个体特征的问题

每一位应急管理人员都观察到：其他应急管理人员或其他总是"做对"的人，他们的决策过程及收集的数据和事实似乎有利于应急管理决策的效果，这被称为"情感成熟"、智慧或好运。接下来的内容其实在第1章中已经进行了总结。此处强调的是，高效的应急管理人员不仅应该养成注意自己的决策过程和不断尝试改进决策过程的习惯，而且还要认识到这种习惯的养成通常是非常困难的。正如Kahneman所强调的，发现别人在决策过程中的缺点和优点要比发现自己的缺点并改正这些缺点更容易，这具有讽刺意味。因此，明智的应急管理人员应该向他人学习。

开始关注其他人的特征以及他人对个体决策过程的影响之前，应该快速地收集信息，正确地对待整个灾害。最初的步骤包括收集信息和观点。灾害现场所在地的消防部门、邮局、警察局、图书馆，特别是那些报道以前发生的灾害的栏目

都是非常有用的,如果可能的话可以给经历类似情况的同事或其他人打电话,最好去拜访一下。联邦应急管理局的行动报告、美国政府问责局的研究、国会研究服务中心的报告、研究所的研究(诸如由皮尤慈善信托基金会所进行的研究)、当地报纸、大众和社会媒体,甚至《纽约时报》和《华尔街日报》,都有助于应急管理人员在进入任何一个救援行动中心之前获得背景信息和观点。有些人可能会"反对"《纽约时报》,但《纽约时报》将巨灾作为地方和国家事件来报道是一种政治选择,如果感情用事,就会失去一个获得背景信息和观点的好来源。《纽约时报》引入了历史、政治,甚至参考了相关的研究。对于一部像样的智能手机来说,只需打几个电话,点击几下鼠标就可以完成大部分任务。当然,这可能会让应急管理人员立即陷入过多的社交媒体报道中,在这些媒体上,通常很难区分哪些是正确的和有用的信息。有些人可能认为没有必要表现得像一个研究人员,但既然能够快速地得到这么多信息,而不去浏览,这是愚蠢的。可以肯定的是,在任何重大灾害的初期,许多政客都会让他们的工作人员快速获取信息,而且不管应急管理人员是否愿意,这些政客都会希望得到应急管理人员的帮助。

  大型复杂的灾害响应过程主要是完成救援任务,但是,稍微考虑一下灾害中复杂的个体和群体,就可以避免负面后果。可以先考虑周围的人以及相处融洽的人。有时周围人的决策群体也未必能做出理性的决策。旧日的愤怒难以化解,旧日的友谊可以保持牢固。快速扫视一下周围的人之间的关系是很重要的,因为有些人可能因为过去的事件而导致决策扭曲。通常,明智和有经验的应急管理人员会本能地进行"人员扫视",如过去和现在与这些个体和群体之间的关系。最好不要假设任何人的推理都是完美的,个体的复杂性妨碍正确决策例子如下:

  本书的一位作者是当地计划委员会的主席,他处理过一个复杂的住房项目,其中包括 7 英亩(28327 平方米)罕见的莱诺克斯(美国马萨诸塞州西部城市)橡树区,是美国最大的该类树木群之一。为了拯救这些树木,计划委员会必须向董事会提出积极的建议,因为董事会拥有最终的权力,并且非常想要拯救这些树木。其中,董事会的五名成员对项目赞助商(当地一家房地产开发商)深为不满。虽然项目规划人员精心准备了文件,详细说明了所有问题,但是最终投票结果还是反对这个项目。尽管董事会希望保护这些树木,但是五名"愤怒"的委员中有四人投票反对这个项目,他们表示希望理事会能够以某种方式绕过规则,让这个项目在树木完好无损的情况下获得批准。显然,对土地开发商的愤怒或厌恶,使董事会成员失去了理智。在灾害响应和恢复中,应急管理人员往往不会公开表现出对某个人的偏见。事实上,一个更明智的计划委员会主席应该花更多的时间,去做那些可能投票反对该项目的成员的"工作",但他没有这样做,所以他也应该为橡树标本的损失承担部分责任。仅仅因为项目重要,就期望人们克服情绪,这可能也是不理智的。人们常常会因为情绪导致行为异常。一个明智的应急管理人员应该牢记,虽然"情绪中毒"的情况很少,但是可能会发生。

如果应急管理人员对这些情绪和态度的小迹象保持警惕,常常可以预见个人对他人或对某些行动过程的偏见。当某些地位高或权力大的人表现出对某个人或某种行为的情感倾向时,会让情况变得更加糟糕。作者们已经讨论过,与医生、有权势的律师、高级顾问,一些市、州或联邦的高层管理人员打交道的问题,与地位高的人打交道有时会更难。应急管理人员带着情绪去处理问题,只会让他们的工作变得更加困难,但是这种情况确实会发生,而且经常发生。

尽管行政人员将他们不喜欢的决策路径称为"证实性偏见"(确实经常使用)或"损失规避",但是,开创性的心理学家和行为经济学家很早就证明了,这种带有偏见的"理性"模式在不同程度上影响着应急管理人员。有时凭直觉能意识到偏见,有时需要给一些偏见贴上正式的标签或命名,作者们冒着被裁的风险提及这一点。如果要提高决策能力,必须强调情感偏见及其对自己和他人的影响。维基百科不一定是公认的认知偏见的权威来源,但它列出了这些偏见,并提供了一套很好的参考书目。认知偏见的数目列表可以在相关网站找到[178]。并不需要把所有的偏见都回顾一遍,只需简短阅读几页关于偏见的研究和命名即可。这与本书的主题是一致的,即明智的应急管理人员认为决策是一个重要的过程,并应该努力去改进这个过程。

Kahneman[26]等人认为,决策人员有时是不可靠的。再次强调的是,不仅应急管理人员本身的决策不可靠,而且应急管理人员周围个体的决策也是不可靠的。极具讽刺的是,发现潜在的认知偏见和发现影响他人决策的问题,往往比发现和认识自己的认知偏见更有效。

5.12　应急管理人员不考虑政治,后果会不堪设想

通常,美国应急管理人员采用如下两种方式处理与政治相关的问题。第一种方式最直接,因为大多数地方、州和联邦应急管理机构的管理者或主管都是经由

政治任命的。这些人本应有应急管理经验或受过培训，但实际上往往没有，并长期依赖专业人员提供应急管理方面的指导。这一事实可能在许多层面都造成了实际困难，但这是必须面对的现实。《洛杉矶时报》在一篇关于联邦应急管理局政治任命的文章中对此进行了深度阐述[179]。Michael Brown 是在卡特里娜飓风发生之前由总统直接任命的五名联邦应急管理局高级官员之一。事实上，Michael Brown 接任联邦应急管理局局长时，时任局长 Jim Albaugh 并没有重大灾害或突发事件应对经验，他可能应该对后来机构的很多行动负有更大的责任，因为在美国联邦应急管理局前局长 James Lee Witt 离职后，联邦应急管理局的高层管理部门出现了空缺或工作人员严重不足的问题。与 Albaugh 和 Brown 不同的是，联邦应急管理局局长 Witt 却因为在高层管理人员中配备经验丰富、高素质的应急管理人员而受到了很多赞扬。事实上，卡特里娜飓风一年后，代表联邦应急管理局雇员的劳工组织负责人写道："……联邦应急管理局的应急管理人员已经被那些有政治关系的承包商和对灾害知之甚少或一无所知的新职员取代了"。没有应急管理背景的人很容易理解灾害和突发事件的相关问题，但不能完全掌握处理这些问题的方法。因此，联邦应急管理局或其他应急管理部门领导能力不足的威胁依然存在。

应急管理人员最好站在政治任命的机构领导人的立场考虑问题，意识到这些机构领导人的上级管理部门、大众媒体和社交媒体施加给他们的政治压力，并正确地面对和处理这些与政治有关的问题。《华盛顿邮报》[182]明确建议，上层联邦工作人员（高级行政人员）在政府管理部门变化时应做好政治上任命人员的平稳交接工作。一位在联邦部门工作三十四年的员工 John Pagutta 亲历了不同政府管理部门换届导致的各种变化。实际上，他的评论适用于国家和地方政府，各级管理人员都值得学习。

随着新总统任期的开始，许多政治任命人员已经离职或即将离职，他们的继任者会慢慢接手关键管理岗位。这段时间会让职业管理人员感到不安，他们必须在人员空缺期间管理救援行动，适应任何不可避免的变化。然而，这也是一个与新上任的政治任命官员建立富有成效工作关系的机会，为确保有一个积极和富有成效的开始，以下是需要避免的一些误区：

- 在与新任命的人员进行第一次谈话时，不要先告诉他需要马上做什么。
- 避免对新想法说："这行不通，因为……"，即使这些新想法有一些不足，如与现有的规则冲突，也要思考可能建议的替代方案。

- 不要批评你所在机构的前任政治团队，不要列举新任命人员的前任做过的所有糟糕的事情。这只会让他们知道当他们离开时你会说些什么。
- 不要隐藏问题。坏消息不会随着年龄的增长而变好，坦诚地面对问题会比等到问题扩大化或公开化要好得多。
- 克制做唯唯诺诺者的想法。例如，如果知道自己没有能力坚持到底，就不要答应去做某件事。
- 如果不能或不愿意接受新任命人员所希望的合理变化，考虑换工作的人也许是你。

能做些什么来帮助你自己、政治上新任命的上司和你的机构取得成功呢？下面是一些可以采取的积极措施：

- 尽可能多地了解新上司为组织制定的优先事项和目标。在被任命人员上任前，进行一些在线调查。
- 对改变持开放态度，并做好准备。
- 预见问题，准备好有建设性的答案。告诉新任命的人员"我们一直都是这样做的"，并不是一个有建设性的答案。
- 提出更好地应对外部批评的建议。例如，如果该组织因没有响应而受到公开批评，准备好可行的建议。
- 事实证明新团队不一定是最好的。
- 关注组织为美国公众所做的工作，并努力实现这一目标。

法律规定：任命一名新机构负责人或政治上任命一名新主管后，高级管理人员暂停非自愿调动120天。这些高级管理人员要利用这段"蜜月期"，了解新任命的人员，让他们看到你在团队中的价值。

此外，新任命的政治领导人要经常切合实际地评估自己的知识和判断，因为他们现在是本领域的高层管理人员，他们是主管，他们是由更高级别的政治领导人选出来的。有时这种过度膨胀的感觉很快就会结束，在将要面对的冷酷现实中枯萎，但有时这种感觉会延续到他们的整个任期。这个问题其实早已得到解决，但此处强调的目的是，只要应急管理体制和结构不变，它一直会是应急管理人员要解决的难题。

应急管理人员处理与政治相关问题的第二种方式是，明确公众在灾害或突发事件中的利害关系。尤其是在大规模、潜在损害或人员伤亡大的灾害或突发事件中，公众很有必要了解各机构和（或）军方正在代表他们做着哪些工作，以及这些工作对灾害或突发事件可能造成的后果。强烈的政治利益反映了强烈的公共利益。应急管理人员的权力、资金，甚至决策能力都会受到政治利益的严重影响，而明智的政治领导人可能会完全不受影响。一般来说，应急管理人员无法获得这些政治领域的信息，因此他们永远无法确定最终的结果。政治领导人可能了解灾害响应的过程，但是，他们在政治上很明智，知道最好让应急管理人员做他们认为是正确的事，然后再"理直气壮"地宣传是自己的功劳。当然，如果出现困难，他们可以很容易地指责联邦、州或地方应急管理人员。无论突发事件管理人员做了什么，灾害损失都会下降。如前所述，应急管理人员应该完成任务，并保全自己的位置。

越来越多的应急管理传统观念认为灾害响应中不应该考虑政治问题。尽管目前应急管理专业的毕业生正在接受更高水平的教育，但是，这代人却一直在承受着政治上的压力。几十年来，应急管理人员一直在努力有效地解决与政治有关的问题，城市和区域规划人员也一直在努力，联邦应急管理局局长也非常重视，一直在进行相关人才的储备。几十年前，Norma Krumholz 和 John Forester 在 Cleveland 高速公路建设时写道（这些经验教训对今天的计划制订者和应急管理人员仍然适用）：

考虑政治的规划模式很痛苦，因为很少有将专业、政治远见和实用主义与规划结合在一起的典型的、相对公平的例子。当 Cleveland 高速公路的规划者与社区领导、市长顾问、机构工作人员以及专门成立的某一问题特别工作组合作时，提议将专业分析和政治倡议结合起来。这些人没有因为政治压力而牺牲职业操守。相反，如果他们不提倡公平规划 （让高速公路通过低收入人群聚集区和高收入人群聚集区是相对公平的），如果他们没有准确指出依赖运输的脆弱性，面对考虑不周的基础设施项目，如果他们没有积极保护纳税人，那么规划人员做的专业性工作就太少了。Cleveland 高速公路的规划经验表明在进行有效的公平规划实践时，思路要清晰，政治上要保持敏锐性[183]。

尽管在美国与政治有关的问题有时很难处理，但是，并不是所有的硬性政治活动都是民主党和共和党之间的党派之争，也不是与政治上任命的机构领导人打交道。政治学家和那些与地方政府打交道的人很早就知道：最接近地方层面的政治活动有时会引起更多的个人冲突，并引发最强烈的情绪。比如遛狗的地方、停车的地方、装饰房子或公寓的前门等问题，都可能引起超乎想象的情感问题，因为个体直接受到影响，每天都能近距离地看到影响他们的人。这是有道理的，因为人们在参与地方政治活动，在每天购物、晚上聚会、孩子们做游戏时或酒吧和餐馆等地方都会见面。再如，本书的一位作者曾在当地的学校董事会挂职两个学期，在这期间他发现，对某个问题的情绪化一定会影响持有相反观点的人，并影响他们之间的关系。

应急管理人员应尽量避免这些情感纠缠和带有政治色彩的个人情感。芝加哥前市长 Mayor Richard J. Daley 曾经说过："好的政府就是好的政治。"他说得对，但是他还有很多话没有说。人类及人类的情绪可能比更难处理的政策或法律问题要复杂得多，可能会持续数小时、数天甚至数年。

考虑与政治相关的问题也是有回报的。例如，地方政府的分区问题、采购权限问题、征税和支出问题，在任一层级都会受到"影响力"规则（芝加哥术语）的限制。通常考虑政治很庸俗或接近违法，美国大部分与政治相关的问题并不是总与投票等类似的经济问题有关。与政治有关的问题通常要更微妙，如帮助姐夫在乡村或小镇上做生意的一个开发商那里或者在郊区销售融雪盐的公司获得一份工作。人们必须以雇佣或签约等方式进行商业活动，同时经常通过竞争性投标程序来获得最佳服务和最优价格。这些选择一定有个人和政治原因。当然，美国大多数乡镇都有利益冲突、裙带关系及其变化的规则，金钱破坏了规则和法律。几年前，本书一位作者深夜在中西部一座城市的摩天大楼的顶层与当地一位德高望重的律师喝酒，当时，他们在为联邦政府巨额拨款成立的当地公民委员会庆祝，这位律师对"美联储"的一些评论做出了强烈的回应。他说："你从哪里来，芝加哥，对吧？难道你不知道过去 10 个大型市中心项目都是在这里或那里被'榨汁'的吗？"他指的并不是早上的饮料。无论交易大小，美国政府的每一笔交易都可能有潜在的腐败性，特别是大的交易。突发事件应急管理人员必须假设他不知道正在发生的事情，或者永远也不会知道。这并不意味着一定会发生违法的事情，但是事情很复杂。

应急管理工作既要考虑政治因素，又要考虑地区政治引起的情感问题，这就如同大飓风过后海滨地区的减灾工作一样复杂，要考虑洪水保险和复杂的灾后重建问题、保险费率问题、业主协会、海滨公寓及委员会和联邦应急管理局复杂的规定等问题。正如 Boyd 上校观察到的那样："尽可能多地了解你可能遇到的每一个问题，尽可能多地了解你能想象到的思维模式"。像政治上敏感的人那样去观察，了解的人越多越好。没有良好的人际关系不能完成任何事情。

5.13 不要指望联邦应急管理局或任何联邦机构在灾害或突发事件期间承担安全责任

应对灾害或突发事件时会出现许多情况，需要训练有素的武装人员来确保工作人员和资产的安全。很多时候是"每个人都关心最终变成了没人关心"。目前有 58 个跨部门的联邦机构安全委员会，负责协调保护联邦雇员和联邦设施，但在灾害或突发事件期间根本没有这样的组织来协调保障安全。这样批评似乎有些不公平。在发生灾害或突发事件时，地方和州要充分发挥其执法能力，要向周边社区请求互助，确保资产安全，大灾害发生时甚至会向国家提出请求。但请求互助需要时间，只有发布特殊天气事件和有预案的事件（如国家特别安全事件）的预警信息后，才能更好地完成互助任务。即便及时提出互助请求，保障充分的安全也需要时间。(图 5-3)

图 5-3 重大事件救援中首先要确保安全，要有备用方案

这并不是说，互助系统出现的任何严重失误，都会导致当地安全警卫人员数量的增加。但是，这样的事情确实在灾难性事件和计划周密的国家特殊安全事件中发生过。安全警卫人员通常来自地方和州的警察部门、互助协议中的地方和州的警察部门、国民警卫队（地方和/或邻近州）、各种联邦安全部门（联邦保护署、特工处、联邦机构的安全部门，甚至承包商的安全部门）。每个安全部门都有自己的任务和职责。对于没有安全警卫人员的某些联邦机构，在灾害或突发事件期间承担安全责任可能会有潜在的严重后果（如国家灾害医疗系统的灾害医疗援助队）。

5.14 灾害后恢复或响应时忽视公共卫生问题

尽管联邦应急部门对应急响应的公共卫生方面要求很严格，但是应急管理人员的态度却是"要么现在付出代价，要么以后付出代价"。几乎任何重大灾害都会涉及公共卫生和医疗系统。如大洪水和大飓风会导致公共健康问题，在蚊子繁殖的季节，大洪水会导致成群的蚊子堵住家畜的鼻子，无数次的叮咬会破坏家畜的免疫系统，导致家畜死亡。正如贸易全球化一样，寨卡病毒和蚊子传播的威胁也在全球化。洪水本身会携带该地区的工业污水和废物，水净化设备和排污系统故障可能会使被洪水淹没的养猪场、养鸡场和火鸡饲养场的污水排放而造成水污染。地方公共卫生部门的职能包括资源充足的专业管理和规模较小的非专业管理。如果能预料到公共卫生问题或者以前发生过公共卫生问题，那么在事件发生的初期，或者在事件发生之前，给美国疾病控制中心打电话是很明智的。当需要人力时，调用公共卫生互助人员和应急医疗互助人员，如使用美国中西部的互助报警系统，以不同的方式提供车辆，派出训练有素的工作人员，甚至调派其他领域的专家也是一个明智的决策。

不能指望事情"自然而然地解决"。例如，在世界贸易中心"9·11"事件响应期间，非常多的响应人员在"废墟"上或"废墟"附近救援，他们没有采取充足的呼吸防护措施，甚至根本没有佩戴呼吸防护设备。令人惊讶的是，一些大机构也很少强调美国疾病控制与预防中心至少应使用 N-95 型口罩的规定。这些机构也没有监测和帮助这些曾在废墟上救援的响应人员，由于他们吸入了世贸双塔倒塌后金属、尸体燃烧物和很多其他污染物、刺激物混合而成的有毒物质，而且这些混合物在世贸双塔倒塌后的数周内一直弥漫在空气中，因此，越来越多的人患上了癌症。本书的两位作者都在现场，目睹了那些人是在没有充分安全防护下在"废墟"上或在"废墟"附近救援的。有充分准备的应急管理人员已经从课堂和阅读材料中吸取了这些教训，并关注公共卫生问题的进展，但是没有很好地应用这些知识。

非公共卫生专业的人员认为洪水所到之处都受到了严重污染，这是一个常识性的错误。如果洪水浸湿墙板后，移除墙板及其下面内衬垫的代价是很高的。本书的一位作者很有经验，这部分内容是他讲授的"突发事件指挥系统"课程内容的一部分，这使正在接受培训的公共卫生应急管理人员非常受益。培训的第四天晚上，县里一栋建筑物的总水管爆裂，这位公共卫生应急管理人员利用培训所学技能，给县长写了一份事故行动计划，说明了拆卸、移除、干燥和更换墙板所需支出的合理性，以确保人员生命安全。县长批准了他的紧急支出。

如果可能的话，在突发事件发生之前应该尽快疏散动物（正如人们所想象的那样难）、对废水池进行其他的保护等响应行动。增加国民警卫队是一个不错的主意。众所周知，联邦应急管理局的联邦协调人员反应迅速，但是他们通常不关注公共卫生问题，而是向相关部门汇报并协助解决这些公共卫生问题。Jim McKay 在佛罗伦萨和迈克尔飓风中提出了灾害和突发事件的应急准备期间应重视公共卫生问题[184]。

5.15 忽视第一响应人员或受灾群众的心理健康问题

在大多数灾害中，应急管理人员最后考虑的是第一响应人员的心理健康问题。事实上，执法人员的离婚率在 75% 左右，超过 80% 的消防员都有心理健康问题。近 25% 的调度员都有创伤后应激障碍的症状。

应急管理人员头脑中首先想到的是身体安全，然后才是心理健康。人们通常认为，第一响应人员能够在最恶劣的条件下工作，甚至拯救生命，且不会对他们产生长期的负面影响。这种情况可能正在改变，Jim McKay 在《准备》一书中引用了 Stephen Odom 博士的话，他也是新远景行为健康公司的首席执行官，"第一响应人员听到了一切，看到了一切，即人们生活中最糟糕的时刻，第一响应人员应该保持冷静……他们不需要很长时间去面对这种糟糕的情况。但随着时间的推移，灾害场景开始对第一响应人员产生负面影响。""他们开始越来越多地谈论心理健康，而不是心理疾病，各部门需要承认这个问题"。Odom 博士认为，机构有员工援助计划和相关部门的健康人员等资源，只是第一响应人员必须承认他们有心理疾病，并带头去咨询心理医生。只有这些资源发挥作用和影响力，第一响应人员才会去接受心理救助[185]。1999 年，芝加哥灰熊队在伊利诺伊州的波本内斯进行夏季训练，一名卡车司机在通过铁路十字路口时造成了 11 人死亡，121 人受伤。死者中有两个小女孩，她们几乎当场死于浓烟，看起来她们两人像是抱着泰迪熊安静地睡着了。本书的一位作者和国家灾害医疗系统的遇难人员处置小组在现场。遇难人员处置小组在镇上工作的那几天，镇上的餐馆不收任何一位联邦雇员的钱，联邦雇员也不会接受任何小费。在镇上几乎每个人都沉浸在震惊和悲伤的气氛中，他们都违反了正常的规则。遇难人员处置小组的工作人员并没有冲过去看两个小女孩，而是做好把她们送往殡仪馆的准备。美国备灾救灾部门的地区行政长官拒绝看尸体，这很正常。有时候，明智的做法是不要把看到的事情列入可怕事情的清单。

和关注第一响应人员的心理健康问题一样重要，甚至更重要的是，要关注灾害响应期间受灾群众的心理健康问题。最近《法律杂志》上的一篇文章中强调，对灾害的定义和灾害响应的协议进行规范化和标准化，会提高效率、清晰度和协调性，但是系统化程度的提高可能会导致意外的不利后果，例如，破坏或扭曲善意的决策[220]。

5.16 很多时候会和精神病患者打交道

据估计，精神病患者相对较少，但是他们对灾害形势的发展和对他人的影响都很大，特别值得关注。心理学家估计，大约有1%~4%的人心理变态，此处主要指那些几乎没有道德心的人，及那些不受正常是非观念约束的人。使应急管理人员痛苦的是这些人往往在军队、大公司或其他组织的高层任职。

精神病是最难发现的疾病之一。精神病患者有时很正常，但是他们的内心深处缺乏良知和同情心，反复无常，情绪不好控制，而且经常（但并非总是）犯罪。有针对情感冷淡年轻人的治疗方案，防止他们成为精神病患者，但是已患精神病的成人基本上没有治疗方案[186]。

作者们并不认为办公室人员或者军队的人员会患有精神病或者是反社会者，但是成功的商业领导人或海军少将都有一些共同的特征，他们很迷人，让人消除戒备心，能熟练地操纵他人。心理学家 Robert Hare 和 Paul Babiak 进行了一项精神障碍或病态的评估测试，发现 203 名企业专业人士中约有 4% 的人得分很高。Hare 说，这次的随机抽样结果不正确，"10% 的金融主管"是精神病患者肯定是错误的。缺乏道德良知和漠视他人的痛苦会有益于在商界取得成功[187]。应急管理人员应该特别关注那些社会地位高的职业或组织。他们的成功并非都是因为他们是超级有能力的好人。

5.17　永远不要忘记巨灾对历史产生的重大影响

在灾害响应的关键时期，或在复杂的长期恢复中，仔细考虑灾害的长期影响，对于应急管理人员（或任何人）来说太困难了。巨灾重塑了城市和建筑，提升了领导人的职位，推翻了政府，影响了思考、感受、战斗、团结和祈祷的方式。Lucy Jones 博士当时是美国地质调查局的地震学家，带领一个由 300 多名科学家组成的团队进行了一项名为"地动"的研究，试图预测加利福尼亚狭长的安德里亚斯断层发生严重地震的后果。该研究预测，沿圣安德列亚斯断层发生严重地震的震动时间约为 50 秒。相比，1994 年的北岭地震只震动了 15 秒，造成了 400 亿美元的损失，人口稠密的城市地区没有受损[120]。她的书是作者们推荐给应急管理人员的另一本书，因为在其他地方是看不到 Jones 博士的见解的。

未来的一些问题会困扰应急管理人员，甚至最聪明的应急管理人员也会"反应迟钝"。严重的突发事件，尽管不是巨灾，也会给社会和政府带来很深的创伤，有时会为灾害减缓工作提供机会，以降低未来事件造成负面影响。例如，1995 年发生的芝加哥热浪造成约 700 人死亡，而当时该市的热浪计划只有几页纸，很明显，该市没有做好该计划的宣传和实施工作。公共卫生专员（后来被撤职）和市长都忽视了备灾计划，直到灵车在法医办公室外排队等候时，他们才开始重视这起致命的高温事件。1995 年的热浪改变了联邦应急管理局没有救灾经费的状况，此后联邦应急管理局积极参与治理与气候有关的各种问题。芝加哥市立即授权成立了一个高级工作组，开始与其他几个城市一起起草热浪计划，大幅减少了几年后发生严重热浪造成的人员死亡数量。芝加哥计划每年都会更新，直到现在仍然是"最好的"计划之一。1995 年发生芝加哥热浪后，联邦应急管理局与国家紧急医疗服务部一起开发了先进的"医院之间"的通信系统，使医院的人员配备和床位能够在所有接收医院、紧急医疗救治当局、城市和州的卫生部门之间实时共享，便于救护车在第一时间将受灾人员转运到有医治能力的医院。

Jones 博士注意到，地震及其次生海啸引发的洪水摧毁了罗马古城庞贝，推翻了当时盛行的罗马宗教，改变了人们对自己的看法。Jones 博士的研究应用了许多具有重大影响的灾害事件实例，这些事件的影响远远超过了事件本身。她认为灾害事件影响应急管理决策，许多影响当时特别明显，还有一些长期影响可能比灾害本身造成的影响要大得多。

5.18　忽视科学研究

应急管理人员必须掌握一切情况，必须维持所有关系，这样说似乎"有点过分"，这也表明科学研究是一个需要全方位监测的领域。但说起来容易，做起来很难。只有在自由辩论时，科学才能发挥作用。实际上，应急管理人员在发布地震发生的概率、即将发生地震的路径和强度，以及即将来临的热浪等相关报告时是有科学依据的。灾害过后留下的是信息的空洞。在意大利的拉奎拉，科学家们不愿意告诉人们地震发生的概率，因为他们担心会造成公众的恐慌。当意大利发生地震并造成损失时，公众不再信任这些专业的技术人员即地震科学家了。实际上，这就将发布预警信息的问题与对公众预警的问题混为一谈了。美国疾病控制与预防中心发布预警信息的原则是："说实话，所有的实话，先说。"由于某种原因隐瞒或稍加修改科学发现而导致问题，可能是无法解决的。（参考文献 120、184、185 页）

Money is not the problem or solution

第 6 章
资金本身不是问题，但不是解决问题的关键

6.1 政府外包：导致政府浪费和失败的两难选择
6.2 政府（州和地方政府、营利性组织、非营利组织）代理机构
    6.2.1 州和地方政府
    6.2.2 营利性组织
    6.2.3 非营利组织
6.3 联邦承包商
    6.3.1 案例一：卡特里娜飓风后的卡车运输合同
    6.3.2 案例二：救援机构通信设备过时
    6.3.3 案例三：美国环境保护局的一位环境保护承包商
6.4 减灾是有效的，但各级政府通常存在资金严重不足的情况
6.5 联邦、州和地方政府的总体救灾支出信息很少
6.6 联邦应急管理局不能始终如一地做好资金管理工作
6.7 联邦工作人员

单靠资金很难解决灾难发生时或恢复期间遇到的问题,许多情况下,这么做还会降低行动和资源获取速度。例如,拨给救灾或灾后恢复的资源很少符合实际需求。应急管理人员还要考虑很多不断变化的情况,这些情况可能会决定资金花费的数量和方向:

- 联邦政府结构复杂,负责执行联邦计划的职业人员少;
- 资源的利用率;
- 应用资源的时机;
- 现场所需资源以及计划开展救援行动的位置;
- 现有设备和物品的类型;
- 员工正确选择资源的能力;
- 员工分发设备/物品以及提供服务的能力;
- 政治问题;
- 是否有优秀的财务和物流人员;
- 是否有交通、安保和其他相关人员。

并不是说资源配置决策太复杂以至于不能有效地进行资源分配,而是资源分配应考虑到上述这些(和其他)问题。但是,这些决策通常都是"例行公事",没有经过太多思考。例如,联邦应急管理局的协调官大多都是主动的、"能干"的人,特别是在"响应"模式下,他们往往在事件发生的头几天甚至几周内调拨资源;尤其是发生卫生和医疗服务的紧急事件或其他与生命安全有关的事件时,更是如此(图6-1)。

图6-1 正在进行的大规模医疗行动

在响应模式之后,会经历几个月甚至几年的恢复期,因此随着时间的推移花费会越来越多。鉴于此,有效的救灾资金应重点花在恢复和减灾工作上,以尽量减少"二次"恢复造成的资金浪费。但是，选举周期使人们养成了短期思维，减灾投入的效益需要时间来证明，而救灾资金是由政客和领导机构配置的，等到减灾投入见成效时，他们不一定还继续当政。这是理想的情况，但很多情况下，正如后面将要讨论的，大多数州和地方政府都没有关于花了什么钱、谁花了钱、花在了什么项目上，钱是什么时候花的等信息。对于那些向政府学习的人，尤其是应急管理人员，他这种重视响应阶段的决策风格也就不足为奇了。

正如前几章中所讨论的，假设联邦应急管理局承担几乎所有灾难的赔偿，尽管这不太可能；联邦灾难援助远远超出了联邦应急管理局的灾害救助基金。根据美国政府问责局2016年9月的报告，在2005~2014年，经通货膨胀调整后，美国联邦灾害支出2550亿美元，而灾害救助基金仅占1110亿美元[188]。其余1440亿美元（占比56%）由17个主要联邦部门和机构的预算支付[189]。这些庞大的支出没有中央协调，事实上几乎没有任何形式的协调，由此人们可以想象，为什么花费这么多资金却不一定产生有效的结果。

在其他章节中反复出现的一个主题是，任何级别的应急管理人员都需要尽可能多、尽可能快地获取财务信息。但是，要求收集此类信息的情况太多了。某种程度而言，可快速使用的"海量数据"对应急管理人员来说可能是喜忧参半，应根据应急管理实际需求选择需要的数据和信息。为此，在财务、数据获取和使用方面，以及与联邦应急管理局、州和地方政府打交道中，都要求应急管理人员掌握更多的外交手段，还应有与中小企业快速接触的能力。过去，应急管理人员的信息是通过事后报告，询问以前处理过类似问题的人员、知识渊博的同事以及自己的经验获得的。这些方式是必要的，但还需要增加新的信息获取方式。

6.1 政府外包：导致政府浪费和失败的两难选择

将资金如何使用，何时使用等问题复杂化，是政府外包中的大问题，这是美国政府浪费、效率低下等大多数问题的核心。尽管解决政府外包问题似乎与应急管理工作相去甚远，但应急管理人员仍需在这一问题上花费一些时间，因为与联邦机构（不仅仅是联邦应急管理局）打交道是每个应急管理人员工作中的重要内容。在极其复杂的联邦政府中工作，应急管理人员不仅需要了解联邦工作人员，州和地方机构、私人非营利组织和私营企业之间的相互关系，还要能协助州和地方政府获得拨款、拟定合同或服务协议，具体做什么取决于应急管理人员在联邦机构中的哪个部门工作。

大多数情况下，在欧洲主要国家、日本、加拿大和其他发达国家，政府采购和服务的权力直接掌握在联邦工作人员手中。在美国，大部分联邦服务和采购的实际实施都是通过合同和长期协议外包给各个州、地方机构、私人非营利组织和营利性组织，而营利性组织没有联邦职业人员来帮助其管理和监控巨额开支。这个问题几乎影响到每一位应急管理人员所做的任何事情，但由于各种原因，实际工作中，它是一个复杂的、往往无法控制的方面，常常被忽略。记者和政府专家John J. DiIulio, Jr.思考并撰文说明政府外包在人员配置、服务和采购/监督等方面产生的危害和损失，应该让"宣誓就职"的联邦工作人员来完成这些工作[190]。

在过去的半个世纪里，政府变得越来越庞大，也越来越复杂；2013年，政府支出超过3.5万亿美元，这是1960年政府支出的5倍（扣除通货膨胀因素）。事实上，2009年至2013年间，6万亿美元的预算赤字超过了1960年至1966年期间的联邦总开支。但正如DiIulio所言，政府未来最重要的事根本不是政府财政，而是其他问题。自1960年以来，整个政府机构扩大了大约5倍，但2014年联邦政府官员的人数不到200万，比1960年少了几十万。如今，政府每年在医疗保险、医疗补助、国土安全、应急管理、住房、环境保护、基础教育、儿童福利、历史保护、农业补贴和大规模粮食支持、城市交通、农村公路、机场、食品券等方面花费了数十亿美元，在法律、政策、项目、政府机构和法规上花费得更多，这些事务在1960年甚至没有列入联邦议程，但现在与1960年相比，政府核心工作人员的数量几乎相同。

尽管现在美国生活中所有领域都受政府影响，但为什么现在的联邦工作人员人数与1960年艾森豪威尔执政时期的人数大致相同呢？DiIulio称大政府为"代理政府"，因为政府规模大小一直不为大众所知。代理机构包括州和地方政府、营利性组织及其承包商和顾问、非营利组织、学校，以及直接和间接受益于大量捐款和贷款项目的机构（参考文献191，第13~16页）。在发展个人能力和获取所需信息时，应急管理人员必须成为政府服务专家，这样只需增加较少的联邦工作人员来管理和监督所有的项目、拨款、合同、许可协议和采购即可，而现在这些项目、拨款、合同、许可协议和采购构成了庞大的政府实体，而这种实体往往效率低下。尽管如此，正如Pressman和Wildavsky[57]提醒的那样，由国会构想的计划，由联邦工作人员管理的计划，以及依照法规实施的计划，往往受到被"监管"公司的强烈影响，很少能够按照原来的计划实施。正如下面将要讨论的，联邦应急管理局是政府的一部分，而且往往代表了其中最糟糕的一方面。

美国"政府"是由华盛顿领导的。美国政府到底是如何运作的这一有趣而重要的事实，几十年来一直不为人所知。政府的代理机构包括州和地方政府、营利性组织和非营利组织（参考文献191，第16页）。

6.2 政府（州和地方政府、营利性组织、非营利组织）代理机构

6.2.1 州和地方政府

20多个联邦部门和机构总共花费了6000多亿美元，为州和地方政府提供了200多个政府资助项目。考虑到通货膨胀因素，1960年至2012年间，联邦政府对州和地方政府的资助增加了10倍（参考文献191，17页、18页引用参考文献193，参考文献95，第2页）。最后，关于大政府和小政府的争论是老生常谈，至少可以追溯到前总统Franklin D. Roosevel与Herbert Hoover的对决[249]。

6.2.2 营利性组织

联邦政府每年与营利性公司的合同额度高达5000多亿美元，其中许多公司的唯一收入来源是联邦政府。2012年，国防部为80万个国防承包商增加了3500亿美元资金（参考文献191，第17页、18页引用参考文献192，美国政府问责局，[193, 194]）。Michael Lewis指出，联邦政府的基本职能是管理公民、私营企业、非营利组织以及州和地方政府高效地应对的风险。有些风险很容易想象：金融危机、飓风或龙卷风，甚至恐怖袭击（第25页第五种风险，见参考文献，作者：Michael Lewis）。除了外包问题外，联邦机构的工作效率还受到管理人员服务能力的限制，这些能力包括购买产品、销售产品，以及雇佣和解雇人员的能力[51]。

6.2.3 非营利组织

非营利组织大约有160万个。根据美国国税局的报告，40%的非营利组织拥有大约2万亿美元的资金，其中约三分之一来自政府。同年，政府与约56000个非营利组织签订了35000份合同和资助，支付了1370亿美元服务费（参考文献191，第17页，18引用参考文献195，另见Sherlock[247]）。国会一贯强调防止腐

败，而不是提高效率。当出现问题时，无论是在舆论报道中还是在法庭上，无论是选举产生的还是由上级任命的官员，最好的辩解理由都是指责代理方没有做好自己的工作。州政府和地方政府、私人非营利组织以及营利性组织吸取了教训，制定了更详细的拨款合同，编制了更精确的预算报告，联邦政府官员很快就批准了他们的申请。随着时间的推移，大政府越来越受规则约束，对性能、结果、成本效益和效率收益的关注也越来越少。正如 DiIulio 所说（参考文献 191，第 39 页），国会、民主党和共和党都使用带有意识形态色彩的论据，斥责联邦官员浪费。由于私人非营利组织的复杂性，政府规定，有些非政府组织不能进行政治游说，包括宗教组织、慈善机构、教育组织、科学组织和业余体育协会等。这类组织可以获得政府拨款，参与各阶段的救援工作，但他们不能在政治上游说联邦机构；可以进行政治游说的组织有市民协会、社区协会等社会福利组织。理论上，联邦政府可以为这类组织拨款，但多数情况下不大可能。应急管理人员必须处理这些非政府组织的问题，在灾难发生之前、期间和之后，应急管理人员还必须持续提供法律（也许还有政治）建议。

大多数美国人不相信美国的国民生产总值中用于政府服务的百分比与其他发达国家的比例相差不大。这一点也不奇怪，因为在许多政府服务的"私有化"方面，美国在发达国家中几乎是独树一帜的，其中许多政策都是由承包商制定的，他们通常在这方面发挥着重要作用，而在其他发达国家，这些政策都是由联邦工作人员制定的[196]。出问题时，如 2018 年退役军人管理局的 IT 承包商犯了错误，导致近 10 万名退役军人没有领到津贴补助，退役军人管理局因此受到严厉批评，甚至有人指责 IT 承包商不是政府指定的。了解联邦政府开支的更好方法是了解大多数联邦法律，无论哪个领域，政策都允许美国政府做以下 4 件事：①向特定的社会团体和组织发放补贴；②向中央政府和地方政府划拨资金；③为非营利企业和非营利组织发放补助金；④制定和执行社会和经济规章制度。美国政府伪装成州或地方政府、私营企业或公民社团，但本质仍然是大政府，因此美国各"州"的增长更难抑制，在一个由联邦官员自己管理的大政府里，很难发现和革除政府弊病，这与大多数美国人的认知不同（参考文献 191，第 41、42 页）。

6.3　联邦承包商

联邦政府没有保留有关联邦承包商的总体类型、技能、证书、工资和福利等信息[Neal Gordon[197]估计，联邦政府 910 万在职员工中约有 40%（370 万人）是承包商、邮政工人和拨款雇员。Gordon 是根据 Paull Light 的研究做出的估计[198]]，但这些承包商对美国政府工作流程产生了很大影响。

Light 追踪了美国劳动力中承包商的增长情况，并对他所称的"影子政府"表示担忧。Light 写道，合同制员工"在一个隐藏的官僚金字塔中工作"，而总统候选人竞选时承诺缩减政府规模，他们的提议从未提及承包商劳动力规模的不断扩大这一问题。Light 说，混合劳动力可能已经发展到很庞大的规模，而且分类不当，实际上已经影响了劳工保护。他总结道：

混合劳动力可能已经变得很复杂，以至于国会和总统根本无法知道这种混合的员工队伍是否能以适当的工资将合适的员工安置在合适的位置……他在讨论迫使政府雇佣承包商的各种系统性"压力"时指出，其中一个压力就是在《坏生意》一书中揭示的承包商雇员的成本总是比政府雇员的成本低。只有考虑供应品、设备、材料和其他商业成本等方面的管理费用或间接成本时，合同雇员才会更便宜。（参考文献 197，第 1～5 页）。

在"正常"情况下有效地使用大量承包商已经很难了，他们在灾难时期履行承包合同时，出现欺诈、浪费和失职等的可能性成倍增加。最近，波多黎各联邦应急管理局的承包案例证实了这些问题：3000 美元的发电机（承包商只需花费 800 美元）、666 美元的水槽，每个分包商不做任何工作，但在最终成本上增加了几个百分点，因此联邦应急管理局的最终购买力远高于分包的购买力。用"加价、中间商和间接费用"这几个词可以简洁地概括这个问题。在住房和修缮方面，联邦应急管理局补偿给每个业主的钱大约是正常价格的一半或更少。住房的管理制度非常复杂，导致许多申请人在飓风过去 5 个月后才能完成报销。事实证明，一些承包商是政治选举的主要捐助者。显然，人们没能从卡特里娜飓风后新奥尔良联邦应急管理局的承包失败中吸取教训。如果合同由专业人员（如注册会计师等）进行审查，那么大多数情况下，人手充足的联邦应急管理局可以避免这些问题，前提是没有政治压力。事实上，政府要求承包商在成为联邦承包商之前，至少要有几年盈利的规定，这就将许多承包商排除在外。飓风玛利亚在波多黎各造成的后果几乎是一个教科书式的例子，说明选择更擅长政治关系而非有实力的承包商时会发生什么。正如本文所述，虽然波多黎各得到了数百亿美元的捐助，但该地区并没有得到有效"恢复"。

在结束本节之前，引用三个案例来说明承包的一些问题。

6.3.1 案例一：卡特里娜飓风后的卡车运输合同

一位亲戚打电话给本书另一位作者，询问在卡特里娜飓风过后，新奥尔良和邻近的州，特别是密西西比州，是否有卡车运输合同，这位亲戚从事卡车运输中介服务。他打电话说他认识一位女士，她有大约 10 辆卡车，拥有 10 多个司机，经常为路易斯安那州的农村地区服务，很少在新奥尔良市或密西西比州的邻近地区工作。她的司机都是工会会员，他们的工资高达每小时 30 美元。作者对这通电话并不感到惊讶，因为受灾地区的亲戚或朋友的朋友经常找到联邦应急管理局或国家灾害医疗系统（在本例中）的员工，了解或设法获得承包合同。那位作者告诉他的亲戚，虽然他不能保证拿到承包合同，但他可以指点如何进行投标。

本书的这位作者在新奥尔良担任联邦应急管理局公共卫生和医疗联络官，他非常清楚卡车运输承包商的迫切需求，但也非常了解小地方和州应急管理机构及其工作人员的问题，其中一个问题就是领导层插手干预。他也了解联邦应急管理局在后勤管理、财务问责机制方面存在不足，华盛顿特区总部总体缺乏经验丰富的高层管理人员，其中许多人已经退休、辞职，而且经常没有人接替（其中一些问题已经在本书的其他部分讨论过）。飓风过后，由于没有公共汽车运送灾民到庇护所、医疗保健点，灾区的后勤保障情况日益恶化。早期还缺乏水、食物和相关物资的配送。一些联邦应急管理局的后勤工作人员因此受到指责，或后来被解雇，但这些措施都没有提高应急反应速度。

本书作者得到这家小卡车公司老板的联系方式后，给联邦应急管理局总部打电话、发电子邮件，提醒他们作者知道谁能提供这种急需的卡车运输资源。在尝试了几次却没有得到回应之后，他给地区财政办公室人员打了电话，尔后将信息通过传真和电子邮件发给了他们。联邦应急管理局地区财政办公室工作人员不多，只有几个，但他们经验丰富，介绍了承包的最新流程。作者将其转达给了小卡车公司的老板。她给出许多合同报价，然后就没有结果了。当时有人建议这家小型货运公司的老板与她所在区域的国会议员联系，并与议员办公室合作，以获得投标。当这家小卡车公司的老板收到中标通知时，这方法似乎奏效了。但实际上她的工作还没有结束。

联邦应急管理局接受了每小时 10 美元的报价，比工会要求的每小时 30 美元要低很多。经过对中标人的核查，以及对整个过程的深入分析，可以清楚地看到，原来的合同是以每小时 34 美元左右的价格中标的，但至少分包了 5 次或更多次，每次都比前一次低一两美元。虽然不知道折旧、保险和燃料是否包含在合同中，但合同中的一些问题确实进行了调整。尽管如此，这家小卡车公司的老板还是接受了投标，为她的司机争取到每小时 10 美元的报酬，因为司机们需要这笔钱养家。老板还垫付了部分资金使项目正常运转。

6.3.2 案例二：救援机构通信设备过时

联邦应急管理局采用区域划分策略，全国共有 10 个联邦地区办事处，通常位于联邦地区最大的城市。本书一位作者曾在一个联邦地区办事处担任首席区域应急协调官。办事处由一名当地承包商提供保障，办事处位于一个大型建筑内，约 2/3 的楼层由联邦项目和联邦工作人员使用，承包商负责计算机连接、网络维修和相关事务。办事处的固定电话至少用了 15 年了（两年后终于被替换），以前有电话会议功能，从控制中心可以为每个分办公室进行呼叫转移，通常由一名行政助理管理。但是现在，许多功能都失效了，仅能正常通话，而且音质较差。办事处与承包商签了一份大合同，购买了手机、笔记本电脑，没有购买台式电脑。承包商雇用了当地优秀的 IT 人员，能够修好旧设备使其继续工作。手机费用由总部支付，由承包商维修，尽管在国家承包商协议中可能没有要求这样做，但承包商通常会提供这类服务。该承包商有大量的联邦合同，其中最突出的是与国防部签订了种类繁多的合同。作者从至少三位美国总统那里了解到，上述这些合同都没有进行过招投标。关键是这些设施是联邦救灾机构通信能力的基础，联邦救灾机构本应购买最新最好的通信设备和网络服务。此外，该承包商还为其他许多联邦机构提供类似的服务。

选择这个非常简短的案例是为了向应急管理人员展示大承包商对联邦机构的影响力。并不是为了说明大多数联邦承包商都提供陈旧的技术，持续不断地拿到合同，而且大多是以不投标的方式签订合同，也不是为了说明联邦工作人员不能接触到这些合同，尽管联邦承包商往往这样做。另外，即使承包商出现明显的失误，应急管理人员在公开场合批评这些承包商要谨慎，但是大承包商往往有很强大的背景。从更根本上说，大承包商经常无视联邦传统，把州和地方政府当作华盛顿政府的行政附属机构。这样的说辞虽然令人不快，但应急管理人员必须牢记这一点。DiIulio 以一种有点愤世嫉俗但又现实的态度总结了他的担忧，并将其置于政治背景下考虑，在政治背景下，大承包商的行为只是冰山一角。

6.3.3 案例三：美国环境保护局的一位环境保护承包商

大约 20 年前，当 KJ 刚从学校获得环境科学硕士学位时，就开始从事环境承包商的工作。她每年赚将近 9 万美元，有养老和医疗保险，而且很喜欢自己的工作。今年她的收入约 8 万美元，仍然喜欢自己的工作，但目前除了工资，没有任何其他福利。过去，她可以转到另一个环境保护局做承包商，甚至可以成为美国环境保护局的工作人员。现在，这两种选择都没有了。而且，她和其他承包商没有什么不同。

6.4　减灾是有效的，但各级政府通常存在资金严重不足的情况

在应急管理中，资金投入多少与能否完全解决减灾领域的所有问题似乎关系不大，所以近年来，由于"省钱"等各种原因，联邦应急管理局缩减了减灾方面的投入。提高抗灾能力没错，但它不能替代减灾策略。当然这种做法也不奇怪，因为所有应急管理都或多或少存在资金短缺的问题。这种情况在 2017 年和 2018 年变得更糟，2017 年与灾害有关的损失估计为 3060 亿美元，2018 年的损失总额更大。（图 6-2）

图 6-2　遭受洪水和海啸地区的建筑物损毁情况

在某种程度上，这是不可理解的，因为人们都认为，在减灾方面每花一美元，最终的灾害补偿就节省大约 6 美元[200, 201]。但从政治层面来看，减灾工作不一定是联邦应急管理局关注的重点，因为，大多数政客，无论是选举产生的还是任命

的，无论任期是1年、2年、3年还是4年，都面临周期性选举。未来发生灾害时，人们会受到节省减灾投入的教训，虽然节省了金钱，但未来可能会付出生命代价，只不过未来太遥远，人们无法预见而已。这不仅仅是为应急管理人员总结的理论观点，也是他们生活和工作中必须面对的情况。

6.5 联邦、州和地方政府的总体救灾支出信息很少

分配减灾资金并不难，只是在大多数情况下，州和地方政府一级，对用于自然灾害援助的资金数额并不清楚。在灾害支出方面，联邦应急管理局和其他联邦机构都没有全面记录相关信息。大多数州或地方都没有全面跟踪自然灾害支出的制度和要求。灾难的偶然性导致决策者很难将重点放在支出信息记录上。此外，数据收集尤其困难，因为常常有许多州的机构参与灾害救援，这些机构上报的信息存在很大差异。由于救援物资多样性、自然灾害的不确定性以及应急管理水平的差异性等原因，导致救灾支出具有高度的不确定性。

公共、营利和非营利部门需要通力合作，以帮助社区做好风暴、地震和野火等事件的准备、应对和恢复工作。目前，在灾难期间和灾后的信息收集和存储方面，没有一个部门能够做得很好。另外，由于灾害发生频率和损失程度不断增加，且受预算限制，公共、营利和非营利部门的合作也面临挑战[200]。

总体来说自然灾害支出没有做到很好地记录和核算，那么国会为2017年季节性飓风和野火提供了近1400亿美元的资金，但减灾支出却没有得到全面记录就毫不奇怪了[202]。虽然美国在减灾科学方面取得了长足进步，但仍存在信息记录不全的问题。在过去15年或更长的时间里，美国通过应用成像、传感技术，包括卫星图像、飞行器系统（如雷达、激光雷达等）和无人机（参考文献2，第73页），在绘制灾害地图、确定最大风险区域，以及实施减灾策略方面取得了重大进展。决策者们正在寻找有效的方法来控制成本，那就是在灾害发生之前，大力开展减灾工作，以降低生命和财产风险，但是由于前面提到的政治问题，可能不那么容易获得减灾投资。

虽然州政府和联邦政府的减灾投资很少，但是同样也缺少详细的支出信息。但各州之间的互助是一个亮点，相对较小的、有针对性的支出效果显著。例如，

2017 年，飓风"哈维"在得克萨斯州东南部登陆一周后，至少有 21 个州派出了各种应急小组和设备进行支援。每一笔资金都是按照预先签订的协议进行分配，事先都有培训和演练。该协议最初是东南部各州之间的一项区域性工作，并于 1996 年正式成为联邦法律；现在它覆盖所有 50 个州、哥伦比亚特区、波多黎各和美属维尔京群岛，提供至少 8 亿美元的设备，以帮助阿拉巴马、佛罗里达、路易斯安那、密西西比，以及得克萨斯州从灾难中恢复[248]。毋庸讳言，这种各州之间的协同救援和高效配合并不是灾害救援中的常态。

6.6 联邦应急管理局不能始终如一地做好资金管理工作

尽管联邦应急管理局在应对自然灾害中很重要，但它往往受到一些缺乏经验、被政治任命的高层管理人员的制约，这些管理人员也制约联邦机构的其他很多部门。在联邦应急管理局中，专职雇员人数相对较少，临时灾害援助雇员和承包商比例较高，这些人员往往工资很低，技术水平也不高，因此，联邦应急管理局也面临着与大多数其他过度外包的联邦机构一样的问题。联邦应急管理局因为在 2005 年卡特里娜飓风应对及飓风过后的人、财、物恢复过程中的应对而受到了严厉批评，它在 2017 年波多黎各迈克尔飓风的应对也受到了严厉批评。但许多批评者没有注意到，在过去十年左右的时间里，联邦应急管理局不仅存在缩编、人员缺乏经验和超负荷的问题，而且还增加了诸如反恐等任务。在过去十年的大部分时间里，联邦应急管理局得到了国会和总统的支持，增加了编制，得到了更多的财政支持，从而能够有效地应对 2013 年的桑迪寒潮。在应对桑迪寒潮期间，联邦应急管理局有大约 4800 名专职雇员和多达 6700 名非专职人员，包括合同制人员在内的许多人都受到了高级培训。但是联邦应急管理局无法预测新政府的情况，而且总是受到选举的影响，因此，尽管最近取得了一些进展和成功，但新政府带来的问题还是出现了，波多黎各悲剧发生了；但很快，新政府在 2018 年的飓风处置中也做出了良好的应对（参考文献 191，第 59~61 页）。

应急管理人员需要与联邦应急管理局在不同层面通过各种机制进行合作。因此，应急管理人员对联邦应急管理局的准备状况和能力进行快速核查很重要，以便能够很好地控制自己的开支。应急管理人员需要在当地有一些联系人，而联邦应急管理局地区办事处是最重要的联系人之一。了解联邦应急管理局的工作动态，例如它最近支持减灾的力度是否下降，提供的资金是否充足，正式人员编制处于"上升还是下降"状态，它的资源是否能满足任务需求等，这些都是应急管理人员应该关注的。在应急管理中，能否有效地决策取决于应急管理人员是否拥有出色的灾害应对和灾后恢复能力。

6.7 联邦工作人员

前面讨论了联邦应急管理局的缺点，这并不是联邦工作人员的过错。接下来讨论机构文化和联邦职员的工作积极性。事实上，联邦工作人员的刻板印象最早是由 Charles Murray 提出的，他一贯批评联邦工作人员和整个联邦政府，尽管如此，他还是提出了一些有见地的观点。但他的负面观点在很大程度上反映了许多美国人以及国会议员的观点。

Charles Murray 把联邦政府工作人员描述成一个可悲的群体：训练有素的"二流人士"，为了"填补联邦工作人员的编制空缺"，他们"通常被提拔到比他们的能力水平高一些的职位"；他们在"单调陈旧"的办公室工作（与私营部门"有吸引力的、开放的、色彩鲜艳的、光线充足的"办公室和"员工之间创造性互动"的办公室完全不同），但报酬比私营部门多……Murray 最后给出了一个"绝望的忠告"：追求连任的现任者、特殊利益集团和"有可能晋升"的官僚们创造了一个"相辅相成的力量网络，将阻止……改革的实现……"（参考文献 191，第 29～129，139 页）

DiIulio 回应 Murray：

在联邦机构循规蹈矩和浪费资源的背后，不是政府无能，问题出在糟糕的立法者和代理人身上，每个部门都会申请大量资金，而不考虑公共管理中最基本的成本效益原则。除非联邦政府雇用大量的工作人员，并对他们进行培训、激励和奖励，否则任何一个有理智的人，都不会用较少的人管理更多的公共资金，完成更多的任务，处置越来越多、越来越严重的灾难（参考文献 191，第 141、142 页）。

正如前面所讨论的，Charles Murray 已经陈述了关于联邦工作人员的传统认知，但他的许多观点并不正确。例如，美国联邦储备系统的雇员和私营部门之间没有交叉，尤其是在上层部门之间。一般的高级管理人员，即那些最有可能"跳槽"到私营部门工作的人，至少在联邦政府已工作20年，而且直到50多岁才升职到最高级别，薪水在16万到18万美元之间，私营部门的高层管理人员很少有机会管理几千万或数亿美元的项目[203]。

退休仍然是大多数高级职员离职的主要原因，占61%。高级职员提前离职的最大影响因素是工作环境问题，其中，因"政治环境"离职占42%，因"高层领导"离职占40%[204]。作者曾在美国联邦、州和地方应急机构从事过拨款工作，发现高级职员互相保护，有自己的观点，但不一定和联邦工作人员沟通。他们的工作会有回报，但他们与项目管理者和项目执行人员间沟通较少，项目管理者掌握项目决策权，项目执行者负责项目实施。所以高级职员辞职，通常是因为上述问题，而不是因为私营部门的薪水更高。

每个联邦机构都有自己独特的文化，就像每个独立的非营利或营利性企业在招聘、解雇和管理员工方面都有自己独特的方式一样。有些机构（如林业局、陆军工程兵团和监狱）的文化与员工的能力和成果相关，但原因并不清楚。这些机构被称为社会精英，国会或总统政府很难干预他们。事实上，联邦应急管理局长期以来依赖林业部门的行政和财政人员帮助其在漫长的恢复过程中应对灾难，如果联邦应急管理局在灾难发生早期就请求帮助，林业部门的行政和财政人员在早期就能参与援助。美国陆军工程兵团是联邦应急管理局最依赖的联邦机构之一，主要参与评估和处理土建工程。Wilson强调，联邦机构的管理受到招聘、解雇、公平、采购等方面的限制，一般来说，联邦工作人员在工作中相对不受政治限制。但他并没有对外包困境进行深入研究，这种困境在许多方面严重影响了政府的效率。

联邦应急管理局是一个服务机构，有人说它的工作人员态度不好，这可能不太准确。有些机构是通过自己的文化吸引员工，而不是高薪，因为可能根本没有高薪。（特别熟练和亟须的工作人员除外，例如，具有很强疫苗研发能力的工作人员，他们可以挣到30万美元，远远超过联邦工资标准。有时这些工资的发放几乎是毫无道理可言。）另外，像美国国税局这样的机构则更为僵化，幸亏应急管理人员不需要在现场与国税局打交道。讽刺的是，联邦应急管理局本身就有两个极端，虽然有时候联邦应急管理局的服务、灾难应对和恢复不够及时和高效，但工作人员的态度和行为友好；然而它的监管、办事人员，尤其是那些办理洪水保险项目赔偿，或是办理公共援助事宜的员工，可能比较死板，反应往往慢得令人发狂，他们往往过于遵守规则，尤其是那些人们认为不合常理的规则。联邦应

第6章 资金本身不是问题，但不是解决问题的关键

急管理局的州和地方机构任务复杂，外包种类繁多，工作人员短缺，缺乏有经验的灾难处置人员等，都导致情况变得更糟。此外，联邦应急管理局工作人员需要公开事故灾难、州/地方成本分摊比例、公共关系等信息，这些工作都要考虑很多政治因素。

各级应急管理人员必须同时应对上述两种类型的联邦应急管理局工作人员，甚至在存在争议的情况下，还会通过上级寻求国会的帮助。应该清楚的是，"规则"和大额支出往往是恢复期应该考虑的问题，而不是早期响应时考虑的问题，联邦工作人员对救援早期响应的处置又好又快。救援人员与恢复/减灾人员之间的争论由来已久[205]。因此，应急管理人员需要友好对待联邦应急管理局和应急支持职能部门的财务人员。当然，在任何情况下对任何人表现不友好，都是在自找麻烦。

另一项艰巨的任务是，充分调动联邦政府雇员的积极性，特别是联邦应急管理局、美国陆军工程兵团、林业局和环境保护局的工作人员，他们在应急管理中都特别重要，在本书的大部分内容中，都从不同角度对这个问题进行了讨论。Alissa Martino Golden[52]（第 171、172、8～26 页）的研究发现，在里根政府时期，总统利用职权改变了许多联邦机构和雇员完成工作的规模和方式。本书将介绍 Golden 的研究成果，这些成果几乎适用于任何时间段。她的研究成果如下：

- 总统办公室有权任命高级领导和高级主管，以满足政策需要，而不考虑联邦职员的个人喜好。总统的总体指导方针将为机构政策的改变和执行定下基调。
- 尽管有这样的权力，但具体的政策仍然可以朝着联邦工作人员的意愿方向发展。许多情况下，联邦工作人员可以对他认为不符合国家最佳利益的政策进行变通。
- 不能认为所有联邦工作人员对政府政策的抵制都是出于利他主义、爱国主义和职业激励。联邦政府雇员也会对失去福利、等级、好的办公条件、特权等不满。
- 企业和机构可以利用"团队精神"这一强大工具调节政策，使政策兼顾机构和雇员双方的利益。Golden 提到，在受人们欢迎的 Ronald Reagan 总统的领导下，环保局不仅缩减了编制，而且在执行规定和提供资助方面也受到阻碍，这些都是不合适的。联邦应急管理局有句老话，"当其他人都在逃离灾难时，我们奔向它"，这可能是许多联邦应急管理救援人员一直追求的理想。当然，即使联邦应急管理工作人员根据最专业的判断行事，当他们与新政府的理念大相径庭时，可能也不会取得成功。

最后，为了深入讨论联邦外包和成本效益的问题，有必要回顾一下 Michael Lewis 对联邦工作人员的一些评论。为什么有人愿意在联邦政府里工作？答案很重要，一个人做某事的动机对他如何做有很大的影响。以国家气象局为例，该局为私营气象公司（如天气频道，世界天气预报网 AccuWeather）提供数据，但法律禁止国家气象局宣传他自己。如果国家气象局自我宣传，或是有所暗示，私营公司可能会向国家气象局施加压力。所以，当一些私营行业的竞争对手声明：他们的天气预报比国家气象局更准确时，国家气象局的气象学家既不能也不愿为自己辩护。根据 Lewis 的说法，"国家气象局的联邦工作人员从不邀功。他们总是自我反思：为什么没有做得更好？这是一种公共安全的心态，他们之所以这么做，是因为他们发自内心地热爱科学和为大众服务，而不是因为他们在乎信誉和荣誉。这也是一个悲哀的事实——公务员不能或不愿为自己辩护，而美国政府以外很少有人有兴趣为他们辩护。世界天气预报网的 Barry Myers 在一项对国家气象局的研究中对麦肯锡顾问公司说："国家气象局对气象预警没有最终决定权。客户和私营部门应该能够解决这一问题[206]，或许政府应该退出气象预警业务。"当然，他并没有说国家气象局应该停止向私营部门提供数据。

Does the National Incident Management System (NIMS) really work for major event management?

第 7 章
国家突发事件管理系统真的适用于管理重大事件吗?

7.1 应急管理人员掌握 NIMS/ICS 有那么重要吗?
7.2 突发事件指挥系统训练模式出问题了吗?
7.3 训练不足

这就像你会说外语……你只会说，但你不知道它是什么意思。——美国州警这样评论突发事件指挥系统（Incident Command System，ICS）

由于 2001 年 9 月 11 日的袭击事件，2002 年美国国土安全法规定，建立一套国家突发事件管理系统（National Incident Management System，NIMS），作为各级政府管理应急行动的标准方法，无论事件类型、规模或复杂程度如何都可适用。包括应急管理人员在内的数以百万计的应急救援人员参加了培训班。是 NIMS 远远优于 ICS 吗？事实上，NIMS 的大部分内容来自 ICS 的相关课程。突发事件指挥系统作为事件管理工具很好用，但本身也存在一些问题。比如用户不会操作，灾害事件的范围和复杂性超出系统适用的范围等。

本书一位作者参与了首届 NIMS 和 ICS 相关课程的培训，该培训是国家突发事件管理系统指导文件起草委员会主办的。值得一提的是，这个培训是在第一份 NIMS 文件发表两年后开设的。不是这一学科领域的专家怎么能制定指导性的文件呢？在美国这样的国家里，拥有专业知识，人们往往才做得更好。人们是否对全球范围内使用的事件管理系统进行了全面研究？国际标准化组织的 ISO 22320 能否作为事件管理的国际标准？（图 7-1）

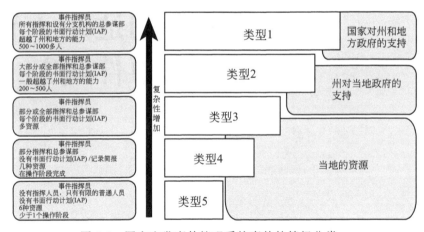

图 7-1 国家突发事件管理系统事件的等级分类。
这使全国机构能够对事件等级进行统一

为确保突发事件指挥系统在全国范围内得到尽可能广泛的应用，从 2005 年开始，NIMS/ICS 要求各辖区在 2 年时间内全面实施 NIMS/ICS。符合 NIMS/ICS 标准是任何机构或组织获得国土安全补助金的先决条件。哪个机构会放弃联邦补助资格？然而，对于不遵守 NIMS/ICS 规定的辖区，也从未罚过款。事实证明，这种做法并不合理。

第 7 章　国家突发事件管理系统真的适用于管理重大事件吗？

罚款会削减这些实体改善应急系统所需财力，无疑会引起这些辖区的地方、州和联邦政策执行者的反对。因此，各州和州以下辖区在申请国土安全补助金时，只需要提交少量文件证明它符合国家突发事件管理系统标准即可。数千个组织和辖区的行政长官都签署了文件，表明它们符合 NIMS/ICS 的要求。

如果 NIMS/ICS 是那些管理重大事件的人寻找的解决问题的办法，那么 NIMS 和 ICS 实施后，全国各相关机构和组织现在都应该符合这两个系统的标准。但事实并非如此。合规并不等同胜任，NIMS 和 ICS 在重大事件中所起的作用很难得到证明。

2005 年 8 月，卡特里娜飓风袭击墨西哥湾沿岸时，NIMS/ICS 已经运行了大约一年半的时间了。有人会说，在风暴发生之前，没有足够的时间将 NIMS/ICS 完全纳入到应急响应程序。这也许是真的。同样真实的是，在卡特里娜飓风来临的几个月前，本书一位作者在 Baton Rouge 讲授了跟飓风有关的突发事件指挥系统相关课程。在培训第一天早上，一位救援组织的高级官员在上课地点会见了这名作者。当作者问他们那周是否会上课时，这位高级官员说，他们没有接受过跟他们工作需要相关的任何专题培训。运输部门在应急工作中举步维艰，交通工具数量不足，不能完全满足解救受困人员的需求。

如果说卡特里娜飓风期间，指挥、控制、资源管理和通信方面的困难是由于 NIMS/ICS 运用不成熟，那么随着时间的推移，这些问题会逐步得到改进。下面列出一些美国联邦应急管理局的事故调查结果，这是 2017 年 10 月 1 日曼德勒湾枪击事件处置的反思报告，事件发生时，NIMS/ICS 已经颁布实施了 13 年。

- 事发前，大型乡村音乐节没有统一的指挥机构。拉斯维加斯市警察局和社区救护车均按计划在会场部署并开展工作；但是，克拉克县消防局未被列入计划中。
- 现场的第一个救援队伍——克拉克县消防局分队没有建立起有效的指挥部或集结区。
- 与重要的医疗服务部门沟通不畅，导致应急响应工作更加复杂。
- 拉斯维加斯市警察局通信主管和事件发生当晚值班的管理人员没有学会如何有效管理类似重大事件。此外，一些火警调度员直接与救援行动人员进行沟通，而没有启动突发事件指挥系统，这是不对的。
- 由于消防救援人员与事件指挥员使用的任务分区方法不同，致使消防救援人员不能准确领受任务。
- 消防局的紧急医疗急救主管被安排了两次任务。然而，指挥紧急医疗急救的两个分支部门主管的业务效率都很低，因为北部和南部分队都在处理紧急事务。紧急医疗急救分队主管未能有效地将现场情况报告给突发事件指挥部。

- 消防局的南北集结区管理不力，彼此之间难以协调。
- 多家私营运输公司提供的大量救护车为运送伤员提供了便利，但也增加了指挥和控制的难度。
- 消防部门控制范围太大，信息传递困难，这反过来又给救援人员的搜救工作带来了挑战。
- 为了调用辖区外的消防资源，行动部主管建议南部分区安排亨德森市消防队承担清理和恢复工作。当这项命令发出时，亨德森市消防队的一些队员正在曼德勒湾清理现场。这一命令使得该消防队剩下的人手严重不足，他们还需要清理几百个房间。
- 由于没有现场指挥部，在清理场地方面，指挥员之间存在沟通和协调不足的问题。
- 克拉克县消防局事件指挥官无法离开指挥车，因为他需要同时监控多个频道的无线电通信。这给拉斯维加斯警察局统一指挥带来困难。
- 消防救援小组组长和各分部主管只能从外部机构获得帮助。
- 随着事件范围在拉斯维加斯街道的扩大，有必要扩展事件指挥系统的范围和任务。
- 个别救援人员在没有事件指挥部命令或批准的情况下，不听从指挥部的指挥，擅自行动。
- 克拉克县消防局使用多个无线电频道建立了事件指挥系统，开展事件指挥。结果导致现场人员、进入场内人员和火警调度员之间的频道使用混乱。
- 曼德勒湾某些地区的无线电信号问题在某些情况下妨碍了第一响应人员发送或接收关键信息。

研究每一次重大事件后发布的反思报告，都容易得到这样的结论，通常还会出现"经验教训"这样的字眼。要么是人们没有吸取教训，要么没有接受恰当的培训，要么得到了错误的结论。

解释联邦应急管理局自己撰写的行动反思报告有点困难，因为他们倾向于避免使用 NIMS/ICS 的措辞，而是使用诸如整个社区、以幸存者为中心以及当前领导层关注的其他重点领域等术语。并没有用相同且合理的标准来比较和衡量救援机构和人员的表现。

当然，负责推行 NIMS/ICS 的机构（联邦应急管理局）承诺，NIMS/ICS 将在

2012 年全面实施,在强制推行这两个系统 7 年之后,结果怎么样呢?先看一下来自"飓风桑迪"的报告。

- 有待改进的领域:将联邦高级领导人的协调和沟通整合到突发事件应对和恢复行动中。
- 有待改进的领域:协调应急支持职能部门和灾后恢复职能部门,以支持灾难救援和灾后恢复。
- 有待改进的领域:实施事件管理系统。
- 有待改进的领域:州、地方和组织之间的协调。

令作者感兴趣的是,在早期的行动后反思报告中,人们认识到联邦应急管理局需要提高招人、用人的能力。2017 年飓风季的主要问题之一是缺乏训练有素的从业人员。

还有令人不安的一点是,2007 年 10 月出版的最新修订的国家突发事件管理系统(第三版)中,提到了使用基于绩效方法的国家突发事件管理系统资格认证过程。目的是通过国家标准化准则和最低职业资格标准,为参与突发事件救援人员的资格鉴定和认证提供一致的标准。

除了职称和职位资格认证外,岗位任务书也是一种支持国家突发事件管理系统资格认证的工具。岗位任务书描述了胜任某个岗位所需的最低能力、行为要求和主要任务。它为美国从业人员的资格认证提供了一个基本标准。联邦应急管理局提出了最低的资格认证条件,但在全国各地,还需要一个获得授权的认证机构,为符合条件的人进行资格认证(在推动规范和标准实施过程中,这些机构很重要)。这需要一个单独的机构,但谁能胜任这项工作呢?认证过程中,需要协调整合多个机构、学科和各级政府人员。

2017 年,有人开展了一项研究(危机沟通:陆上运输机构实施国家突发事件管理系统)。一些结论表明 NIMS/ICS 可能不是解决实际中多数重大事件管理问题的法宝。

"9·11"事件后,"恐怖主义"极大地推动了国家突发事件管理系统和突发事件指挥系统的研究,但随着时间的推移,指导文件转向了全灾种的防范,而不仅仅是防范恐怖主义。随着 NIMS/ICS 的实施,运输机构开始按照美国交通部和运输安全管理局的建议参加突发事件指挥系统课程培训。联邦应急管理局还出版了《国家突发事件管理系统》一书,代替突发事件指挥系统培训课程。美国交通运输部和运输研究委员会对一线运输人员开展了突发事件指挥系统培训,该培训由 Mineta 运输研究所与加利福尼亚州运输部(Caltrans)共同完成。

为了使NIMS/ICS在许多救灾机构中的应用更规范，人们做了很多工作。但是，国家突发事件管理系统标准中针对交通的规定可能不适用，这些规定只是零散地分布在指南中。例如，美国交通运输部和运输研究委员会发布了指导性文件，国家突发事件管理系统也有相关建议；但二者的建议并不相同。在美国交通运输部和运输研究委员会发布的两份文件中，要求运输机构与州应急管理机构协商，了解国家突发事件管理系统中针对交通运输的要求，因为联邦政府已经将制定标准的权限交给了各州政府。即便如此，各州所制定的标准也无法完全与NIMS/ICS保持一致。

在NIMS/ICS实施12年后，问及全国各地的州和市交通局代表，哪些因素帮助或阻碍了他们使用NIMS/ICS？

有帮助的因素如下：
- 与应急救援/管理机构的关系/合作；
- 行政支持；
- 事件发生前的风险感知。

影响较小的因素如下：
- 实施NIMS/ICS的资金保障；
- 对NIMS/ICS在事件中发挥作用的评价；
- 要求使用NIMS/ICS的法律、法规和政策；
- 联邦应急管理局免费在线培训。

妨碍NIMS/ICS实施的重要因素如下：
- 用于支持NIMS/ICS相关活动的补助资金或预算拨款不足；
- 对国家突发事件管理系统不够重视。

妨碍NIMS/ICS实施的较小影响因素如下：
- 对罕见事件的风险感知低；
- 联邦应急管理局相关培训课程的内容和民众获取这些内容的便捷程度；
- 对某个机构而言，缺少实施NIMS/ICS的可操作性标准。

为了实施NIMS/ICS，运输部门付出了很多努力，但仍面临很多困难。想想有多少组织能像运输部门这样投入？NIMS/ICS在全国范围内强制执行到底有多少好处？

是时候直面这一问题了。如果NIMS/ICS没有解决重大事件中的指挥控制、通信和资源管理问题，下一步该怎么办？抛弃NIMS/ICS？向其他国家学习，寻求新的解决方案？投入更多的力量？作者认为，美国已经在NIMS/ICS上投入了太多的资金,为保持颜面也必须继续坚持。NIMS/ICS 本身是很有用的,突发事件指挥系统是一个管理事件的好工具,但自 NIMS/ICS 实施以来,事件管理效果并没有显著提高。即使是突发事件指挥系统相对简单的命令功能,有时候也不完全适用。期望将突发事件指挥系统相关课程提供给更多的组织,似乎不太可能。突发事件指挥系统的使用也有限制。(图 7-2)

图 7-2　复杂事件需要具备应对复杂事件的管理技能

对于 NIMS/ICS 来说,将州、县、市和本地各级政府聚集在一起并不容易。为了看到 NIMS/ICS 在实际中应用的实效,它必须普遍应用于各级政府、组织、各行各业,而不是只应用于单独的机构和组织。在组织层面,国家没有指定 NIMS/ICS 的联络员。它们的实施需要所有机构和人员在业务层面按照规章制度进行调整,然而这并不容易。

尽管存在各种困难和问题,联邦应急管理局还是推出一些举措,鼓励实施 NIMS/ICS。这些举措包括对各级政府、私营企业和非营利组织的指导文件进行修订,提供 NIMS/ICS 培训资源。培训并没有错,而且很明显,在小型事件中,没有采用过突发事件指挥系统,因此很有必要进行培训。但也引出了另一个问题,当前的突发事件指挥系统培训没有达到预期目标。

培训内容涵盖交通、卫生护理、医疗、经济合作组织、高等教育、学校、公共工程、公共卫生和志愿者组织等多领域的知识,涉及面广,增加了受训者学习的难度。因此,受训人员仅通过培训很难透彻地理解突发事件指挥系统,也很难根据各自组织的需求灵活应用系统,反而更容易弄混。理解参与应急救援的专业之间的差异不难，难的是如何协调这些差异，以便开展工作。根据作者的经验，这需要加强彼此的联系，要么事先加强联系，要么在救援中建立联系。

在重大事件保障和管理中，应急管理人员常处于非常不利的地位，然而 NIMS/ICS 并没有解决这些问题。与私营部门的资源相比，通过政府渠道获得的资源相形见绌。明智的应急管理人员知道，在救援和恢复的过程中，后勤很重要，要是与当地联邦快递 FedEx 或 UPS 运营管理人员建立良好关系，这些问题都会迎刃而解。这表明，除非这些公司符合 NIMS/ICS 标准，或者完成相关课程的培训，否则应急管理人员即使与这些公司建立了良好的关系，也无法使工作变轻松。应急管理人员还应与承担应急救援职责/管理职能的组织保持不定期联系。在重大事件中，私营和志愿组织的规模可能非常庞大。

大型事件中经常出现突发状况，无论是人员还是行动方案，都可能与突发事件指挥系统假定的"预设"情况不一致。如：不请自来的志愿者和计划外调度的资源。

NIMS/ICS 标准没有规定私营和志愿者组织参与应急管理工作的情况。因此，应急管理人员需要关注谁提出的解决方案能够最有效地满足需求。如果应急管理人员不能将私营和志愿者组织有效地纳入应急管理工作，或工作进展缓慢时，私营和志愿者组织会按照自己的意愿自行开展救援工作。

例如，以志愿者组织——卡琼海军为例。他们为自己定了 3 个核心任务：

- 救援——任何灾难的第一个任务都是完成救援任务和拯救生命。这意味着当灾难仍在肆虐时，救援人员要坚守前线，尽己所能拯救生命。
- 救济——第二项任务是为那些受灾害影响的人提供救济。这意味着要确保为每个人提供清洁的饮用水、新衣服、热食物，以及让他们感到舒适和安全所需的一切。
- 重建——第三个任务是帮助人们重建灾后的家园。从拆除、清理、组织和分发物资开始，要确保每个家庭都有一个可以再次称之为家的地方。

卡琼海军由志愿者组成，资金来源依靠捐款。如果应急管理人员过分强调建立共同的协作体系，而不是通过互助协议立即部署可用的救援资源，公众会怎么看？有人批评卡琼海军擅自行动，扰乱了当地应急管理人员的工作；更严重的是，卡琼海军的这种行为对那些需要救助的人产生了负面影响。这就要求应急管理人员在缺乏有效信息的情况下，能够果断决策，正确处置，不能再遵循常规工作流程。

联邦应急管理局会对不符合 NIMS/ICS 标准的机构和组织不予资助，即使这种方法奏效了，而且依赖这些资助的机构和组织也遵守了 NIMS/ICS 的指导方针，应急管理人员也会错过良机。因为私营企业、非政府组织和志愿者并不依赖这些资助。这是否意味着即使他们在重大事件中扮演着重要作用，仍会被排除在应急管理人员的计划之外。对应急管理人员来说，这些组织和资源具有一定的影响力。

许多私人、非政府组织和志愿者组织没有应急救援的预算。此外，这些组织可能认为 NIMS/ICS 过于规范和僵化，不适合他们使用。这也说明突发事件指挥系统已经过时。例如，一家为餐厅提供厨房用品的公司，如果发生重大事件，他们就可以为救援部门建立的补给站提供帮助。为什么要求他们学习突发事件指挥系统的课程呢？一个在线课程，能提高他们多少能力呢？可否选择去他们办公室附近的地方培训？可否游说联邦应急管理局开发一门厨房供应公司突发事件应急指挥方面的课程？

如果不弱化 NIMS/ICS 指南，没有根据每个组织的需求、结构和文化，灵活制定 NIMS/ICS，私人、非政府组织和志愿者组织就永远没有参与的积极性。应急管理人员可能是 NIMS/ICS 的专家，但如果他们在决策、协作和关系构建方面的专业知识水平不高，系统运行就会受到影响。

消防部门是第一个广泛采用突发事件指挥系统的部门，并已在日常消防行动中熟练地使用该系统。像突发事件指挥系统这种从加州野火中诞生的工具，真的可以成为"全灾种"的解决方案吗？如果不经常使用突发事件指挥系统，就会出现使用一致性问题。对重大事件管理、响应和恢复工作的大多数组织而言，全面实施 NIMS/ICS 的另一个困难是使用频率不高。要求组织机构人员在灾难情况下使用一个不熟悉的系统，不可能产生好的结果。

7.1 应急管理人员掌握 NIMS/ICS 有那么重要吗？

各级组织和机构必须证明自己遵守了国家突发事件管理系统（NIMS），否则不能获得应急联邦管理局的拨款。目前，为了证明合规性，这些组织和机构表明他们已采用突发事件指挥系统（ICS）作为其主要应急响应系统，并且其人员已经过充分培训，能够在响应期间发挥该系统的作用。那么问题来了，如果实际的状况表明培训不足，事件管理人员没能发挥作用，会发生什么呢？

美国的应急管理法适用于联邦、州和地方各级政府。请记住,"9·11"事件后的所有指南和联邦工作方针都是为了解决"9·11"事件中出现的问题,例如,指挥和控制问题、资源管理问题,以及通信问题等。另外,美国国家消防协会标准——NFPA 1600,国家突发事件管理系统,都要求使用突发事件指挥系统。

对应急管理人员而言,不履行(或不合理地履行)特定的政府职责会被追究责任。政府部门可能因未开展培训、未监督应急管理人员或未履行应急管理职责而被追责。

应急管理人员的基本职责之一就是制定应急行动预案,因为制定预案能够提高应急响应速度。一旦产生法律诉讼,法院可能会将是否制定预案作为审理的依据。所有州都强制要求制定应急行动预案。

如果不好好制定应急行动预案,将会承担法律责任。另一种可能导致承担责任的情况是,有预案,但可行性不高。制定应急行动预案很容易,在州政府和联邦政府的拨款指南中都有相关模板。问题是,为了获得拨款制定的应急行动预案通常不具有可操作性。例如,为了得到拨款,预案中说能在山洪暴发时疏散民众,但实际上该预案根本不具有可行性,这个预案的作用只是用来获得拨款。

其他责任可能是由于决策失误(糟糕的选择、糟糕的计划、糟糕的应急响应)造成的,甚至包括事件指挥官在决策中不够睿智。

其他还有为应急管理人员制定绩效标准的项目,如应急管理认证项目。尽管应急管理认证是自愿的,但它得到了权威机构的认可,这意味着它会逐渐成为美国应急管理的标准。该标准认证的项目越多,法院就越有可能将所有应急管理工作纳入该标准。

大多数县通过他们所在的州与联邦应急管理局签订绩效协议与合作协议。这些文件解释了联邦政府的规定,通过州应急管理机构向地方政府单位发放应急管理资金。每个州应急管理局与当地应急管理人员合作,将这些文件转为详细的任务,即所谓的"遵从性需求"。这些标准作为司法的一种形式,对接受资金的州和地方有约束力,可以要求他们遵守联邦的命令,比如执行 NIMS/ICS 标准。有些县没有通过这种资助机制获得联邦资金,大多数县创建了新的行业标准,以补充 NFPA 1600。法院认为这些标准要求太高,会导致那些不遵守标准的政府单位承担法律责任。

应用 NIMS/ICS 时,重要的是应用能力,而不仅仅是符合标准,因为当人们不能正确使用 NIMS/ICS 时,不仅会造成损失,而且要承担相应的责任。

7.2 突发事件指挥系统训练模式出问题了吗?

作者认为,最好将突发事件指挥系统描述为一种工具。工具的选择是基于它们的实用性,以帮助用户安全和成功地执行任务。要完成培训,从安全方面考虑,受训人员必须知道何时使用突发事件指挥系统,出现问题时知道怎么应对。

考虑到在过去十年里,有数百万人学习了突发事件指挥系统课程,但在发生事件时仍然不能正确使用,这令人不安。虽然突发事件指挥系统可以在紧急情况下提供很大的帮助,但它可能并不是应急管理人员解决所有问题的答案。是突发事件指挥系统不起作用? 还是培训不足?

如果突发事件指挥系统是一种工具,就应该与其他工具一样提供类似的培训。建议如下:

- 突发事件指挥系统的课程讲了很多关于现场安全的内容,但没有讲到如何安全、正确地使用突发事件指挥系统,因为有时不安全因素来自没有正确使用突发事件指挥系统。能够灵活使用突发事件指挥系统有很大的好处,但也意味着必须正确选择相应的模块,安全地运行突发事件指挥系统。
- 需要一个完善的突发事件指挥检查系统,以确保所选择的模块和组织结构处于最佳状态。机场调度员制定飞行计划供机长查看,并输入计算机。每次飞机离开地面时,检查是保证安全的关键,调度员和飞行员共同完成这个任务。以德尔塔航空公司为例,机长和调度员平均每天要完成4800~5200次航班安全检查,运送数千人的任务并不简单,所以应急管理人员必须更多地了解 NIMS/ICS 是如何工作的,以确保人民的生命安全。有人可能会说,这是机场调度员和机长的工作。在重大事件中,专业的事件管理能力有多重要? 这是应用 NIMS/ICS 时遇到的另一个问题。联邦应急管理部门没有足够的专门事件处理人员,还需要依靠其他人员协助。
- 需要开展更多的案例研究,不仅仅是指突发事件指挥系统的成功案例,还要强调当选择了错误的模块或组织时产生的各种危险。不正确使用突发事件指挥系统不仅会危及工作人员自身安全,而且会导致任务失败。
- 需要为学员提供足够时间的实施突发事件指挥系统操作训练,以使他们在实战中能够安全熟练地使用突发事件指挥系统。训练需要根据国家突发事件管理系统事件类型分类实施(例如,事件类型 5/4、事件类型 3、事件类型 2,事件类型 1,等)。这种训练至少每 5 年复训一次,除非学员能够证明他/她从事过相关类型事件的服务。

识别体现个人工作能力的关键特质的方法，可以追溯到罗马时代，当时使用这种方法来选择优秀的士兵。入伍后，新兵常被安置在更有经验的士兵中接受老兵们指导，参加实际战斗前向老兵们学习相关技能。刚从学校毕业的应急管理人员或刚通过突发事件指挥系统相关课程的应急指挥人员还没有做好准备，但人们对他们有很高的期望，希望他们能马上发挥作用。

人们对能力的研究始于20世纪70年代，当时McClelland（1973）提出，关注个人在工作中的能力，而不是关注他们的智力或学术才能的组织可能会发展得更好。关于能力的文献相当多。遵守NIMS/ICS似乎更像是一场数字游戏，并不能提高能力。平心而论，让联邦政府评估员工的能力，可能要求过高了。

突发事件指挥系统负责决定谁具有担任事件指挥官的资格。当事件规模大到应急管理人员认为需要建立一个统一指挥机构，或建立由当地政府、州或地区应急部门领导的区域指挥组织时，谁有这种指挥能力？"让个人具备完成任务的能力是一回事，拥有良好的团队领导能力又是另一回事"，尤其是当一个重大事件可能是这些人第一次聚在一起解决问题的时候。

Hoffmann（1999）强调，能力能够被定义，也可以被评估，如：
- 可观察的业绩；
- 绩效标准；
- 个人能够提高绩效的潜质。

作者讲授了数百次突发事件指挥系统相关课程。在一周的时间里，团队绩效显著改善。但问题是，下一次发生重大事件时，新的管理团队可能就不是这些人了。实际上，参加重大事件救援通常要有更高的站位，更广的视野，因此人们一般选择团队的主管作为团队指挥员，而不是依据事件管理中表现出的能力选择指挥员。

胜任团队工作和胜任本职工作的能力包括一系列知识、技能和态度等。然而，两者的关键区别在于，本职工作能力支持完成个人级别的任务，而团队合作能力支持完成需要相互配合的任务，从而支持团队的运作。因此，一个成功的团队需要包含：拥有个人专业知识，能够完成本职工作的人员；以及能胜任团队工作的人员，这些人为团队合作的人际关系和社会沟通方面作出贡献。应急管理人员可能是团队中的一员，也可能是团队的领导者，需要协调团队的整体表现。

在事件管理所需的能力方面，有一些有趣的研究。Crichton和他的同事将以

第 7 章 国家突发事件管理系统真的适用于管理重大事件吗?

前从应急服务和军事环境中得出的研究结果与事件类型分类收集的采访数据进行了比较,这些采访数据是为了管理墨西哥湾石油钻井平台上的一次重大工业事件(Crichton、Lauche、Flin,2005 年)而收集的。

作者指出了 5 种能力:
- 具有态势感知意识;
- 能够做出决策;
- 具有团队合作意识;
- 具有领导力;
- 具有沟通能力。

澳大利亚采用与美国类似的事件管理系统。澳大利亚跨机构事件管理系统提供了一个共同的操作框架,事件管理小组管理紧急情况。他们用"事件控制"这个术语来描述事件指挥,但是工作职责是相同的。

2006 年,研究人员对有经验的事件管理小组成员进行了调查,以了解他们认为在最复杂的事件中成功执行事件管理需要哪些技能时,得到如下答案:
- 事件管理小组人员的重要职业素质;
- 人际交往能力和沟通技巧;
- 遵守纪律;
- 突发事件管理系统的知识与应用;
- 管理技能;
- 领导力;
- 决策能力;
- 灵活性和适应性;
- 分析思维与问题解决能力;
- 沉着冷静;
- 态势感知能力;
- 技术专长。

参与研究者表示,在处置成功的事件中,具备突发事件管理系统知识是一个重要因素。在谈到事件处置不善的原因时,缺乏突发事件管理系统知识也是重要原因之一。几位受访者表示,通常需要训练 4 个小时或开展 2 次以上训练,才能掌握突发事件管理系统。调查结果表明,实际训练演习时间可能需要比目前设定的时间更长,强度更大。

7.3　训练不足

国土安全演习和评估计划始于 2002 年,并在 2007 年和 2013 年进行了修订。目的在于为演习方案的设计、开发、实施和评估提供一套标准化的政策、方法和术语。

在国土安全演习和评估计划之前,应急管理人员使用了类似的过程确定目标、制定行动方案、开展演习和撰写行动反思报告。本书一位作者参加了 1997 年太平洋西北部的地震 97 演习。

这次卡斯卡迪亚地震演习由地方、州和联邦政府参加,是一次联合医疗演习。该作者作为评估专家后来又参与了 2016 年卡斯卡迪亚演习。在查阅 1997 年演习的行动反思报告和 2016 年演习的行动反思报告时,发现在近 20 年里几乎没有什么变化。下一次卡斯卡迪亚演习是在 2022 年,会比以前的计划有改进吗?

人们认为,每周锻炼一次会保持力量,每周锻炼 2 次会有进步。人们真的是在"锻炼"处理事件的程序和能力,还是只是进行一年一次的活动,或者像卡斯卡迪亚这样的重大事件,每 5 年一次?本书另一位作者在秘鲁的利马花了相当长的时间了解当地的防灾工作,因为秘鲁经常处置地震/海啸事件。利马每年举行 4 次全国性演习,演习随时进行。这说明:哪个国家认真对待威胁,哪个国家的公众和应对机构就能做得更好。

当把训练的过程、计划和考核称为演习时,也许应该重新界定术语。根据定义,运动是一种需要体力劳动的活动,尤其是为了维持或改善健康而进行的活动。在过去的 30 年里,大量应急准备训练并不包括阻抗训练、重量训练和能量训练等必要内容。这些活动能有多少在精神和身体上留下"记忆"呢?在 LinkedIn 上一位作者的帖子中,他提到所有参与者都应该参加训练。一位新上任的应急管理人员回复说,这是错误的方法。也许是这样,但本书作者无法想象,要求私人教练每年仅进行一次有趣的锻炼就会产生训练效果。

训练时,使用重量不当、重复或阻力不够,都是在浪费时间。当需要运用肌肉的力量或耐力的时候,就会有问题。应急准备训练也是如此。如果一个人假装在锻炼自己,当事情真发生时,就会露出马脚。一个接一个的行动后反思报告表明,美国并没有随着时间的推移而进步。

一次性应急准备演习真的有什么用吗?这种演习可能还只是假装而不是实际实施。人们花时间填写训练档案,填写训练效果评估指南(EEG),以撰写行动反思报告和改进训练计划。然后把行动反思报告的研究结果搁置起来，等到明年某个时候，人们再次开展类似的训练。训练应该让受训者练习那些不易掌握的技能，但是一年一次并且参加人数有限，意味着收效甚微。当再次训练的时候，有些人已经改变了角色，转换了岗位，或者因为某种原因没有参加。因此，有些人再次参与同种训练时，可能已经过去了很长时间了。(图 7-3)

图 7-3　灾难性事件意味着常规物资将耗尽。多久训练一次？

每 5 年在卡斯卡迪亚演习一次似乎不起作用。人们可能会假装自己已经准备好了，但他们不可能用这种模式来建立肌肉应急意识。

建议加强训练工作，重点是练习那些关键的技能，包括：

● 并不是每一个应急准备演习都经过几个月的精心准备。这几个月里，计划小组的成员会大费脑筋。如果你曾经是一个计划小组的成员，你就很清楚当事情开始的时候应该如何行动，但是你常常惊讶地发现别人并非如此。因为你的心理状况良好，但是那些没有经过训练的人反应不灵敏，不可能做出正确反应。让更多的人提升反应能力的一种方法是在饭桌旁、咖啡机旁，甚至在开车的时候，做一次小规模的"如果……会如何"的假设分析训练。你训练得越多，你就越能减掉对他人行为的期望所带来的心理负担。

● 回顾一下最近你们组织的 10 个演习中的行动反思报告，会发现人们总是在重复犯错。在接下来的一年里，继续关注这些领域的训练。有时，联邦拨款的程序会影响很多事情。前面的问题还没有解决，改变联邦拨款指南的人又希望应急管理部门专注于训练。不断改变训练重点，受训者很难提升能力，并培养多种技能。

- 作者在工作中逐渐意识到，没有为员工做好应对突发事件的准备工作，是组织做得最糟糕的事情之一。训练不是为了娱乐或创造文件，应该让参与者感觉到他们从中学到了一些新的东西，或者强化了现有的知识、技能和能力。你最不希望受训者感到疑惑，在真实事件发生后，因为他们没有采取恰当行动应对事件而对自己的行为产生怀疑。应急管理人员必须守住底线，促进训练，让受训者定期展示已具备的关键技能。

- 作者看到太多的组织在有足够的人员、灯光、设备和理想的条件下进行训练。有时他们会假设自己处于不利的条件，但这与在寒冷、潮湿、饥饿和疲劳情况下的工作是不一样的。随着夜幕降临，环境发生了变化，那些经常白天训练的组织会发现，自己在任何时候都面临考验。在训练中加上黑暗、风雨和人手短缺等不利因素，更贴近实战。将来，救援人员的决定和行动会影响受困人员的营救。通常，在不利的条件下，不需要通过精心设计的训练来增强耐力，只关注那些简单的事情就足够了。

- 没有什么比大家齐心协力共克难关更能建立团队的友谊了。本书一位作者以创设具有挑战性的情境而闻名，这也是训练的一部分。例如，在一个应急管理特别行动课程中，学生们花了一整天的时间进行课堂和实践技能培训。然后他们收到通知，在最后一次技能训练结束后，到一个集合点报到。大多数学员以为这一天训练结束了，但其实这只是稍事休息。之后，他们被安排了新的训练任务。他们秘密地进入一个有城市地形的地方开展一项行动，内容是要求他们找到散落在整个村庄里的盒饭，同时不能被敌方的巡逻小分队发现。规则很简单，饭要一起吃，任何人不许先吃，如果有人违反了，他们必须从头开始。参与者需要展示团队合作精神和耐心，即使面对疲劳、饥饿、潮湿、有风的恶劣天气，唯一安全的选择是等待天黑后部署行动。参与者包括医务人员、一名支援特警的急诊医生和一些军医。他们直到凌晨2点左右才吃到晚饭。（图7-4）

一名医生后来说，这是他最近一段时间以来吃过最好的一顿饭。另一名学员是国民警卫队空军部队的军医，几年后找到了作者并表示感谢。他觉得那场在不利气象条件下和晚上进行的情景演习，有助于提高他作为一名医护人员在海外行动中的生存能力。

训练，意味着需要流汗，也意味着高强度，但坚持完成训练后，再谈论起它，又会觉得它是件很有趣和值得的事情。

第 7 章 国家突发事件管理系统真的适用于管理重大事件吗？

图 7-4 应急管理特别行动课程毕业生的幸福时刻

一名退休的美国海军海豹突击队员——Richard Marcinko 写了几句名言，说明开展那些贴近实战的训练和演习非常必要。"在训练中流汗越多，在战斗中流血就越少。""身体经受的痛苦表明他们已经突破极限——这正是他们应该达到的水平。"

如果要求大家采用 NIMS/ICS 来弥补 2001 年 9 月 11 日袭击事件管理中发现的缺陷，必须确保人们能够正确使用这些工具。掌握突发事件指挥系统那些技能并不容易，如果没有贴近实战的训练，就不能储备相关知识和经验，最终导致事件现场管理出问题。因此，应急管理人员不仅要具备突发事件指挥系统技能，还必须具备团队合作、决策、领导力和人际交往等非技术能力，以配合其他人进行事件现场管理。

Silos will get someone killed

第 8 章
害人的"筒仓"❶

8.1　组织/机构中的"筒仓"

8.2　专业和学科不同而产生的"筒仓"

8.3　由于价值观、偏见和不确定的心理所造成的"筒仓"

　　8.3.1　偏见和归纳

　　8.3.2　确认偏误导致的"筒仓"

8.4　如何打破"筒仓"

---

❶ 筒仓是指公司、机构或系统内部与其他部门不联系、不了解、不合作的孤立单位。筒仓效应,是由英国《金融时报》的专栏作家吉莲·邱蒂 2015 年出版的一本书的名字翻译而来的。又称为谷仓效应,指公司内部因缺少沟通,部门各自为政,只有垂直的指挥系统,没有水平的协同机制,就像一个个的谷仓,各自拥有独立的进出系统,但缺少了谷仓与谷仓之间的沟通和互动。——译者注

前几章讨论了影响决策的各种可能因素和困难。本章将讨论各种"筒仓"的影响，这些"筒仓"存在于人的心中，也存在于组织机构内部，它们限制了信息收集和共享，也限制了将信息应用到其他思维模式和决策模型之中。"筒仓"往往具有制度性、精神性，甚至是社会性，可能包括组织/机构、学科和专业、心理偏见、种族或宗教信仰、与自己意识形态一致的人、其他"团体"，甚至是那些有共同的思想、情感和决策偏见的人。（图 8-1）

图 8-1　为了在现实事件中有最佳表现，需要与可能参与的机构一起进行培训

应急救援中，首要目标是拯救生命和保护生命，而不是 A 机构遵循 A 行动手册，B 机构遵循 B 行动手册。本书其他章节中出现的许多重要问题将在后面提到，这里仅从"筒仓"破坏性和局限性的角度来分析。

8.1　组织/机构中的"筒仓"

在某些组织或机构中很容易发现"筒仓"。但由于它们太常见，反而很容易被忽视，进而严重阻碍有用信息的收集和共享，也会影响多样化解释型模型开发。Boyd 上校一直致力于发展新的能用于"几乎所有事情"的多样化解释型模型。例如，应急管理机构的准备和响应计划是由联邦、州和当地应急部门的专业人士制定的，会应用本领域的法规；又如环境规划，也会依据相关法规和条例解决空气、水和危险品清理等问题。公共卫生和医疗系统处理的问题基本相同，包括医院、医务人员等方面。但应急支持职能部门、卫生和医疗紧急部门的准备和响应计划看起来非常不同，通常由每个领域的内部员工和专家顾问制定，没有多少交叉的专业知识和数据。毕竟，如果把 16 个应急支持职能部门涉及的交叉材料都收集起来，那么该应急准备、计划和行动手册等文档就会像老式的电话簿一样厚，对培训、训练和应对几乎毫无用处。尽管很难将这些准备和应对活动协调成一致，但如果整个系统缺乏统一的行动规程，不破除协调障碍，可能会危及生命。(图 8-2)

图 8-2　灾难性事件本身就可以成为所有参与者协调联动的剧本，
能使各机构有机会确保重点行动同步进行

为了破除或避免"筒仓"，改善决策和最终结果，一个好的方法是让不同机构的应急管理人员将自身作用定位在各自的应急支持职能部门（政府专门机构、非营利机构，甚至私营企业）中，以确保没有任何东西落在"裂缝之间"或被封锁在"筒仓"之中。在灾难事件发生之前，必须认真思考一些问题（这不就是演习和培训的目的吗？）。因此，应急管理人员与州、当局或联邦各级应急管理人员、私营企业、学院/大学和其他中小企业保持良好关系很重要。如果他们拥有特殊的知识或经验，能对某类灾害的预防、应对和恢复有所帮助，那就更有价值。也可以通过《纽约时报》获得这些信息，如果正在处置一个大灾难，还可查阅应急管理相关文章，或当地新闻报纸、当地博客、推特等；如果是小的事件，可以到当地图书馆的历史档案中查找。据说，应急管理人员应该熟悉很多事、很多人，但更重要的是，能够在中小企业中接触到他们所需要的"多面手"。这一点没有随着时间的推移而改变，也永远不会改变。

8.2 专业和学科不同而产生的"筒仓"

许多原因会造成不同专业和学科（法律、会计/金融、公共卫生和医学、社会工作、心理健康、土木工程、管理等）之间的互动减少，应急管理人员是参与灾难事件准备、响应、恢复和减缓任务中许多团体中的一部分。在这些"筒仓"中，最主要的是彼此之间那些基于在不同专业和学科中养成的思维方式和行为方式。这些观察世界的方法至关重要，不仅影响到人们如何思考事情，而且决定了他们怎样应对各种情况，怎样决策。人们决不能低估自己的决策产生的后果，也不能假设自己的思考和决策会自动产生好的结果，如降低发病率、死亡率、财产损失，以及其他由灾害引起的严重问题。任何东西都只是救援任务的一个工具、一个过渡阶段或初步阶段。

无论是律师、会计师、水管工还是舞台演员，大多数职业都有一套（通常是成功的）专业或学科的入职标准。这些入职标准是要求"强制执行的"，由专业协会保护，这些协会通过入职门槛限制或者学科标准等保护个体成员，也形成了他们专业和学科中的"筒仓"，这是通过学习，在思想和态度中形成的真正"筒仓"。50多年前，社会学家 Nathan Glazer 在一篇公开发表的文章中声明，专业的存在主要是为了满足其成员的需要，而他们所做的任何公开表现，例如在牙科或公共卫生专业，必须首先满足自我服务，其次，才是为公共利益服务。他后来进一步总结和扩展了这些观点，但大部分内容保持不变[207]。人们的这些认知是否已经发生改变？这里举几个例子，说明专业或学科如何通过专业人员的思维和行为方式对主要任务产生影响。

让我们以律师为研究对象，看看如果律师和与他们打交道的人都不是特别谨慎和自觉，那么他接受的法律培训和法律实践如何对重大的拯救生命的任务中产生不利影响，解决此问题不是件容易的事。在接下来的讨论中，总法律顾问办公室的律师无法摆脱他们的专业"筒仓"，事实上他们经常表现得好像旁若无人。美国卫生与公众服务部机构（很少是通过具体的服务）多年来一直是聘用退休人员和知识渊博的志愿者参与大型灾难现场救助，每年工作一到两次（有时更多），执行任务的时间为一到两周。退休人员和志愿者们除了能获得一笔额外报酬外，他们也很乐意与老同事们一起工作，哪怕只是帮帮忙。雇佣条件并不复杂，以前的雇员按以前的级别和薪资水平支付。法律总顾问办公室并没有太多关注这一过程，实际上只是协助让这一过程合法。在前国土安全部这个机构被并入联邦应急

第 8 章 害人的"筒仓"

管理局时,情况才有了变化。现在,需要更复杂的表格,程序也变得更加"正规化"。当该机构再次从联邦应急管理局分离,又重新成为美国卫生与公众服务部时,没有条款规定按照以前的职位和级别聘用曾参加过救灾的工作人员,结果是,这些人与其他临时工一样,都必须通过正规的联邦就业申请网站申请这一临时性工作。他们过去经常受雇于不同的职位(通常低于任职前),而现在则相对频繁地受到不同的职位和等级制度的约束,而且所有这些都是为了一年只有几个星期的工作而已。在美国卫生与公众服务部—联邦应急管理局—美国卫生与公众服务部过渡期间,申请表有近 29 页,尽管现在要短得多。大部分的工作都与生命安全任务有关。多年来,在频繁的雇员流动中,该机构一直有很多高素质的雇员流失。这个问题通常是通过一种重组方式来解决的,这种重组包括改变薪酬等级、申请要求和资格证书,但从来不是通过那些糟糕的法律建议才能获得雇员队伍的稳定。公平地说,2018 年修改后的联邦法规使得在临时性的任务中雇佣前联邦工作人员或返聘退休后的雇员才变得更容易。同样,雇用志愿者和其他人员到相应岗位的复杂性当然也会降低。

所有涉及此事的律师似乎都有这样一个概念,即法律在某一特定情况下明确存在,是必须遵循的,但事实并非如此。这是因为律师受到的专业训练所致,律师的培训内容除了法律知识外,没有太多关于灾害救护任务的内容。而问题是,人们所寻求的结果是积极的生命安全结果,而不是法律结果。理想情况下,律师的作用是帮助所有人实现高质量的结果,但律师往往不能打破自己的"筒仓"来做到这一点。

由于法规和条例的变化或对现有法规和条例的不同解释,机构的做法常不断改变。律师们常常忘记他们的目的是帮助机构更有效地执行拯救生命的任务。律师应致力于帮助机构完成主要任务,而不是迎合某些人对法规的解释。更复杂的是,律师的级别通常比那些受到法律"筒仓"决策影响最大的一线员工高。而且,毋庸讳言,政治任命的管理人员往往把安全(组织的安全,而不是任务的安全)放在第一位,机构取得积极的成果放在第二位。

再如,房地产行业本身也包含了知识、经济和政治权力的"筒仓"。巴西一位身价上亿万美元的房地产开发商计划在迈阿密的海滨开发一个有 82 个单元的房产项目,仅顶层公寓就要花费 3100 万美元。与此同时,南佛罗里达州的官员已承诺投入 5 亿美元修建海堤;选民已经批准了从 4 亿美元的债券中拿出一部分钱用于解决与海平面上升有关的问题。有人估计,如果不采取任何行动,在未来几十年内,迈阿密超过 1/3 的面积将被淹没。但是这些地产项目能带来就业机会、税收和增加居民的收入[208]。而应急管理人员什么也做不了。

很少有人让应急管理人员对新出台的条例或行政程序提意见，只是要求他们遵守这些规则或程序。应急管理人员无法做太多的事情来消除法律导致的"筒仓效应"，但可以与相关律师建立良好的个人和职业关系，并在适当的时候根据实际发表意见。当然，这意味着应急管理人员偏离了"他/她的方向"，虽然有时这是必须的，但必须谨慎行事。Kahneman、Rosenfield、Gahdhi 和 Blaser（2016 年 10 月）以及其他一些人对法律的"筒仓"进行了深入研究。结果表明，专业人士的判断存在错误，专业人员在他们的专业发现上并不一致，有时对同一类型的情况采用不同的标准，但他们始终对自己和同事的判断有信心，相信大家的专业决策水平和结果会一样。

当然，并不是只有律师和房地产开发商会被困在自己的"筒仓"中，从而影响到灾难中主要任务的完成、生命和财产的保护。另一个会影响拯救生命专业筒仓的例子是，试图减轻洪水和暴风造成沿海财产损失的极其复杂的多人行动。众所周知，减灾措施不仅包括在下一次大风暴可能受到影响的地点重建房屋，还包括在海边建设缓冲区，建造和使用海堤，以及将物资从下一次大风暴中可能受损的地方转移等。在这种情况下，应急管理人员知道该怎么做，但必须要考虑房地产经纪人的现实诉求，他们不仅靠出售海景房和其他房产获得的佣金为生，还认为世上很多东西都是"可销售"的，大家都爱美丽和有价值的风景，因此房东们的大部分积蓄都"押在"海景房上。联邦应急管理局保险和赔偿机构、社区协会、市政府的各种机构、州政府的各种机构、当地银行界和当地政治利益集团都倾向于通过他们专业的视角寻求解决问题的策略，并认为一些事情是重要的，而其他的则不值得认真考虑。哥伦比亚大学法学院最近发表的一篇文章阐述了缓解临海沿岸复杂问题的一些措施，包括打破"遭受洪水灾害—组织重建—再次遭受洪水灾害—再次组织重建"的循环怪圈；提高地方和州政府在国家洪水保险计划中对重大灾害的补助标准。（作者是该学院的萨宾气候变化法律中心的 Dena Adler 和 Joe Scata，2019 年 1 月，文章网址见参考文献 209）

最后一个例子是政府专门机构或社会公共机构的财政官员，他们密切注意支出，他们会把节省的钱同所购买物品的价值混为一谈。本书一位作者看到，在城市规划项目审查中，向新任命的计划委员会成员购买价值 8 美元的小项目审核文本，这些成员正在审查耗资数亿美元的大型项目（这些项目可能是指实际的住房或建筑项目，或者是管理这些建设的监管政策和程序。可能是在社区中创建娱乐中心，也可能是购物区或工业园区）。这一做法遭到财政系统里的"鹰"派质疑，后来在邻近的一个大规模开发项目——设置一个分区消防应急管理单元方面才有所缓和。在专门机构或公共机构中，许多被解雇或受到严重纪律处分的人员往往会在个人差旅报销单上做了手脚，给单位带来少量损害，而这并不是因为在实际工作严重错误的专业判断引起的。当然，应急管理人员同机构中其他官员一样，提交不完全准确和未经核实的差旅凭证都会遭到拒绝。如果财务报销单有小额误差，最明智的做法是，抱怨一下或忘记这件事情。因为金额偏差很小的话，重新制作报销凭证而需要花费的时间所产生的价值比所涉及的金额多得多。保持良好的心态往往是最明智的做法。

著名心理学家 Philip E. Tetlock 可能是专业判断或专家判断的最高权威。在他的职业生涯中，研究了大量关于专业判断的数据，还吸收了 Kahneman[20]、Barron[210]、Klein[211]、Kahneman[250]、Tversky 和 Kahneman[212]以及其他专家在专业决策方面的研究成果。这里，引用 Tetlock 的话：

> 专家起着至关重要的作用。他们的知识使他们能够进行高技能的操作，从计算机编程到脑外科手术，再到飞机设计，而其他人很难做到。只有专家才能在税法、医疗保健或军备控制等复杂问题上制定连贯一致的立法。总的来说，从考古学到量子物理学，专家也是新知识的创造者……

> 但是，当涉及到不确定性条件下的判断——现实世界决策的一个关键组成部分，专家的优势就没有那么明显了，即使在医学这样的专业领域，也是如此。

> 当然，也有表现很好的专家。气象学家、职业桥牌选手和扑克玩家都能做出令人印象深刻的精准判断。与新手相比，经验丰富的消防员和新生儿护士能更快地判断情况。关键的区别在于，在容易通过学习获得技能的领域中工作的专家，对易于量化的结果能够做出短期预测，并能根据及时、明确的反馈来改进预测效果；而在不容易通过学习获得技能的领域中工作的专家，他们对难以量化的结果只能做出长期预测，得到更慢、更模糊的反馈[213]。

8.3 由于价值观、偏见和不确定的心理所造成的"筒仓"

其他章节讨论了各种偏见、决策干扰因素，甚至情感对精准决策的影响。这里，重新审视影响有效决策的心理因素，它们限制了人们对事物的正常探究，不能了解准确的事实、观点和质疑，而这些又通常是有效决策所必需的，特别是在与灾害有关的复杂情况下。社会学家 Jonathan Haidt[214]指出，当事实与人们的价值观冲突时，大多数人都会找到一种方法来坚持自己的价值观，并排斥相关证据。简言之，人们不会问问题，不会做"尽职调查"，甚至不会质疑自己的不合理假设，因为他们通常不知道自己在做什么以及为什么要做这些，但竞争对手或者旁观者很容易发现。最近，《纽约时报》专栏作家兼教师 David Brooks 用外行人的术语将人们的情感、价值观和事实之间的复杂关系描述如下：

> 曾经有一种形而上的观点，认为理性与情感类似于跷跷板的两端。如果你想理性地思考，必须克制自己的情绪。教学意味着平心静气地将知识"灌输"到学生的大脑中……认知科学家 Antonia Damasio 告诉人们，情感并不是理性的对立面，情感赋予事物价值。如果你不知道你想要什么，你就不能做出好的决定……此外，情绪告诉你要注意什么，关心什么，记住什么。即使你能收集大量的信息，如果你的情绪不投入其中，你也很难克服遇到的困难[215]。

8.3.1 偏见和归纳

还有其他的心理因素限制人们提出问题，限制人们获取制定决策所需的信息和数据。常听到这样一句话："你不能这样归纳"。在大多数人反对"归纳化"时，他们通常的意思不是不应该归纳，而是不应该带有偏见地归纳，这不是同一个问题。但是，偏见和归纳是两个不同的术语，在非正式的谈话中，人们往往不理解或没有注意到差异，这使得人们之间的交谈存在障碍，尤其是专家之间，或者至少专家与普通人之间的交谈，更晦涩难懂。偏见是一种陋习，但归纳是科学的基础，因为它是以事实为基础的可观察的陈述，是可衡量和验证的（参考文献 218，第 61~64 页）。因此，如果人们的信念建立在偏见或更糟的阴谋论基础上，即使再有教养，也不能改变那些受影响的人的想法。任何人都可能会受到影响，尤其是当人们的情绪起主导作用的时候。如果应急管理人员像很多美国人一样，对联邦政府有偏见，那么应急管理人员还能理智地接受联邦政府在洪水期间的意见和建议吗？希望应急管理人员能够避免任何负面、带有偏见的观念，根据事实做出决定。没有人能做出完美的决定。

8.3.2 确认偏误[❶]导致的"筒仓"

前面一章讨论了确认偏误,正如 Kahneman[20]（pp.80,81）所描述的那样,人们倾向于寻找自己相信的数据。这会影响到应急管理人员,因为他们觉得自己在灾难面前做出决策时非常冷静理性。但是,某些州或城市的应急管理部门或公共卫生部门被认为"可靠"或"不可靠",这种评价或许不是基于对真实情况的准确评估,而是基于彼此之间的合作情况,或是员工的认可度。应急管理人员应该知道,他或她的选择可能并不总是理性的,而是基于自己的价值观或"偏见"做出的。这么说可能令人不快,但也不得不说。正如 Kahneman[20]（第 324 页）提醒的那样,人们（和应急管理人员）经常高估小概率事件的发生概率,决策中也高估了类似事件的影响。如果已经发生的灾难足够严重,人们将倾向于在计划中强烈地反映出它的风险。当然,这种小概率事件有时也会发生,但确实很少发生。本节讨论的重点不是重新考虑确认偏误,确认偏误是人们常犯的错误,为了避免这种错误,人们需要问一些严肃的问题,需要从不同的来源收集信息,以便做出有效的决策。在灾难中做出错误的决策可能会让人受伤,甚至会造成更严重的后果。应急管理人员需要对数据、同事和现有的行政程序充满信心,同时对自己的决策不要那么自信。

8.4 如何打破"筒仓"

本节讨论 Dunning-Kruger 效应的有关知识、平等偏见理论,以及 Occam 剃刀定律,人们可以将提问、信息收集和分析放在一个有限的"筒仓"中。

David Dunning 和 Justin Kruger 在 1999 年的一项研究中发现,在某些领域能力越差的人,他们就越不可能认识到自己的能力差。"建议那些在某一领域知识有限的人从两个方面进行反省:一是他们会得出错误的结论,或犯下错误;二是他们不具有认识到这一事实的能力"。应急管理人员应注意,最无知的人通常是最自信、最难说服的人。正如 Eliot 所说的那样,"当我们不知道,或者我们知道得不够多的时候,我们总是倾向于用情感来代替思想[29]"。处理 Eliot 所说的这

---

❶ 确认偏误（Confirmation bias,或称确认偏差、证实偏差、肯证偏误、验证偏误、验证性偏见）是个人选择性地回忆、搜集有利细节,忽略不利或矛盾的资讯,来支持自己已有的想法或假设的趋势,属其中一类认知偏误和归纳推理中的一个系统性错误。当人们选择性收集或回忆信息时,又或带有偏见地解读信息时,他们便展现了确认偏误。这种偏见尤其显见于带有强烈情绪的问题和传统观念上。——译者注

个问题很重要，因为它所浪费的时间和其他人的不满，很容易把小组成员限制在自我的"筒仓"里。当然，没有通用的解决方案，也没有"适合所有情况"的解决方案，甚至也没有适用于大多数情况下的解决方案，因为在寻找到解决方案之前，必须首先找出这些问题。

与 Dunning-Kruger 效应一起讨论的问题还有"平等偏见"，即一些"能力不突出的"人自信地说出自己的观点后，团队会按照他说的去做。谈到平等偏见，Chris Mooney 写道，"Dunning-Kruger 效应最新研究成果表明，平等偏见相当令人沮丧"。与理解上述概念相比，应急管理人员应该更多地关注平等偏见产生的影响，因为应急管理人员经常参与团体决策，需要接受很多专业人士的建议（如气象学家、地震学家、流行病学家等）。

心理学家认为，当涉及到能力或专业知识时，人们有一种"平等偏见"，因此，即使团队中有人更专业（而另一个人则不那么专业），但团队仍然倾向于寻求折中方案，以求得某种平衡[216]。

Mooney 引用了一项关于平等偏见的研究。这项研究将数百名参与者分成若干个两人小组，让小组的两名成员彼此相互了解各自的技能和弱点。结果是，素质最差、最无知、最不了解队友的人往往低估了他们伙伴的意见（即，赋予其合作伙伴意见的权重比最佳模型所推荐的权重要小），而那些两人组中知识丰富、又了解对方的成员则非常看重伙伴的意见。更直接地说，Mooney 的报告表示个人往往表现得"像他们的队友一样出色或糟糕"，即使他们很明显不是这样的。他们为什么要这样做，研究人员指出，这是人类群体的力量，以及人们对群体的依赖。尽管如此，与过于听从专家意见相比，群体（尤其是在美国）在给予每个人发言权方面犯的错误更多（参考文献 26，第 1、2 页，华盛顿邮报在线报告，2015 年 10 月 3 日）。研究报告指出，至少在美国，人们需要花更多的时间认识专家在气候变化等领域做出的贡献。报告显示了人类群体是如何强制执行集体规范的，但当涉及认识和适应某些令人不快的真相时，群体可能会失控（参考文献 216，2015 年 10 月 3 日《华盛顿邮报》在线报告第 3 页）。

最后，讨论"Occam 剃刀"原理。它是 19 世纪中期 William of Occam 提出的，（也称为 Ockham 剃刀或 Ocham 剃刀），它对打破"筒仓"非常有用。运用 Occam 剃刀理论可以消除不必要的假设，等同于决策上的"简化"。如果没有这种简化的观念，应急管理人员很容易将灾害情况复杂化，并退回到应急管理"筒仓"中，制定复杂的应对方案，而简单和直接的方法可能是最快和最有效的。在波多黎各地区，存在大量的问题，如山区无法进入、医院的发电机油用光了、外部电源中断了等等。优先解决哪个问题需要花时间搜集和分析数据，而现场时间很紧迫。最好的方法是假设在交通、通信和物资受限的条件下，生命安全问题最重要。所有任务中，生命安全是最需要优先保障的。当然由于政府选择的承包商承担了大部分任务，会导致最重要的事情不能迅速完成或根本就没有完成。

None of us are as smart as
all of us

第 9 章
集思广益　博采众长

为了妥善处理应急管理中的各类灾情，应该发扬合作精神而不是个人主义。当应急管理人员面临灾情时，他应该有一套可以调用各方力量的应急预案，包括调用联邦应急管理局、地方分局以及民间组织等人员和物资。尽管联邦应急管理局负责预警和协调灾情中物资的部署以及补偿问题，但是，地方和州分局机构仍然对其辖区的应急事件负有主要责任。参与应急处置的指挥人员需要跟踪灾情所需的物资调度进度，特别是在灾难的前期响应中和重大事件处置时，由于参与机构和人员众多，任何所需物资都有可能因为考虑不周而被忽略，甚至缺失。例如，当联邦应急管理局开始与州和地方分局合作，为居民提供长期的住所、食物和水时，国民警卫队也会参与所在地区的救援工作，包括搜索和救援、清理道路、交通管制以及优先向医院运输急需物资等服务，从最初的清理工作到区域安全稳定（州长也一起参与完成）。因此，在重大灾害中，迅速联系其他机构参与灾害救助十分必要。这些机构人员甚至包括美国陆军工程兵部队的工作人员，届时，美国陆军工程兵部队的工作人员会带着临时电力设备工作，检查沿海基础设施和大坝，美国国税局可能通过延长纳税期限和其他援助来帮助纳税人，联邦通讯委员会与政府其他部门以及私人合作，修复受损网络。此外，联邦汽车运输安全管理局可能会发布有关商用车辆货物运输的一些规定，以减轻受灾地区快速运送货物和物资的压力。而国家灾害医疗系统下属的灾害医疗救援队伍有助于缓解当地医院以及疗养院可能出现的人员配备或药品储备不足问题。环境保护局可以通过当地的公司或有关机构去解决灾难性事件带来的环境问题。此外，可以安排因受灾而失业的居民协助完成一些工作任务，以获取一定的补贴，这也是稳定经济的一个办法。在飓风"马修"的应对和恢复过程中，有数十个联邦机构参与了行动，在 Pew 慈善信托网站上可以找到如下的清单[217]：

获得额外资助的联邦和州的机构：

联邦机构	北卡罗来纳州机构
工作所在的受影响区域	在社区开展工作
国家和社区服务公司	农业和消费者部门服务项目 ● 动物救助院
环境保护局	商务部 ● 就业保障司
联邦通讯委员会	环境质量部 ● 废品处理司 ● 空气质量司 ● 林业局
美国农业部	卫生和公众服务部 ● 社会服务司 ● 心理健康、残疾和药物监管司

第9章 集思广益 博采众长

续表

联邦机构	北卡罗来纳州机构
美国国防部 • 美国北方司令部 • 美国国民警卫队 • 美国陆军工程兵部队	自然和文化资源部
美国能源部	公共教育部
美国卫生和公众服务部	公共安全部 • 应急管理司 • 执法司 • 成人教育和少年司
美国国土安全部 • 联邦应急管理局 • 美国海岸警卫队 • 美国住房和城市规划部	交通部-机动车辆司
美国住房和城市规划部	北卡罗来纳州国民警卫队
美国内政部 • 美国地质调查局 • 美国鱼类和野生生物管理局 • 国家公园管理局	野生生物资源委员会
美国司法部 美国交通部 • 联邦公路管理局 • 联邦航空管理局 • 联邦汽车运输安全管理局	列入 2016 年《灾害恢复法》 农业和消费者服务部 商务部 环境质量部 保险部 • 国家消防局长办公室
美国财政部 • 国内税务局	
美国小企业管理局	
列入国会支出立法 美国国家航空和航天局 美国陆军工程兵部队 美国农业部 美国住房和城市发展部 美国交通部 • 联邦公路管理局	公共安全部 • 应急管理司 住房金融局 • 住房信托基金

总共有 5 个州的 23 个联邦机构参加，参加的州属机构也有很多。还必须与其中的许多私营企业、非营利机构以及中小学和大学进行协调部署，协调他们的物资和行动，最重要的是清楚他们的动态，因为其中许多机构可以自行运作，如红十字会。以下是这类实体的一小部分例子：

- 营利性企业及其协会（如市中心零售协会、扶轮社、地方商会、通信公司等）；
- 地方和国家水净化、污水和电力设施；
- 地方学区、公立和私立学校、大学和大专院校；

- 非营利性机构，如红十字会、爱心企业、退伍军人协会等。

当然，管理人员的工作级别将决定其参与程度。其中有一种决定参与程度的方式，是通过专业的工作人员对这些个人和团队进行评估后，再决定他们如何参与这一切工作。通常参与指挥的方式有两种，通过"网络"在监控室跟踪情况，或者在实地进行指挥，无论选择哪种参与方式对这些物资进行调度，应急管理人员很可能是一个人（或一组人）在做这项任务，随着应对工作转为恢复重建，任务将会变得更加复杂。有时，应急管理人员会很幸运，因为许多参与应对灾难的人都有很高的专业素养，虽然说有时候并非如此。有些管理人员基本不参与，或确切地说遇事"不知所措"，而另一些管理人员试图"掌控一切"，在困难中寻找出一条解决路线。但有一点是好的，那就是工作经验丰富的应急管理人员会尊重一起参与的个人和团体的想法。（图 9-1）

图 9-1　理智的应急管理者会倾听周围人的意见，因为团队智慧大于个人智慧

既然人们已经认识到参与灾害的各机构和部门的价值，就必须明白专业知识和人才对讨论问题的重要性，应急管理人员必须将智囊团聚集在自己身边。无论出于哪种因素，否认某个领域的专业知识、经验和人才的价值，都是没有意义的，更何况这些知识、经验和人才是经过长期艰苦的积累得来的。诚然，Kahneman、Tversky 和 Thaler 等行为经济学家和社会心理学家都明确地指出了人们个人决策中经常出现的问题，但是在专家的专业决策中，也没有人会否认知识、经验、才能的价值。

那些把个人"直觉"或参考谷歌搜索结果作为自己拒绝专家意见的理由的人，并没有把这些学者的言论作为自己推断的理由。

科技和不断提高的教育水平使人们获取到的信息超出以往任何时候。然而，这也助长了知识平等主义思想的气焰,并使许多问题的辩论脱离正轨。只需要快速浏览一下"网络医疗"或者维基百科,普通人就敢认为自己和医生、外交官一样消息灵通。所有的声音都要求被同等认真地对待,任何与之相反的主张都被视为精英主义。Nichols 展示了这种对专家的排斥是如何发展起来的:互联网的开放性,高等教育中顾客满意模式的出现,以及新闻行业变成了 24 小时娱乐机器。

Nichols 了解到,他的思想得到了医生、律师、教师以及木匠和水管工人的称赞。他还处理过许多对自己决策过于自信的棘手问题,比如老年人更重视他们基于经验的意见,年轻人的性格往往是自信和敢于挑战,当然还有美国长期以来对"书呆子"的平等主义感情(参考文献 214,第 x-xvii 页)。但综合来看,他提出了一个重要的见解,即专业知识往往会遭到那些缺乏专业知识的人的挑战。这种相对较新的现象必然会影响到应急管理人员,不论是在灾难期间还是在之后更艰难的情况下都是如此。

Global approaches to disaster management

第 10 章
全球灾害管理方法

10.1　国际灾害响应

10.2　国际公共卫生和医疗响应及救济

10.3　复杂的人道主义突发事件（CHEs）的国际响应

10.4　联合国的灾害管理工作

10.5　美国国内灾害研究和国际灾害研究进展

10.6　国际救济行动的不恰当做法

应急管理决策　Decision Making in Emergency Management

国际灾害响应时而混乱，时而复杂。各国的灾害形势和应急管理体系各不相同，各国也具有独特的文化、经济和政治特征。国际法是复杂的，如果在应用国际法之前没有明确国际法的细节，那么跨国的灾害援助行动可能会以戏剧性的方式结束。在美国，影响人道主义援助的法律也可能阻碍有益的医疗援助行动，如卡特里娜飓风期间古巴的医疗援助遭到了美国的拒绝。每一种情况都影响灾害发生国与国际灾害管理机构和组织之间的关系。与此同时，兼具实践性和专业性的灾害管理正在迅速发展和完善[234]。美国、欧洲、日本和其他发达国家长期使用的"准备-响应-减缓-恢复"循环模式现已被国际采纳。灾害救济是解决发展中国家灾害问题的主要手段，也是灾害减缓工作的主要组成部分。定义不严谨时某些灾害救济行动通常也被人们认为是灾害恢复行动。（图10-1）

图10-1　虽然2011年日本采取了降低海啸影响的措施，但是仍然遭受了巨大的损失

50多年前，国际法和国际政策专业的教授H.B.Jacobini[235]提出了一种较为激进的观点：国际法就是国际政治，不一定是芝加哥"激起波澜，支持弱者"那样混乱的政治（Milton Rakove, Indiana University Press: Bloomington and London, 1975），但是也差不多。在国际政治方面，引用Bob Dylan的话，"金钱不会说话，会发誓"。国际组织、援助国和受灾国之间现实存在的政治问题，会使受灾国家内部的政治局势比预期的要更复杂，这些受灾国需要国际救济才能从重大灾害中恢复过来。

Coppola（《国际灾害管理导论》，2015年，第701和702页）强调了区分恢复和发展的重要性；在许多情况下，某些社会基础设施的不良状况导致它们在灾害中很脆弱。重建建筑物、道路、桥梁、工厂、公用设施和国家财富的其他组成部分，以确保社会正常运行。灾后恢复工作的难点是外部组织决定努力恢复到什么标准，以及在灾害恢复中如何实现长期发展的目标。Coppola 将预警系统分为三类：昂贵的、复杂的和需要主动维护的（《国际灾害管理导论》，2015 年，第 700 页）。对于大多数富裕国家来说，预警系统是一种奢侈品。Coppola 观察到：美国和其他工业化国家在 2004 年 12 月和 2009 年 9 月海啸即将到来前的几个小时就发出了预警，但是由于受海啸影响的国家缺乏预警系统基础设施，而无法将这些预警信息转变为预警行动。（图 10-2）

图 10-2　利马是一个海滨城市，已采取了明确警告市民海啸危险和降低人员死亡的措施

本章讨论的大部分问题已在前面几章有所介绍。全球气候变化、日益复杂的技术、城市化的日益加剧以及日益严重的人口过剩等问题，仍然会导致某些国家甚至全球灾难性事件数量和强度的增加，如下问题需要进一步讨论：

（1）全球环境变化不仅影响洪灾、森林火灾、干旱、致命的热浪、飓风和龙卷风、暴风雪及它们之间的耦合灾害，而且影响受灾总人数，导致大规模移民、战争、饥荒、流行病蔓延。

（2）日益成熟的技术和社交媒体是一把双刃剑，为应对灾害和重大突发事件提供了一些强有力的工具，与此同时也增加了发生灾害和重大突发事件的可能性。随着全球对人才、救援资源、数据能力和整体协调机制需求的日益增加，急需强有力的、灵活的、资源充足的国际体系。近几十年来，各国的国际救援资源得到了改善，但实际上，大部分国际性的救援资源体系尚未建立。因此，建立国际救援体系急需持续关注其研究进展。

(3) 全世界的人口都集中在城市中心。2008～2010 年，世界人口以城市人口为主，城市化率超过了 50%，预计到 2050 年将达到 70%。风险与人口密度及居住环境密切相关，通常土地压力迫使经济状况差的人不得不居住在城市中心的危险区域。此外，风险与城市财富和基础设施有关，灾害形势会对国家的福祉产生放大效应（Coppola，《国际灾害管理导论》，第三版，2015 年，第 207 页）。

(4) 人口过剩，尤其是欠发达国家的人口过剩，常伴随着环境恶化、粮食需求增加、消费问题、政治不稳定、大规模的不稳定迁移问题。随着全球受教育人数和富有程度的日益增加，随着全球化的日益持续，如果全球气候变化不能降低世界经济的增长能力，那么家庭规模缩小带来的富裕程度的增加会改变上述趋势。这是一个多领域交叉学科，要求国际应急管理人员必须掌握多个领域的专业知识和不同国家应急管理的实际做法。

下面讨论的问题与大国对小国的援助、小国对小国的援助以及许多国家对大国的援助（虽然援助的可能性不大，但偶尔援助也是必要的）等有关。应急管理人员必须置身于这个连续的统一体中，并且尽其所能地制定相应的计划。如本章前面所述，应急管理人员必须花时间了解国际援助法律，并制订相应的计划。

应急管理人员需要解决的核心问题是必须平衡主权国家的国家权利和受灾人员权利之间的关系。应急管理人员所在辖区发生灾难性事件后，会使本国的可用资源不堪重负。国际组织及他国可以为受灾人员提供援助。如果国际组织及他国的援助能满足受灾国的需要，但是可能会导致国家主权的妥协，那么地方应急管理人员从法律角度能做什么呢？界限的划定是一个复杂的问题。

20 世纪 90 年代，全球达成了共识：充分的准备、及时的响应和救济，不能完全降低自然、技术和人为灾害风险。人们充分认识到需要清晰地分析风险的根本原因，同时采取预测和降低风险的实用方法，尽可能地满足易受灾害影响人群的特殊需要（参考文献 1，第 259 页）。许多人认为，联合国宣布的国际自然灾害减灾十年（20 世纪 90 年代）标志着重大灾难性事件需要国际响应的必要性和可能性的开始。在此期间，联合国投票表决国际减灾战略（ISDR）。主要研究人员认为：

一方面，脆弱性存在于灾害发生之前，它会加重灾害的后果，阻碍有效的响应行动，同时，灾害发生后脆弱性也会增加。另一方面，需求来源于危机本身，而且时间相对短暂。大多数救济工作是满足急需，而不是解决和降低脆弱性。

应急管理人员在应用上述原则时，可能会认为这就是为什么有效的灾害减缓工作非常重要，但是却经常得不到足够重视的原因（参考文献1，第259页，引自Mary Anderson 和 Peter Woodrow[236]）。再次强调：灾害恢复和减缓工作可能比灾害准备和响应工作的时间更长，过程更复杂，代价更高。即使是那些经验丰富和知识渊博的应急管理人员，在情况复杂和时间紧急的情况下也很容易把大部分灾害恢复和减缓工作推迟到灾害响应结束后考虑。

开始深入研究国际灾害响应和救济的方法及组织前，非常有必要了解国际救济组织关注的一个非常贫困的国家——海地。2010年，海地在发生灾难性地震之前大约有1万个非政府组织。由于海地极端贫穷、解体、与美国相邻、大量的利他主义救济组织等特征，它是世界上非政府组织最多的国家。实际上，一些海地人经常称他们的国家为"非政府组织的共和国"。地震前，海地大约有1000万人（现在超过1100万），约有1万个非政府组织。假设一个非政府组织平均有7～8名员工，即相当于1000万人口中有7.5万左右非政府组织的人员。地震导致25万人死亡，30万人受伤。这个被政府和社会腐败问题困扰的小国，偶尔也会发生非政府组织间的谋私交易，非政府组织整体上缺乏透明度和有效的协调性。（图10-3）

图10-3　大多数情况下，基础设施差的国家在备灾方面较差

美国大约有150万个非政府组织，全世界有1000万个非政府组织。尽管海地的非政府组织处于"领导地位"，但这些非政府组织之间缺乏协调性。非政府组织除了灾害救济和医疗急救外，还在艺术、文化、政治、环境、少数人拥有的权利、教育和其他主张等问题上发挥作用。尽管海地的大多数非政府组织有良好的意愿、不同的资源、技术娴熟的专业人员及志愿者，但是仍然不能确保这些非政府组织有效地开展国际灾害响应和救济行动。

10.1 国际灾害响应

人类应对灾害往往是基于部分国家的研究和经验。因此，人们有理由质疑，同样的灾害响应模式是否适合其他国家？其他国家的人会像美国人一样，过分依赖包括家人和朋友在内的非正式社交网络吗？采取同样的亲社会态度吗？国际上有类似的灾害响应模式吗？国际灾害响应有一些基本的相同点，但也有明显的不同[238]。理解和判断这些相同点和不同点，要求应急管理人员不仅要有文化背景和政治敏感性，而且还要有广博的知识和技能。大多数情况下，国际灾害响应和救济要比某个国家独自进行灾害响应、恢复和减缓更复杂、更困难。然而，2001年美国"9·11"世贸中心爆炸、卡特里娜飓风和2017年波多黎各"玛利亚"飓风，这三起事件是例外。

通常，美国、加拿大、澳大利亚、日本、欧盟国家等较为富裕的发达国家，其灾害的影响能在较短时间消除。这些较为富裕的发达国家的社会环境对经济的影响非常大，生命损失和社会破坏与欠发达国家相比通常较低。印度尼西亚、土耳其、泰国、斯里兰卡、也门以及许多其他国家加强了灾害脆弱性的研究，主要原因包括：

（1）这些国家的大部分人生活在极端贫困中，并受到种种限制；
（2）大量脆弱的基础设施；
（3）绝大多数死亡人员是贫困人员和弱势群体；
（4）一般来说，大多数不发达国家的政治体制结构薄弱、易失灵；
（5）普遍缺乏预警系统；
（6）不发达国家受富裕国家的技术危害日益严重，富裕的国家通常把他们最不想从事的制造业转移到劳动力廉价、环境法规薄弱，甚至没有环境法规的不发达国家[238]；
（7）如前所述的资金不足和救灾资源管理不当。大部分救灾资源在军队中，在缺乏资源时不能对现有资源进行有效管理。

国际灾害响应和救济工作中比较困难的一个方面是，理解救援物资供应国和接受国之间的文化差异，以及有效地解决这些文化差异。文化建立在语言和共识的基础上，文化决定了人们社会交往的方式，因此需要了解当地的文化和最有效的救济方式。不能指望应急管理人员真正理解当地的文化和社会状况，因为仅从一门到两门语言课程中学到的知识是不够的[238]。国际应急管理人员需要了解世界政治、历史、政府比较和国际关系等课程及其观点。另外,很多人认为,美国国务院组织的外交部正式成员的考试,可能是美国政府最难的综合性考试。

10.2　国际公共卫生和医疗响应及救济

在联合国发起国际援助之前,人道主义的公共卫生医疗组织及机构在几十年前就已经开始了有组织的国际援助。有一些重要的国际公共卫生和医疗组织,如国际红十字会和红新月会联合会(该联合会拥有191个独立会员协会和数百万志愿者),在世界各地的灾害现场开展了许多人道主义的救济行动。其中,美国红十字会起源于1863年的瑞士,大约有2万专业人员,30万志愿者,364个地方红十字会,年度总预算约27.5亿美元,此外还接受了28.5万人的捐血。另一个规模较小、非常重要的非政府组织是在重大灾害现场的无国界的医生组织。该组织于1971年在法国巴黎成立,在21个国家设有办事处,在70个国家有36482人,有正式成员2000人。2017年约有75万患者住院,11万病人进行手术,1064.8多万例病人接受治疗,2017年的预算为3.9亿美元。(图10-4)

图10-4　美国国家和联邦灾害医疗队在Cascadia进行训练

美国确实部署了国家灾害医疗系统(NDMS)之外的灾难医疗的援助队(DMAT),但通常美国不是向国际社会提供医疗援助的主要提供者。尽管波多黎各近海是美国的"领土",通常也称为"领地",但是2017年"玛利亚"飓风后,美国仍向波多黎各派出了数百名灾难医疗援助队员。美国国务院通常向他国部署公共卫生和医疗承包商,而不是国家灾害医疗系统的资源。如前所述,美国很少向其他国家提供医疗援助。

数十年来,人们一直认为灾害不可避免,把灾害的发生"归因于"自然事件;

在过去的 45 年里，医疗和卫生领域的专业人员开始研究控制灾害影响的方法，例如，1976 年成立了美因茨俱乐部，该俱乐部后来成为了世界灾害和急救协会。该协会拥有唯一的全球致灾因子数据库，为公共卫生和急救医学学科都做出了重大贡献。随后，越来越多的专业人员从多学科和多致灾因子的视角系统地调查灾害[156]。2005 年世界卫生大会批准了《国际卫生条例》，授权公共卫生官员、传染病专家和流行病学专家对不断进化的流行病进行更有效的管理，防止这些流行病形成灾难性事件（《国际灾害管理导论》，2015 年，第 59 页）。通常由美国疾病控制和预防中心（CDC）负责类似流行病学调查的任务。

从国际视角看，全球气候变化和人口增长的加速，促使医疗急救和流行病学急需数据驱动的系统化响应模式。未来的主要风险是逐渐削弱国家层面的备灾。随着救援资源的增加，全球灾害响应必须协调好这些救援国家之间的关系（《国际灾害管理导论》，2015 年，第 69 页）。

10.3 复杂的人道主义突发事件（CHEs）的国际响应

当一个国家的应急管理体系不堪重负，导致国际灾害发生时，就需要国际应急响应。气候变化和人居模式会引起致灾因子曲线发生重大变化，使灾害的影响超出本国的救援能力，因此，需要多个国家、国际社会以及包括政府机构、国际组织、非政府组织和金融机构在内的利益相关者的援助。发达国家和欠发达国家都受严重灾害的影响，但是发展中国家由于其物质、经济和环境等问题，会遭受更多超过本国应对能力的灾害。事实上，90%的灾害发生在人均年收入低于 760 美元的国家（IPCC，2012 年），97%的灾害与天气有关。各种国内冲突经常导致发生复杂的人道主义突发事件，致使这些欠发达国家困难重重。通常，这些欠发达国家更注重教育需求、基础设施需求或军事需求，而不是降低短期或长期的致灾因子，因此，与经济发达的国家相比，这些国家过早地超过了灾害救援能力的阈值。事实上，在不发达国家，大多数灾害都是军队应对，而军队在应对灾害方面通常没有经验（参考文献 2，第 331-333 页）。

Haddow 等人[2]（第 333 页）列出了影响复杂的人道主义突发事件的因素，这些因素的总结来自美国国际开发署（USAID）和遭受复杂的人道主义突发事件的国家，主要包括：①传统的种族、部落和宗教仇恨导致的国内冲突，通常会有大范围的暴行；②国家政府权力生态恶化，从而导致公共服务的失灵和政治上的失控等；③为逃避冲突或寻找食物，人口大规模流动，出现难民和国内流离失所者（IDP），如 2018 年和 2019 年中美洲移民大量涌入美国寻求庇护；④经济体系大规模混乱，导致恶性通货膨胀和货币贬值、国民生产总值大幅下降、失业率飙升和市场崩溃；⑤粮食安全普遍下降，常常导致严重的营养不良，偶尔出现大范围饥荒。

Haddow 等人[2]（第 334 页）列举了应对国际灾害时必须要解决的五个关键问题：

（1）协调参与救援的大量国际组织是应急响应过程中最重要的方面，尤其是遭受复杂的人道主义突发事件之苦的发展中国家。在救灾现场，作为主要协调机构的联合国和其他协调机构都没有权力干涉受灾国的国家主权，因此要重视协调工作。缺乏协调是灾后人道主义救援失败的主要原因。

（2）国家主权具有领土和自治的特点，能够为其他国家提供援助。在内战导致的复杂的人道主义突发事件中，获得国家主权尤为困难。例如，索马里因没有对其所属领土进行管辖的有效政府，在争取国家主权道路上付出了无比艰辛的努力。

（3）由于救济分配不均等导致某些需要救济的群体比其他群体受到优待。常见的救济分配歧视是性别和阶级偏见。

（4）制定救灾和发展相结合的政策并实施，这不仅可以满足与灾害有关的需求，而且还能解决发展问题。

（5）解决救济机构和受灾国之间的政治问题，通常要比满足受灾国的救灾需求更复杂。本书很多地方都提到了这一主题。

10.4 联合国的灾害管理工作

发生严重灾害时，联合国很可能是灾害救济的最佳协调机构，并与捐助国和受捐助国政府一起参与灾害恢复和重建工作。联合国有高达 70% 的预算用于灾后恢复和减缓工作。发生重大灾害时，联合国紧急救济协调办公室立即组织开展国际灾害救济工作，通过由几个人道主义机构组成的委员会，为受灾地提供食品、避难所、医疗援助和后勤保障。这几个人道主义机构包括：联合国儿童基金会（UNICEF），联合国开发计划署（UNDP），世界粮食计划署（WFP），联合国难民事务高级专员（UNHCR），以及灾害特需的其他相关机构。20世纪90年代国际减灾十年的中心任务从灾害救济转移到灾害减缓，此后，联合国倡议每十年更新一次，并注重提高公众意识，获得政府当局的承诺，鼓励跨学科和跨部门间的合作，分层逐级降低风险，加强自然灾害成因及危害的相关技术研究，加强环境灾害对社会影响的科学研究。

联合国人道主义事务协调厅（UNOCA）也监测自然灾害和技术灾害的发生情况，包括灾前派遣培训评估小组和灾后开展评估。此外，还制定共同战略，评估灾情及需求，召开协调会，调动资源，解决常见问题和管理协调机制等（参考文献2，第337，338，344，345页）。随着全球人口向城市的集中，聚合风险会日益扩大。如果不加强灾害援助的多边合作，那么许多耦合灾害，特别是发生在不发达国家的耦合灾害，将会造成发展障碍和区域不稳定。各国政府、非政府组织、非营利组织、国际组织和国际金融机构在自然灾害的备灾、减缓致灾因子的风险、自然灾害响应和恢复中发挥了至关重要的作用（参考文献2，第375页）。

在 Damon P. Coppola 的论著《国际灾害管理导论》，第三版（Elsevier: New York & Oxford, 2015 年，第12页）中引用了联合国大会在2014年制定的强大而乐观的目标：

- 到2025年将灾害造成的死亡人数降低一半（或在一定时期内降低一定百分比）；
- 到2025年将灾害损失降低到一定百分比；
- 到2025年将灾害对住房、教育和卫生设施造成的损失降低到一定百分比。

人们没有必要对联合国制定的这些目标做出愤世嫉俗的反应，因为联合国在法律上对任何主权国家都没有管理权，它只能依靠其下属的资助机构及非政府组织、国家政府和国际协调机构的大量分散资源来运行。联合国会尽其所能地协调相关部门，处理各种复杂情况、合理分配有限资源。联合国经常受到不公平的批评，这些批评没有认识到联合国必须克服极端困难才能在应对和救济方面发挥部分作用。当然，有时严厉的批评是正确的。

10.5 美国国内灾害研究和国际灾害研究进展

近年来，灾害研究迅速从美国向其他国家扩展。许多灾害研究始于美国，现在发展中国家和全球都在进行相关研究，如针对孟加拉国的旋风、洪都拉斯的洪水和滑坡、印度和巴基斯坦的地震，以及 2004 年毁灭性海啸灾害的研究。正如人们常说的那样，发生在发展中国家的灾害比发达国家更严重，更难以处置，因此，要从国际视角进行灾害研究。尽管纽约世贸中心事件和卡特里娜飓风造成了数千亿美元的损失，但从国际视角看，造成的死亡人数是相对较低的。美国已有的灾害研究中心[238]如下：

- 特拉华大学的灾害研究中心（www.udel.edu/DRC）.
- 科罗拉多大学的自然灾害中心（www.colorodo.edu/hazards）.
- 得克萨斯农工大学减灾和恢复中心（http://archone.tamu.edu.hrdd/）.

除美国外，还有大量的研究中心，包括：

- 米德尔塞克斯大学洪水研究中心（http://www.mdx.ac.uk/research/areas/geography/flood-hazards/index.aspx）.
- 澳大利亚皇家墨尔本理工学院风险社区安全中心（http://www.rmit.edu.au/browse; ID=-6ccvow449s3t）.
- 荷兰莱顿大学危机研究中心（http://www.socialsciences.leiden.edu/publicadministration/research/crisis-rersearch-center.html）.
- 瑞典中部大学风险和危机研究中心（http://www.miun.se/en/Research/Our-Research/Centers-and-Institutes/RCR/）.

此外，还有一些美国和国际应急管理学术研究期刊[238]：

- 《澳大利亚应急管理杂志》（Australian Journal of Emergency Management）
- 《灾害管理及响应》（Disaster Management and Response）
- 《美国空间规划协会期刊》(应急管理专栏)(Journal of the American Planning Association （addresses emergency management selectively)
- 《政治学与生命科学协会期刊》（应急管理专栏）Journal of the Association of Politics and Life Sciences （addresses emergency management selectively）
- 《灾害》（Disasters）
- 《灾害预防与管理》（Disaster Prevention and Management）
- 《应急管理综述》（Emergency Management Review）
- 《环境危害》（Environmental Hazards）
- 《国际应急管理杂志》（International Journal of Emergency Management）
- 《国际突发事件和灾害杂志》（International Journal of Emergencies and Disasters）
- 《突发事件和危机管理杂志》（Journal of Contingencies and Crisis

Management）
- 《应急管理杂志》（Journal of Emergency Management）
- 《国土安全与应急管理杂志》（Journal of Homeland Security and Emergency Management）
- 《自然灾害综述》（Natural Hazards Review）
- 《院前医学和灾难医学》（Prehospital and Disaster Medicine）

大部分研究人员认为："脆弱性存在于灾害发生之前，它会加重灾害的后果，阻碍有效的响应行动，同时，灾害发生后脆弱性也会增加。另一方面，需求来源于危机本身，而且时间相对短暂。大多数救济工作是满足急需，而不是解决和降低脆弱性。脆弱性与需求之间是有区别的，脆弱性是潜在的，而需求是特定危机所产生的。"（ICMA Emergency Management 第二版，2007，第 259 页，引用 Mary Anderson 和 Peter Woodrow 浴火重生：灾害时代的发展战略。Boulder, Colo：Westview Press，1989，10）。

Matthew E. Kahn[241]观察了国际城市灾害和美国的城市灾害，长期以来一直在研究随着恢复和减缓工作的进展，如何提高城市灾害应对能力或降低城市灾害的危害，他提出了如下观点：

- 破坏往往会引发繁荣：芝加哥大火就是一个典型的例子，它烧毁了 2124 英亩（8.60 平方千米）土地和 17450 栋建筑，造成 300 多人死亡，9.9 万人无家可归。火灾后再建建筑物的平均造价是烧毁建筑物造价的 3 倍。木结构的建筑被石头、砖和金属结构的建筑所取代，建筑业的繁荣将人口从 29.8 万增加到 503 万[242]。
- 联邦政府的"快速启动"并不总能达到预期的效果。尽管在新奥尔良地区投资了数百亿美元，但是新奥尔良的人口还是从 62.7 万减少到 1960 年的 48.5 万，到 2008 年降到 31.1 万[243]。
- 政府激进主义可能会使更多人处于危险之中。联邦政府通常迫于大量媒体报道和经济压力对公众的要求做出回应。一个典型的例子是在易受洪水淹没的地区重建社区和商业。理想情况下，这种事情不会发生，在美国或其他国家，经济方面并不一定是国家优先考虑的事项。
- 能伤害你的事情才能让你更坚强：有时一次灾害和未来灾害的威胁会使建筑规范更加严格。例如，美国旧金山高层建筑抗震标准（虽然迟了，但是总比没有好），以及佛罗里达在 1996 年飓风以后制定的建筑抗飓风标准。
- 每个人的处境都一样。通常低收入人群居住在灾害易发生地区的质量不符合标准的建筑内，这使得他们摆脱灾害影响的时间比拥有政治权利的高收入人群要长。在本书前面的章节中，作者们讨论了 2017 年飓风中许多失去住房的休斯敦贫困居民，到目前为止仍然没有得到联邦应急管理局的全额补偿。

- 人们因受到冲击而迁移。许多环保主义者担心，发展中国家的气候变化将会产生被称为"环境难民"的新型难民，他们将跨越国界迁移到安全的、能提供基本生活必需品的地区。2013 年后开始的叙利亚冲突的根源之一就是日益严重的干旱，以及随之产生的耕地所有权和归属权之间的摩擦。
- 人们只会对他们认为的直接威胁做出响应：Dimento 和 Doughman 认为：尽管研究在发展，科学得到了共识，但是，如果公众不认为气候变化是真正的危险，也不立即采取行动，那么他们必须改变自己的生活方式，并为此付出巨大的代价[244]。

10.6 国际救济行动的不恰当做法

众所周知，国际（美国）救济工作的主要问题之一是错误的捐赠方式。通常捐赠时不是根据应急管理者、非政府组织及其他机构认可的方式进行，而是根据捐赠者的想法进行。救济时最主要的捐赠形式是金钱。如果地方政府、国家、甚至国际政府及组织考虑政治问题，会使救济捐赠活动复杂化，如果将救济和减缓结合起来，并尽其所能地向不发达的国家提供发展援助，常常会有明显的效果[238]。这对于不发达国家中少数熟练的应急管理人员，甚至对于援助国中熟练的应急管理人员来说，都是一项相当复杂的任务。Philips，Neal 和 Webb 都认为："有效的发展能帮助大多数有灾害风险或者救灾计划不成功的国家"[238]。在 1983 年，国际灾害救济专家 Fred Cuny 说："灾害中最基本的问题是灾害对贫困人群的影响，及贫困与灾害脆弱性之间的关系，如果人们希望减轻痛苦，真正为灾害救济做出贡献，必须要解决贫困问题"。Alan Barton[246]引用了 Philips，Neal 和 Webb[238]的话，认为灾害会暴露出社会问题。Frederick Cuny[245]同意 Alan Barton 的观点。

Additional case studies

第 11 章
其他案例研究

11.1 优秀的领导者也会作出错误的决策
  11.1.1 概况
  11.1.2 教训
11.2 以自我为中心的决策和幕后力量的干扰
  11.2.1 概况
  11.2.2 教训
11.3 六名需要撤离的病危患者滞留在萨摩亚的机场
  11.3.1 概况
  11.3.2 教训
11.4 年轻且经验不足的气象科学家"拯救了世界"
  11.4.1 概况
  11.4.2 教训
11.5 跨区救援时要注意保持低调
  11.5.1 概况
  11.5.2 教训
11.6 地方/州/联邦的新兵训练
  11.6.1 概况
  11.6.2 教训
11.7 必须认清并着手处理军队发展中出现的各种变化
  11.7.1 概况
  11.7.2 教训
11.8 令人遗憾的是，联邦机构总是重复犯下大错，而不会从中吸取教训
  11.8.1 概况
  11.8.2 教训
11.9 只有自身经得起考验，应急管理人员才能获得他人信任
  11.9.1 概况
  11.9.2 教训
11.10 应急管理人员需要学会随机应变
  11.10.1 概况
  11.10.2 教训

本章包括了前几章均未介绍的案例研究。在这里作者会专注于决策中的成功点以及缺点，以及未能做出其他决策的原因。本章中作者会根据不同情况讨论不同的决策对结果所造成的影响。有些案例只讨论其中的某一个决策，有时也会对同一个案例中的几个决策进行讨论；有些案例会越过其中的决策，去关注那些更导致成功或失败的决策深层次原因或其背景问题。

本章中大多数案例来自作者的个人经验，也有些案例来自于其他渠道。

11.1 优秀的领导者也会作出错误的决策

（顾及十多年前事件参与者的感受，对案例中的部分内容进行了删减）

11.1.1 概况

2006 年，备灾救灾部门要求专门负责处理国家特殊安全事件的国家灾难医疗系统与灾难医疗救援队定期派出人员在中西部城市执行任务。灾难医疗救援队本应在事故多发的市中心附近驻扎，但为了确保出行方便，规避交通堵塞以及控制物流和成本等因素，灾难医疗救援队驻地可以与市中心保持适当距离。由政府建议并得到区域负责人同意，灾难医疗救援队征用了一栋占地约 4000 平方英尺（371.6 平方米）的建筑，该建筑也为消防局提供保障，同时紧邻一处 24 小时营业的场所，附近的消防员和警察都经常到这里休息或用餐。而在这座建筑对面的小巷里有一个相对隐秘的地方，聚集了 200 多名身着黑色警服的安保人员，他们来自多个地方警察局和州警察局。备灾救灾部门工作人员没有向灾难医疗救援队提及这项部署，理由是避免信息外泄。在灾难医疗救援队部署位置附近工作的警察要求填写关于工作时间和地点的表格。在 1 小时里有几拨政府官员来到现场，每次都停留 10 分钟左右。按照惯例，备灾救灾部门会接受州、市或联邦政府推荐的地点作为驻地。同时灾难医疗救援队会要求在任何时候都至少要有一名武装保安人员在场，但他们并不奢望能够获得这一授权，因为几乎所有的警察都事务缠身，而救援队也没有雇用安全人员的经济条件，因为这不是《斯塔福德法案》规定能够报销的内容。本地的备灾救灾部门把现场的监管任务都交给了另一个地区的备灾救灾部门，而他原先只是来提供支援的。通过这种方式，当地的工作人员能够从这项麻烦的工作中脱身。两地的备灾救灾部（由一个规模较小的管理团队运作）针对团队的安全性和住宿条件、进入当地医院的渠道、与特勤局和联邦应急管理局以及所在州的应急管理部门和公共卫生部门进行了协调，双方都对协调结果感到满意。但高度警觉的应急管理人员和公共卫生响应人员有时也会对行动部署的细节有不同的看法，这就像州政府与地方政府之间存在摩擦一样不足为奇。

从网上收到的简报并未表明附近有任何可疑团体的存在，其中也没有任何令人担忧的迹象。虽说这大体上是一个好消息，但它并不能让人完全满意，就像区域负责人所感受到的一样，那些真正值得担忧的问题通常都藏得很深。碰巧的是，此时有一个小型示威游行绕过了市区，没有按经过审批的路线行进。不久后这些示威者不知是故意偏离路线又或是单纯放弃了原先的行动路线，其中一些人混进了灾难医疗救援队附近的多个街区之内。安保人员使用了胡椒喷雾剂来驱散这些示威者，其中的一些喷雾剂飘到了灾难医疗救援队的驻地，这让灾难医疗救援队的队员们注意到了这件事，但喷雾的浓度并不高。区域负责人和备灾救灾部门负责人距离使用胡椒喷雾剂的地方也只有两个街区之遥，他们并没有注意到它。在活动开始的前一天，当地的相关部门就已经获知示威者计划进行示威活动，但就规模而言都不算大。

但是灾难医疗救援队的后勤官对此并不知情，后勤官在以下方面享有很高的声誉（他当之无愧）：他知识渊博，努力工作，并全心致力于提高团队效率、安全性、药品储备、其他医疗用品以及所有其他设备。而当他注意到胡椒喷雾的气味时，他开始告诉团队他们处于"生物高温区"，他说得有些夸张，但他的团队知道他是在说他们目前所在的位置存在危险（而之前这里被声称是没有危险的地方）。

在得知这件事后，令备灾救灾部门感到惊讶的是，无论是灾难医疗救援队队员们还是经验丰富的急诊室医师甚至是急诊医学界的知名人士都选择相信这位后勤官。后勤官立即打来电话，说他希望能有武装人员保护灾难医疗救援队，并说他认为应该考虑为灾难医疗救援队更换驻扎地点。在灾难医疗救援队 12 小时轮班结束时，备灾救灾部门的区域负责人重新召集了一次全体队员会议（晚上的安保工作由安保小组负责，小组中的其他成员在必要时都可以立即召回；该小组驻扎在距离几个街区不远的市中心酒店，以便于观察示威活动的各方面情况，甚至包括示威者目光所指向的地方）。在会议上，后勤官表现得更加激动，他重申了他的担忧，并且要求武装部队进驻，同时考虑为团队调整驻扎地点。在这次算不上理智的交流中，区域负责人重申他们的当前位置与消防局总部只隔一堵墙，有警察在附近，甚至就在现场附近向他们实时汇报，这些措施可以保证整个团队

"绝对安全"。区域负责人没有提到仅几英尺之遥有200名或更多的身着黑衣的安保人员,并且没有提到尽管武装警察人手不足,但该小组还是派驻了一个配备有直接联系电话的警察。区域负责人在谈话结束时说,他很乐意"今晚让他的妻子和女儿一起睡在这里的上下铺"。听完区域负责人的话,后勤官很愤怒,因为该区域负责人所说的这一切都没有使他们更安全,他不想参加这样的行动。见到后勤官如此坚持,区域负责人只好答复说,他可以与财务人员沟通,将整个团队用飞机送回家。

第二天,当地出现了更多的示威游行,但警察没有使用胡椒喷雾,这次任务顺利结束。后来在一次实地考察中,有位灾难医疗救援队队员再次提到那位区域负责人让他所在灾难医疗救援队处于危险位置。随后有人告知他当时实际上有200名人员组成的后备安全力量,只不过他们并不知情。别人还提醒他,国家灾害医疗系统的灾难医疗救援队队员极少有武装安全人员陪同出差,而且国家灾害医疗系统甚至没有武装安全人员。因此,要想始终能够确保团队安全绝非易事。关于这些事,那位后勤官似乎一无所知,即便他一直是整个系统里最好的后勤官之一。区域负责人对所有这一切都倍加肯定,因为他深入参与了这个团队的开发并让它通过了国家灾害管理系统认证。

11.1.2 教训

区域负责人严重误判了灾难医疗救援队里的团队指挥和团队成员对他们后勤官的尊重和信任。灾难医疗救援队的后勤官确实相信该团队处于危险之中,并向团队传达了这种充满个人情感色彩的观点,尽管在除了当时在场的人以外很少有人相信这种观点。声誉良好的区域负责人应该告诉团队去"信任他",告诉他们有一些隐藏起来的保障措施,之所以不能公开是因为这些安保措施本就只有在不为人知的情况下才能起到保护效果。此外他还可以通过提到他曾协助队长组织团队并帮助团队通过认证来提升自己的说服力。还有,他不应该将后勤官送离现场。对于区域负责人而言,这不是明智的选择。直到几年后,区域负责人和后勤官终于达成和解。

灾害下的应急部署可能会让人在整个过程中充满压力从而变得情绪激动;这些复杂的个人心理问题必须由应急管理人员在决策过程中得到解决,否则他们的决策可能会被那些强烈的情绪所干扰。

11.2 以自我为中心的决策和幕后力量的干扰

（某些内容已经过更改和删除）

11.2.1 概况

就在 25 年前，在美国国家灾难医疗系统一次早期的成功行动中，一位备受人们喜爱的美国公共卫生服务海军上将同他的参谋们一起执行任务。这次行动是在一场严重的飓风过后开始实施的，令人印象深刻的是，因为当时紧急事务应对办公室根本没有正式预算，它的行动资金主要由编外人员预算和美国卫生与公共服务部各部门提供，其中大部分来自区域卫生行政管理办公室。实际上，有传言称，海军上将会就灾难预备及相关问题私下在总统府向克林顿总统提供建议，而总统表示自己会认真考虑在任期内增加对此的经费支持。这时的海军上将只能在没有足够资金的情况下部署国家灾害医疗系统的工作人员，而且只能在联邦应急管理局或其他机构之后才能提出自己的要求。尽管他们每次的部署工作都尽可能兼顾了需求与现实，使得其中的绝大部分工作都能够在多部门的协调共识下得以完成，但整体上来说，这些部署工作并不在正常的政策和资金框架之内。而这场成功的救灾行动之所以会引发问题，是由于海军上将因此事变得非常得意，不仅在他的下属面前炫耀自己的功劳，他还邀请了大约 300 名国会、联邦政府和其他机构成员到他们设立在一个热带度假胜地的办公总部来见证这次行动，这让联邦应急管理局和其他机构非常不满。

两周后，海军上将手下的参谋们（当时总人数不到 20 人）在一次全国性的演习中被传唤到一间边房坐下，在那里，一位卫生部官员现场阅读了一张关于将军的"事件报告"，尽管上面所列举的都是事实，但在某些部分里有明显的夸张和歪曲。之后要求这位海军上将在他的参谋们面前宣布退休。那些参谋后来发现，一名美国公共卫生局的工作人员看到了这项工作的潜力，他对此产生了兴趣并想要取而代之，他成功了。在那之后，那里的参谋发现此人以前曾是某位著名的民主党参议员手下的一名员工。之后该机构很快拥有大约 100 个全职工作人员，现在每年都能获得授权。备灾救灾部门正是由这个小型的公共卫生和医疗灾难机构发展而来。

11.2.2 教训

强烈的自尊心，或自负，又或是两者兼而有之，都会使一个人忽视事物背后普遍存在的政治斗争。

通常,一个人,甚至是一个缺乏社交技能的人,如果他的导师很有权势,他就能坚持下去,就能独立地茁壮成长。在许多联邦机构(毫无疑问在州和地方机构里一样)的总部办公室中都有这种的"不为人知但力量强大的导师"的说法。

11.3 六名需要撤离的病危患者滞留在萨摩亚的机场

(一些事实稍有改动)

11.3.1 概况

在飓风袭击了美国在太平洋的领土后,有五六名病人、两位国家灾害管理系统的灾难医疗救援队成员以及八名与病人同行的家属一同被困在萨摩亚的一个机场。当时是夜晚,机场刚刚关闭,而那里的飞行员们已经完成了自己的最大飞行时间,他们需要在晚上进行休息。这让事态变得更加复杂。

负责处理飓风的紧急行动中心夜班人员从一个灾难医疗救援队的小组成员那里得知了这一消息,当时该小组试图对病人进行疏散,但由于缺乏条件,他们无法完成这项任务。因此他们通过电话向紧急战备局的夜间服务台求助,随后又打到了卫生和医疗服务职能部门,最后电话通到了为行动提供服务的卫生和医疗服务职能部门的服务台。电话刚好是在晚上 8 点的换班时间前打来的。日间行动部主任接到通知,会有 9 名成员负责处理该问题,看看他们是否能采取措施确保撤离行动顺利进行。

卫生和医疗服务职能部门负责人认为这是一个生命安全问题,必须将其作为紧急情况进行处理,无论撤离行动成功的可能性有多么小。然而日间行动部主任非常死板,他一板一眼地遵循工作章程,以至于不愿意在 12 小时的轮班后继续加班,并抗拒任何对他的权威可能造成影响的威胁。他回答说,这个问题本可以在第二天上午处理,现在无论在机场做什么,时间都已经太晚了,同时他还声称,如果能等到第二天早上处理这件事,他可以派遣更大规模的机组人员与一些飞行专家一起解决这个问题。随后他告知了即将前来换班的夜间行动部主任以及身旁的八九名工作人员,表示自己要把问题留到第二天再处理。

尽管已向日间行动部主任解释了几名病人急需转院的原因以及应该立即采取一些相应的紧急措施，但该主任还是选择了离开。而那位夜间行动部主任看着联邦应急管理局行动负责人，摇了摇头，意思是，"别担心，我会帮你解决的。"首先向夜间行动部提供了一份有关整个问题的简短而相对详细的摘要。随后联邦应急管理局行动负责人提交了五六份意见书，其中包括有关联合区域医疗计划书，最后是请国防部长出面免除飞行员的飞行限制，并保持正常的机场调度以及开放。在这几通重要电话之前，小组里的其他人也已经给很多人打了电话。

联邦应急管理局行动负责人通知了医院，并将患者信息都传输了过去，同时联系了一架更大的固定翼飞机以及配套的医疗队工作人员帮助运输患者，之后还安排了人手与他们一起出发并同接待机构及医院进行接洽。

在几通电话后，空军的警卫人员找到了国防部长本人，他批准重新开放机场。随着其他所有飞行任务都被取消，飞行员解除了飞行时间规则。到了凌晨 3 点或凌晨 4 点，面对自己所完成的这一切工作，夜间行动部主任大笑了起来，并告诉小组的其他成员，当这一切结束时，他很可能会被日间行动部主任"踹屁股"。这些通话和会议所花费的时间占用了整整大半个晚上。等到第二天的早餐时间，联邦应急管理局行动负责人终于成功完成了撤离工作，所有人都按轮班顺序回家了。而日间行动部主任在弄清楚前一晚发生的事之后非常生气，他愤怒地找到了夜间行动部主任，夜间行动部主任在联邦应急管理局行动负责人离开时正独自承受着他的怒火。

实际上，在险情出现的当天，现场确实有一位经验丰富且明智的应急管理人员曾建议日间行动部主任留在紧急行动中心，直到这个问题得到解决为止。但日间行动部主任为自己找到了充足的理由来忽视这个棘手的问题，也或者是他压根不愿承认那位应急管理人员所提的是一个合理建议。

11.3.2 教训

当一名技术娴熟但管理经验不足的管理人员负责监督一项涉及生命安全问题的操作时，其手下的应急管理人员在尝试"按规章"处理但没能成功后，就必须不计手段尽快解决危及生命的安全问题，随后根据逾矩的程度酌情向管理人员"道歉"。当有人面临生命危险，又或是应急人员无法挽救生命时，没有任何问题比时间管理更重要。尽管这种危急的情况并不常见，但是当它们出现时，应急管理人员要知道如何去处理它，即经典的"做了再说"。

11.4 年轻且经验不足的气象科学家"拯救了世界"

(某些事实已稍作更改)

11.4.1 概况

在2005年6月的飓风季节期间,一位联邦应急管理局的应急管理人员被分配到奥斯汀的得克萨斯州紧急行动中心。当应急支持职能部门参加会议时,根据接收到的常规情况报告,该小组开始将注意力放在即将到来的飓风上。这场飓风距加尔维斯顿约有1天到1天半路程,它正冲向休斯敦。随着距离越来越近,飓风开始在温暖海水的作用下逐渐增强。众所周知,加尔维斯顿有一段悲惨的历史:在1900年加尔维斯顿飓风以及它所产生的风暴潮完全摧毁了这座城市,整个过程中有6000至10000人死亡,这是美国历史上最致命的天气事件之一。当飓风距离加尔维斯顿约3小时时,它变为第4级飓风,正在往卡特方向前进。当它到达卡特时,它已经发展成第5级飓风了。凌晨2点左右,一位隶属于美国国家海洋与大气管理局的气象学家走到讲台上,他外表年轻且身材矮小,因此在看到他的外貌后,聚集在讲台前的应急管理人员中发出了明显的窃笑声。而那位负责做简报的年轻气象学家也听到了这阵略带嘲讽的笑声。他没有在意,而是很快宣布所有人对加尔维斯顿的担忧是错误的,因为他注意到在即将到来的飓风中"其前墙有轻微的变化",再综合考虑其他的一些因素,让他相信"风暴不会以任何形式到达加尔维斯顿,能够影响到加尔维斯顿的只会是一场严重的暴雨,最多也就是一场1级飓风"。但是,大多数公司都没有取消之前所进行的应对灾情的提前准备。事实证明,这位年轻的气象学家说的是对的,后来所有工作人员都离开了紧急行动中心去吃早餐,大多数人没有再回到行动中心,而是把即将到来的暴雨留给了下一班工作人员。

11.4.2 教训

这个案例的教训很清楚。这位年轻的气象学家的发言应当得到重视;鉴于他专业方面的能力,他获得了进行重要通报的权利,这应当得到在场工作人员们的尊重。基于体型和年龄去快速判断一个人可能是最糟糕的评价方式，而这种方式当然也是错误的。幸运的是，这个地方可能不需要像加尔维斯顿和休斯敦一样转移资产，否则这种充满偏见的决策可能会产生严重甚至致命的结果。

11.5 跨区救援时要注意保持低调

11.5.1 概况

十多年前，在奥斯汀的应急管理中心，在人们忙于应对飓风时，卫生和医疗服务职能部门服务台收到了州长办公室通过州公共卫生部提出的特别请求。几位来自东部一个州的皮肤科医生在灾难期间志愿来到奥斯汀"帮忙"，大概是为了进行与灾难相关的医学实践，但这个请求带来了许多问题。在灾难情况下，训练有素的医护人员或更优秀的医生、护士从业者或医生助理在紧急情况下可能会有更多有用的经验（例如，专业人士知道在灾难现场清理的初期，老年人就诊的主要原因是被小型铁质零件刺伤等）。虽然这些皮肤科医生是医学博士，他们也确实优秀，但让他们提供与灾难有关的基本医疗服务并不是很好的选择。同时，他们在发出请求时也许完全想不到可能需要在严酷的条件下入睡。当然，也没有人会希望他们在不受保护的情况下在灾难现场四处走动，但灾难现场的很多因素并不可控。追溯过往，尽管这种志愿服务通常会获得灾难救援医疗队的资金支持和旅费报销，但大多数人仍会因完成任务而蒙受损失，有时甚至会造成很大的花销。即便如此，州长办公室还是要对这些志愿者表示敬意。

在深思熟虑之后，卫生和医疗服务职能部门负责人决定将这些皮肤科医生派往灾难恢复中心，那里服务的目标人群是没有医疗补助和保险的受灾者，而这类受灾者人数众多。这么做的目的不是让他们提供无偿（免费护理）服务，无偿服务不仅会对州内皮肤科医生的工作产生不利影响，而且还可能引起政治问题。这些志愿皮肤科医生的主要病人是年轻人和老年人。几周后，对许多青少年以及有切实需求的老年人们而言，他们身上严重却没有每年检查的皮肤问题都得到了解决，并且在这之后既没有出现国会问责，也没有任何州专业协会的愤怒来信，一切问题都得以圆满解决。

11.5.2 教训

有效的应急管理行动必须随机应变。在许多灾难中,应急管理人员都需要前往其他州工作,而来自州政府的支援,不管是政治上的还是非政治上的,应急管理人员都要尽可能地利用起来。没有州长办公室的合作,应急管理人员既无法作出有效的应对,也没办法完成自己分内的恢复工作。

11.6 地方/州/联邦的新兵训练

11.6.1 概况

倘若应急管理人员的工作地点附近幸运地有一个规模庞大的军事基地,并且基地的指挥官也乐于安排新兵参加当地训练和演习的话,那么对这些应急管理工作人员来说,他们就多了一项特殊的职责,即努力为新兵创造最佳的学习环境,而不是仅仅把新兵当作免费且可靠的劳动力(尽管把新兵当作可靠的免费劳动力这一想法就个人而言并没有错)。从这个角度出发,本节不仅是为了建议应急管理人员想办法提升新兵的经验,而且还是为了让他们认识到对年轻新兵的合理培养可以给应急管理人员、新兵自身以及联邦、地方和州的有关部门带来巨大好处。如果这让作者看起来像是故意培养这些新兵并为其提供丰富的经验,那么这个观点正是作者想要表达的。

过去就有很多这样的例子:有人去训练基地,把钱包、电话或其他东西放错了地方,让一个新兵气喘吁吁地去找到这个东西,然后在失主离开基地之前在这个基地里找到失主,把这件失物送过去,这样做同时还能考察新兵对待训练的态度。只要用心去观察他们,任何人都可以从这些年轻的新兵身上看出几乎一致的端正态度。新兵们都沉浸在成为伟大事业的一员中的喜悦中,并且获得了价值不菲的训练和宝贵的生活经验。

11.6.2 教训

这个例子中的教训已在上述正文中进行了说明,即合理运用这些年轻的新兵可以降低联邦、州和当地政府在培训与演习中的资源消耗。同时这也意味着,应急管理人员有责任站在那些新兵的角度,让他们在参与应急管理活动时能够获取尽可能丰富的经验。

11.7 必须认清并着手处理军队发展中出现的各种变化

11.7.1 概况

当人们回顾过去的部署以总结经验教训时，很明显，国民警卫队的资产，甚至军队的资产，包括海军、空军、海岸警卫队和所有军警部门，无论联邦应急管理局是否根据《斯塔福德法案》来报销他们的合理支出，他们都经常在灾难应对和恢复中发挥巨大作用。

几年前，一位作者了解到自己的亲戚即将退休，他当时的军衔是空军 5 级，而他希望能在退休前获得 6 级军衔。作者查看了他亲戚的六个同级别军衔的竞争对手，他担心自己的亲戚根本没戏，因为他亲戚的竞争对手各个都有着很高的学历（空军也是如此），同时在世界各地都担任着许多职务，而且没有任何污点，并获得各种奖项、褒奖和荣誉，因此，无论哪个人得到晋升都是实至名归。比如，他的姐夫是国家级的物流和培训专家，拥有商科硕士学位，在沙特阿拉伯执行了一年的任务，在空军学院任教，获得过很多奖项和成就，他聪明、可敬、有风度，甚至在笑着放弃的时候都显得很英俊。最后正如他所担心的那样，他的亲戚到了年纪也没能获得 6 级军衔，不得不以 5 级军衔退休。

随着征兵人数的减少，这些年轻士兵参与救灾和灾后重建的机会也越来越多。例如，本书的一位作者曾请求一个军方基地的新兵支援演习任务，为大型演习提供武装安全保障或其他任务。作者认为应急管理部门应当利用现有的新兵基地，让新兵参加大型的活动（例如针对某次已知风险和应对措施的演习），提供非武装的安全保障和其他任务。这些任务增加了新兵的演习经验，这对于进行演习和培训的州和联邦机构来说是无价的。

11.7.2 教训

多年来，部队的军官规模一直在萎缩，士官和士兵的人数也在减少。他们已被各种复杂的系统所取代，而在人员编制普遍缩减的同时，战争和冲突也占用了相当一部分人员。在救灾和恢复期间，所有形式的军事人员仍然具有很高的价值和作用，但军方必须从更宏观的角度审视这些人员，以确保将不充裕的资源都能用在刀刃上。

11.8 令人遗憾的是，联邦机构总是重复犯下大错，而不会从中吸取教训

11.8.1 概况

一些人把联邦机构总是重复犯错而不会吸取教训的情况称为联邦的"旅鼠自杀倾向"，而另一些人则简单地称之为联邦的"猴子看猴子做"的做法。举个例子，民政部本应更清楚哪些地方存在风险，但他们却在一些大规模的机构内部会议里犯了一些重大错误，而这些错误最后还被曝光了出来。错误的具体内容并不重要，重要的是这些错误是巨大的、愚蠢的，并且还是公开的。

当然，对所有机构而言，人们应期望其在官方会议的开支问题上能够保持明智的态度，希望民政部的工作人员在工作中能够保持熟练且谨慎的工作作风（遵循联邦政府的"规则"，即：你可以做任何事情，但不要认为自己能够掩盖你所做的事。尤其是当你所犯的错误够大够蠢的话，那这件事就很可能会被曝光）。平心而论，民政部的这次失误可能只是一两位高管的失误所造成的，也有可能是有权势的政治任命为这次的愚蠢行为埋下了伏笔，而这个过程中其他人只是听从指示，侥幸地认为所有的指示都经过了适当的审查，所以肯定能万无一失。

然而许多联邦机构没有从民政部的这次愚蠢行为中吸取教训，而只是简单地叫停了其他非常有用的国家或季度会议。通常来说，一个代理商会选择在拉斯维加斯举行年度或两年一次的会议，因为在那里他可以以每晚低至 79 美元的价格获得带有免费或低成本的高质量会议室。而另一个机构却停止了在纳什维尔"大奥普拉"度假胜地举行的一系列非常成功的年会，尽管那里的房间价格合理，可供数百名工作人员和志愿者使用。叫停这些会议将会破坏相应机构的培训能力、凝聚力，甚至可能破坏机构的招聘潜力。十年后，年度会议这种形式将不复存在。

11.8.2 教训

如前文所说，联邦机构（以及州和地方机构）通常更倾向于避免工作失误，而不是在几种选择中寻求最好的结果，因为这可能需要联邦机构投入更多的人力和物力。但是这种不受欢迎的持续的官僚紧缩政策在影响国家的同时，却似乎并没有让国家或应急管理人员中的任何一方获利。说到底，强调安全行事而不是追求最好结果是应急管理人员应该避免的态度，因为后者就是大多数人加入这个行业的原因。

11.9 只有自身经得起考验，应急管理人员才能获得他人信任

11.9.1 概况

1989 年，美国联邦应急管理局、国防部和美国公共卫生局合作的国家灾难医疗系统从未部署过灾难医疗援助小组，但最近根据《联邦民事侵权法》安排了任务。当志愿者被分配任务时，他们被归类为临时性的联邦雇员，并发展成为一些规模较小的治疗团队，其中只有一支满员编制的灾难医疗救援队，队员人数仅有 35 人。由于没有统一的制服，因此队员们穿着消防部门、应急管理部门和带有卫生部徽标衬衫的各种 T 恤。国防部负责往返于救援队部署相关的空/陆运输，卫生部则负责组织救援队、准备药品和设备，联邦应急管理局则会根据其授权预算付款。而直到现在这一切在国家灾害医疗系统中还是没有任何相关预算。

当准备工作都已完成时，雨果飓风已摧毁了美属维尔京群岛中部的圣克罗斯。国防部接到通知，要求在新墨西哥州的阿尔伯组建救援队，并将其空运至圣克罗斯，当救援队降落后直接在停机坪上待命，以便于接下来进行快速部署。该计划的主管 Tom Reutershan，以及副总监 Stephen Posner 博士进行了首次电话会议，通过这次电话会议二人组织了灾难医疗救援队的首次行动。起初，国防部拒绝了国家灾害医疗系统（灾难医疗救援队的所属单位）Tom Reutershan 申请的飞机，告知他们那架飞机不可用。在得到通知后，Reutershan 马上决定用他的个人信用卡包了一架私人飞机，将 35 人的灾难医疗救援队及其所有设备运送到急需的圣

克罗伊岛上。这是一个非常果断的举动，而且这个举动是基于对联邦应急管理局支付能力的极大信任上的。但是局势迫在眉睫，不容 Reutershan 多想，他的责任就是将救援所需要的人员物资部署到圣克罗斯。

11.9.2 教训

这个被用来部署可能拯救生命的系统，最初是基于 Tom Reutershan 对联邦应急管理局的信任，他认为联邦应急管理局会设法报销他在个人信用卡上支付的私人飞机费用。后来圣克罗伊公共卫生和应急管理工作人员收到通知，联邦应急管理局预计将部署一个应急服务小组，以满足他们的紧急医疗需要。联邦应急管理局相信新建立的国家灾害医疗系统会尽快将资产部署到圣克罗斯，以履行根据组成国家灾害医疗系统的联合机构协议所承担的义务。

11.10 应急管理人员需要学会随机应变

（即便应急管理人员手上的指导手册与本书内容一样详细）

11.10.1 概况

在一场 500 年一遇的洪灾中，本书作者在（多个州的联邦政府宣布的）灾情最严重的时候被派去担任卫生和医疗服务职能部门的州卫生代表一职，负责对一个第三方报告表明需要援助的乡村社区进行现场评估。但是这个社区及所属县的应急管理人员并没有直接向上申请这次援助。

这类实地行动任务的一个有趣的地方是，对于这类活动官方一般不会准备任何计划，任务的完成在很大程度上要依靠行动人员的随机应变。作者几年前曾在社区救援时就是这么做的，当时他有一辆四轮驱动的汽车，并配有一套不错的通信设备。

这个社区已经断电数日了，当作者沿着小溪旁的一条小路走近社区时，他注意到树林中有一个 15 英尺范围的废墟。有溪水从废墟中流过。当作者抵达社区后，他发现幸存者们都忙着求生，他们没有时间去联系任何人，因为社区里缺乏电力，也缺乏可用的通信工具。志愿消防队队长的住所已被大水冲走，但他们正在设法应对这一问题。消防队队长将作者带到一所被改建为庇护所和厨房的教堂。

令作者不安的是,那里的人们坐在餐桌上,用公用的爆米花碗吃饭。而厨房里的人们正在用科尔曼炉子做爆米花。作者清楚,这个社区与许多农村地区一样,都高度依赖井水和化粪池系统。因此这片区域在最近出现的洪水消退后,将没有干净的水可用。而伴随着断电,人们几乎没法将水烧开,更没有地方可以如厕。这个社区以及两个邻近社区与正常生活完全脱节了。严重的老龄化问题同样是一个重要的影响因素,而且其中大部分老年人存在健康、功能和行动能力问题。

一位与作者是朋友的治安官从邻县来到了这里(他的家乡没有直达此地的道路)。治安官、消防队队长和作者三个人举行了一次会议,在会议上,大家达成了共识,即只要能得到受灾的几个县政府的支持,就能够组成一个由地方、县和州三个级别政府组成的地区指挥部。治安官负责去取得联系,作者与州卫生局进行协商,最后当地县政府和州政府都同意了这一提议。作者认为,接下来要做的就是要满足从县政府到州卫生局的需求。这项工作的一部分内容是通过州和联邦一级的卫生和医疗服务职能部门联系人提出工作请求,并向州应急管理局发出回执通知。州应急管理局运行模式属于流程驱动,通过这个审批程序的请求出现了一定的延迟。

最初的求助消息都与居民的基本生存需求相关:
- 饮用水(生命安全问题);
- 由州林业总管理团队建立 ICS(组织与文件至关重要);
- 为当地人和(维持生命和稳定)紧急运输提供强大的后勤保障;
- 对社区提供医疗支援,因为灾后这里的居民无法得到正常的健康服务。

在这一周里,本书作者为了处理这些数量庞大的问题,甚至都睡在消防局长办公室的地板上。
- 燃烧居民清理工作中堆积的废物;
- 开设一个配备有国民警卫队医务人员的诊所(包括让一名军官暂时停职,因为他不想让军事医务人员治疗平民,尽管这正是警卫人员在担任平民职务时所做的事情)。为了让诊所恢复营业,作者不得不回过头去找一个比现场官员级别更高的官员;
- 清空可能会燃烧甚至烧毁建筑物的干草仓库;
- 确保人们不再饮用有异味的水。当时通过 CH-47 运输直升机运来的饮用水有异味。

总而言之,ICS 计划的实施,包括定期简报和制订事故行动计划,是响应各地求助和恢复工作的关键。由于这名作者所做的努力以及所制订的计划,他获得了州卫生局颁发的酋长勋章和州长的表扬信。

11.10.2 教训

应急管理人员在其职业生涯中总会发现自己需要处理一些没有现成答案的复杂局面。回到幸存者需求的优先顺序的问题上，在这个问题上应急管理人员必须以人际关系和常识为指南。不要幻想一劳永逸，凡事要一步一步来，同时要设定明确的目标，以确保自己在朝正确的方向前进。向外界求助的确是处理紧急问题时的一个优先选择，但在生命安全问题上，应急管理人员有时需要由自己决定到底是为幸存者提供支持或为避免逾矩而袖手旁观。违反章程可能会影响职业生涯，因此在做出决策时一定要把握尺度。

参考文献

1. Waugh, W. L., Jr.; Tierney, K., Eds. *ICMA Green Book Emergency Management: Principles and Practices for Local Government*, 2nd ed. ICMA, 2009, p. 1.
2. Haddow, G. D.; Bullock, J. A.; Coppola, D. P. *Introduction to Emergency Management*, 6th ed.; Elsevier: Oxford; Cambridge, MA, 2017. p xiii, 1, 15, 16, 18, 19, 36, 40–46, 46–49, 52–57, 61–64, 66–68, 69–70, 73–74, 99–100, 205, 207, 418.
3. Gawande, A. *The Checklist Manifesto: How to Get Things Right; Metropolitan Books*; Henry Holt & Company: New York & London, 2009. p 5. 79.
4. Simon, H. A. *Administrative Behavior: A Study of Decision-Making Processes in Administrative Organizations*, 4th ed.; The Free Press: New York & London, 1997, p. 87.
5. Adamski, T.; Kline, B.; Tyrell, T. FEMA Reorganization and the Response to Hurricane Disaster Relief. *Perspect. Public Aff.* **2006**, *3*, 22–23.
6. Stallard, D.; Sanger, K. The Failure of Success Revisited; In *The Nathan Solution to the Bathsheba Syndrome*; 2018; Vol. 98(4). https://www.academia.edu/6570487/Nathan_Solution_to_the_Bathsheba_Syndrome (Accessed 04.08.2018).
7. The Lightning Press. *About the Military Decision Making Process (MDMP)*, 2018. https://www.thelightningpress.com/about-the-military-decisionmaking-process-mdmp/ (Accessed 24.07).
8. The Lightning Press. *Military Decision Making Process (MDMP)*, 2018. https://www.the-lightningpress.com/military-decision-making-process-mdmp/ (Accessed 24.07.2018).
9. Rule, J. N. *A Symbiotic Relationship: The OODA Loop, Intuition, and Strategic Thought*; The Strategy Research Project, 2013.
10. Gladwell, M. M. *Blink: The Power of Thinking Without Thinking*; Little, Brown & Company: New York, 2005. p. 184.
11. McKay, B.; McKay, K. *The Tao of Boyd: How to Master the OODA Loop*. https://www.artofmanliness.com/articles/ooda-loop/.
12. Hammond, G. T. The Mind of War: John Boyd and American Security; In *Smithsonian Books*; 2004. Quoted in McKay, B.; McKay, K. The Tao of Boyd: How to Master the OODA Loop. https://www.artofmanliness.com/articles/ooda-loop/.
13. Osinga, F. P. *Science, Strategy and War: The Strategic Theory of John Boyd*; Taylor and Francis: New York, 2007.
14. Pearson, T. *The Ultimate Guide to the OODA Loop: How to Turn Uncertainty into Opportunity*, 2018. https://taylorpearson.me/ooda-loop/ (Accessed 05.04.2018).
15. Hightower, T. *Boyd's OODA Loop and How We Use It*; Tactical Response, 2018. https://www.tacticalresponse.com/blogs/library/18649427-boyd-s-o-o-d-a-loop-and-how-we-use-it> (Accessed 26.07.2018).
16. Lubitz, D. K.; Beakley, J. E.; Patricelli, F. *'All Hazards Approach' to Disaster Management: The Role of Information and Knowledge Management, Boyd's OODA Loop, and Network-Centricity*, 2018. https://www.ncbi.nlm.nih.gov/pubmed/18479475 (Accessed 07.07.2018) (PubMed).
17. Buchanan, L.; O'Connell, A. *A Brief History of Decision Making*; Harvard Business Review, 2018. https://hbr.org//2006/01/a-brief-history-of-decision-making. (Accessed 02.01.2018).
18. Stanford Encyclopedia of Philosophy *Aristotle's Ethics*, 2018. https://plato.stanford.edu/entries/aristotle-ethics/ (Accessed 21.03.2018).
19. Krueger, J. *Reason and Emotion: A Note on Plato, Darwin and Damasio*; Psychology Today, 2018. https://www.psychologytoday.com/us/blog/one-among-many/201006/reason-and-emotion-note-plato-darwin-and-damasio (Accessed 01.04.2018).
20. Kahneman, D. *Thinking, Fast and Slow*. Ferrar, Strauss and Giroux, 2011; p 8, 11, 12, 28, 80–81, 84–85, 88, 90, 131, 206, 207, 224–225, 324, 333, 324.
21. Mansbridge, J. J., Ed. *Beyond Self Interest*; Chicago & London: University Press, 1990.
22. Levy, J. M. *Contemporary Urban Planning*. 2nd ed.; Prentice Hall: New Jersey, 1998; p 274, 275, 278.

23. Braybrooke, D.; Lindblom, C. E. *A Strategy of Decision: Policy Evaluation as a Social Process*. Collier Macmillian Publishers: London, 1970; p vi, vii.
24. Lewis, M. *The Undoing Project*. W.W. Norton & Company, 2012; p 164, 334, 336.
25. Rogers, P.; Blenko, M. W. *Who Has the D? How Clear Decision Roles Enhance Organizational Performance*; Harvard Business Review, 2018. https://hbr.org/2006/01/who-has-the-d-how-clear-decision-roles-enhance-organizational-performance (Accessed 02.01.2018).
26. Kahneman, D.; Rosenfield, A. M.; Rosenfield, L. G.; Blaser, T. *Noise: How to Overcome the High, Hidden Costs of Inconsistent Decision Making*; Harvard Business Review, 2018. https://hbr.org/2016/10/noise (Accessed 19.02.2018).
27. Jacobs, A. *How to Think: A Survival Guide for a World at Odds*. Crown Publishing, A Division of Penguin Random House, LLC: New York, 2017; p 16, 17, 22, 58–63, 86, 87, 155, 156.
28. Haidt, J. *The Righteous Mind; Why Good People are Divided by Politics and Religion*. Vintage Books, A Division of Random House, Inc., 2012; p xx, xxi, 32.
29. Eliot, T. S. *The Sacred Wood: Essay on Poetry and Criticism*; Alfred A. Knopf: New York, 1921. Quoted in Jacobs, A. How to Think: A Survival Guide for a World at Odds; Crown Publishing, a Division of Penguin Random House, LLC: New York, 2017; p. 16, 17, 86, 87.
30. Wilson, T. *Strangers to Ourselves: Discovering the Adaptive Unconscious*; Harvard University Press: Cambridge, 2002, p. 12.
31. Thaler, R. H. *Misbehaving: The making of Behavioral Economics*; W.W. Norton & Company: New York; London, 2015; p 19.
32. Ovid; Johnston, I. (translator). *Media, in Metamorphosis, Book VII*. http://johnstoniatexts.x10host.com/ovid/ovid7html.html.
33. Buonamano, D. *Brain Bugs: How the Brain's Flaws Shape Our Lives*; W.W. Norton & Company: New York & London, 2011.2. 3.
34. Fine, C. A. *Mind of Its Own: How Your Brain Distorts and Deceives*; W.W. Norton & Company, 2006; pp 82–84.
35. Bornstein, R. F. Exposure and Affect: Overview and Meta-Analysis of Research, 1968–1987. *Psychol. Bull.* **1989**, *106*, 265–289. Quoted in Buonamano, D. Brain Bugs: How the Brain's Flaws Shape Our Lives; W.W. Norton & Company: New York & London; p. 2, 3.
36. Kuhn, D. Children and Adults as Intuitive Scientists. *Psychol. Rev.* **1989**, *96*, 764–789. Quoted in Haidt, J. The Righteous Mind; Why Good People are Divided by Politics and Religion; Vintage Books, A Division of Random House, Inc., 2012; p. xx, 32.
37. Janis, I. L. *Groupthink: Psychological Studies of Policy Decisions and Fiascos*, 2nd ed.; Houghton Mifflin Company: Boston, 1982; p vii, viii, 2, 5–9, 89–90.
38. Le Bon, G. *The Crowd*; The Viking Press: New York, 1964.
39. Rude, G. *The Crowd in History: A Study of Popular Disturbances in France And England, 1730-1848*; John Eiles & Sons: New York, 1964.
40. Kingdon, J. W. *Agendas, Alternatives and Public Policies*; Harper Collins: New York, 1995; pp 89–91.
41. Hoffer, E. *The True Believer: Thoughts on the Nature of Mass Movements*; Harper & Rowe: New York, 1951.
42. Sharot, T. *The Influential Mind: What the Brain Reveals About Our Power to Change Others*; Henry Holt and Company: New York, 2017; pp 15–17, 25.
43. Apenwarr. *The Curse of Smart People*, 2018. https://apenwarr.ca/log/20140701 (Accessed 29.03.2018). Quoted in Jacobs, A. How to Think: A Survival Guide for a World at Odds; Crown Publishing, A Division of Penguin Random House, LLC: New York, 2017; p. 58.
44. Kakkar, H.; Sivanathan, N. *Why We Prefer Dominant Leaders in Uncertain Times*; Harvard Business Review, 2017. https://hbr.org/2017/08/why-we-prefer-dominant-leaders-in-uncertain-times%20accessed%2001//20/2018/ (Accessed 11.08.2017).
45. Meehl, P. Causes and Effects of My Disturbing Little Book. *J. Pers. Assess.* **1986**, *50*, 370–375.
46. Finkelstein, S.; Whitehead, J.; Campbell, A. *Think Again: Why Good Leaders Make Bad Decisions and How to Keep It From Happening to You*; Harvard University Press: Boston, 2008; p x–xii, 8–11, 52, 76, 77, 114, 160–169.

47. Allison, G. T. Conceptual Models and the Cuban Missile Crisis. *Am. Polit. Sci. Rev.* **1969**, *LXIII*(3). Reproduced with permission in Classics of Public Policy; Pierson-Longman: New York, 248–271.
48. Niskanen, W. A., Jr. *Bureaucracy and Representative Government*; Aldine-Atherton: Chicago, 1971.5. 21–22, 38.
49. Niskanen, W. A., Jr. Bureaucrats and Politicians. *J. Law Econ.* **1975**, *18*, 617–643.
50. Global Centre for Public Service Excellence *What We Offer to UNDP Offices and Partner Governments*, 2018. http://www.undp.org/content/dam/undp/library/capacity-development/English/Singapore%20Centre/GCPSE_OurServices%203July17.pdf (Accessed 16.10.2018).
51. Wilson, J.; Bureaucracy, Q. *What Government Agencies Do and Why They Do It*; Basic Books: New York, 1998; p ix, xv, 199.
52. Golden, M. M. *What Motivates Bureaucracy? Politics and Administration During the Reagan Years*; Columbia University Press: New York, 2000; p 1, 8–26, 72, 171.
53. Peters, G., Pierre, J., Eds. *The Handbook of Public Administration*; Sage Publication: London; New Delhi; Singapore, 2007; p 200.
54. Moe, T. M. Regulatory Performance and Presidential Administration. *Am. J. Polit. Sci.* **1982**, *26*, 197–223.
55. Wood, B. D.; Waterman, R. W. The Dynamics of Political Control of the Bureaucracy. *Am. Polit. Sci. Rev.* **1991**, *85*(3), 801–828.
56. Lipsky, M. *Street Level Bureaucrats as Policy Makers From Street Level Bureaucracy: Dilemmas of the Individual in Public Service*; Russel Sage Foundation, 1980. Reprinted with permission in Classics of Public Policy; Pierson-Longman: New York, 2005; p. 2, 51.
57. Wildavsky, A.; Pressman, J. L. *Implementation*; 2nd ed.; The University of California: Berkeley; Los Angeles, 1973.
58. Boorman, D. J. *Reducing Flight Crew Errors and Minimizing New Error Modes with Electronic Checklists*. In *Proceedings of the international Conference on Human Computer Interactions in Aeronautics*; 2000; pp 457–463. (Editions Ce'Paude's). Quoted in Gawande, A. The Checklist Manifesto: How to Get Things Right; Metropolitan Books, Henry Holt & Company: New York & London, 2009; p. 122–124.
59. Boorman, D. J. Today's Electronic Checklists Reduce Likelihood of Crew Errors and Help Prevent Mishaps. *ICAO J.* **2001**, *56*, 17–20. Quoted in Gawande, A. The Checklist Manifesto: How to Get Things Right; Metropolitan Books, Henry Holt & Company: New York & London, 2009; p. 122–124.
60. Wilson, E. O. *Sociobiology*; The Harvard University Press: Cambridge, 1975. 2980, ix, xv, 199.
61. Hamilton, W. D. The Evolution of Altruistic Behavior. *Am. Nat.* **1963**, *97*, 354.
62. Axelrod, R. *The Evolution of Cooperation*; revised ed.; Basic Books: New York, 1984; pp. 20–23, 38, 39.
63. Drabek, T. E., Hoetmer, G. J., Eds. *Emergency Management: Principles and Practices for Local Government, The Municipal Management Series*; The International City Managers Association: Washington, DC, 1992, pp. 134, 135.
64. Gilbert, E. Crash Course. *The New York Times* **2018**.
65. Schwartz, J. Humans Are Making Hurricans Worse. Here's How; *The New York Times* **2018**, https://www.nytimes.com/2018/09/19/climate/humans-hurricanes-causes-effects.html.
66. Teutsch, K. *Effective Disaster Management Strategies in the 21st Century*; Government Technology, 2018. https://www.govtech.com/em/disaster/Effective-Disaster-Management-Strategies.html (Accessed 11.12.2018).
67. Waugh, W. L.; Tierney, K. *Emergency Management: Principles and Practice for Local Government*. 2nd ed.; ICMA: Washington, DC, 2014; p 4, 6, 9, 15, 18, 98–100, 260, citing Ref. 69.
68. Waugh, W. L., Jr. *Terrorism as Disaster*; Disaster Research, 2017.
69. Waugh, W. L., Jr. Mechanisms for Collaborations: ICS, NIMS, and the Problem of Command and Control. In *The Collaborative Manager*; Georgetown University Press, 2008.
70. MacDonald, H. Why the FBI Didn't Stop 9/11: Blame Elite Beliefs and Clinton-Era Edicts; *City J.* **2018**. https://www.city-journal.org/html/why-fbi-didn%E2%80%99t-stop-911-12373.html (Accessed 06.12.2018).

71. Eichwald, K. The Deafness Before the Storm: It Was Perhaps the Most Famous Presidential Briefing in History. *The New York Times* **2012**.
72. *National Commission on Terrorist Attacks Upon the United States. Foresight and Hindsight*, 2018; https://govinfo.library.unt.edu/911/report/911Report_Ch11.htm (Accessed 27.11.2018).
73. Government Executive. *Katrina 10: An Oral History*. https://www.govexec.com/feature/katrina-10/.
74. *Mass Medical Evacuation: Hurricane Katrina and Nursing Experiences at the New Orleans Airport*; U.S. National Library of Medicine, 2018. https://www.ncbi.nlm.nih.gov/pubmed/17517364 (Accessed 26.07.2018).
75. Bluestein, G. *Army General Recalls Katrina Aftermath*; The Associated Press, 2018. http://www.washingtonpost.com/wp-dyn/content/article/2006/09/07/AR2006090700163_pf.html (Accessed 02.08.2018).
76. The Washington Post. *Want Better, Smaller Governments? Hire Another Million Federal Bureaucrats*, 2018. https://www.washingtonpost.com/opinions/want-better-smaller-government-hire-1-million-more-federal-bureaucrats/2014/08/29/c0bc1480-2c72-11e4-994d-202962a9150c_story.html?noredirect=on&utm_term=.6e290fb1796a (Accessed 12.11.2018).
77. SSRN. *Public Accountability: Performance Measurement, the Extended State, and the Search for Trust*, 2011. https://papers.ssrn.com/sol3/papers.cfm?abstract_id=1875024.
78. The Economist. *Weather-Related Disasters Are Increasing: But the Number of Deaths Caused by Them Is Falling*, 2018. https://www.economist.com/graphic-detail/2017/08/29/weather-related-disasters-are-increasing (Accessed 01.08.2018).
79. Crosset, K. M.; et al. Population Trends Along the Coastal United States: 1980–2008. Coastal Trends Report Series; 2004. Quoted in Waugh, W. L.; Tierney, K. Emergency Management: Principles and Practice for Local Government, 2nd ed.; An ICMA Green Book, ICMA.
80. Sutter, J. D.; Santiago, L. *Hurricane Maria Death Toll May Be More Than 4,600 in Puerto Rico*; CNN, 2018. https://www.cnn.com/2018/05/29/us/puerto-rico-hurricane-maria-death-toll/index.html (Accessed 01.08.2018).
81. Fuller, T.; Turkewitz, J. Dry Weather and Roaring Wildfires: 'New Normal.'. *The New York Times* **2018**, A13.
82. Grieving, S.; Fleischhauer, M.; Wanczura, S. Management of Natural Hazards in Europe: The Role of Spatial Planning in Selected EU Member States. *J. Environ. Plan. Manage.* **2006**, *49*(5), 739–757.
83. Waugh, W. L. Mechanisms for Collaboration in Emergency Management, ICS, NIMS, and the Problem of Command and Control. In *The Collaborative Public Manager: New Ideas for the 21st Century*, 2009. Quoted in Waugh, W. L.; Tierney, K. Emergency Management: Principles and Practice for Local Government, 2nd ed.; An ICMA Green Book, ICMA.
84. Drabek, T. E. *The Professional Emergency Manager*; Institute for Behavioral Science: Boulder, 1987.
85. Waugh, W. L.; Tierney, K. Emergency Management: Principles and Practice for Local Government, 2nd ed.; *An ICMA Green Book*; ICMA, 2007, pp. 7–9.
86. Government Technology. *Using Data Analytics as a Viable Way to Facilitate Resilience and Better Recovery*, 2018. https://www.govtech.com/em/preparedness/Using-Data-Analytics-as-a-Viable-Way-to-Facilitate-Resilience-and-Better-Recovery.html (Accessed 11.08.2018).
87. McGuire, M. The New Professionalization and Collaborative Activity in Local Emergency management. In *The Cooperative Public Manager…*, 2009, p 73. 47.
88. Rackley, K.; Standard, A. *New App Helps People Stay Safe During Natural Disasters*; Government Technology, 2018. https://www.govtech.com/em/preparedness/New-App-Helps-People-Stay-Safe-During-Natural-Disasters.html (Accessed 16.07.2018).
89. NOAA. *National Centers for Environmental Information. National Climate Report—March 2019*, 2019. https://www.ncdc.noaa.gov/sotc/national/?Set-Language=arte (Accessed 15.09.2018).
90. Briscoe, T. Climate Report a Warning for Midwest. *The Chicago Tribune* **2018**, *1*, 15.
91. Robles, F.; Patel, J. K. With Paltry Housing Aid, Lives in Puerto Rico Remain in Ruins. *The New York Times* **2018**, A13–A16.

参考文献

92. McKay, J. *Long-Term Recovery Never Ends for Some After Natural Disasters*; Government Technology, 2018. https://www.govtech.com/em/disaster/Long-Term-Recovery-Never-Ends-for-Some-After-Natural-Disasters.html (Accessed 11.12.2018).
93. Government Technology. *Survivors of Disaster Often Victims a Second Time*, 2018. https://www.govtech.com/em/disaster/Survivors-of-Disaster-Often-Victims-a-Second-Time.html (Accessed 12.06.2018).
94. Schwartz, S. *A Government Technology Case Study*; AT&T, 2018.
95. Salamon, L.; et al. *Nonprofit Employment Bulletin: No. 39*. The Johns Hopkins Nonprofit Economic Data Project, 2012; p 2. Quoted in DiIulio, J. Bring Back the Bureaucrats, 2014: Why More Federal Bureaucrats Will Lead to Better (and Smaller) Government. Templeton Press: Conshohocken, 2014.
96. Homeland Security. *Critical Infrastructure Sectors*. https://www.dhs.gov/cisa/critical-infrastructure-sectors.
97. Fagel, M. J. *Fagel's Principles of Emergency Management and Emergency Operations Centers (EOC)*; CRC Press, 2011.
98. Henderson, D. A.; Inglesby, T. V.; O'Toole, T. *Bioterrorism: Guidelines for Medical and Public Health Management*; JAMA, 2002.
99. Glarum, J.; Birou, D.; Cetaruk, E. *Hospital Response Teams*; Elsevier, 2010.
100. United Nations Department of Economic and Social Affairs, *Majority of the World's Cities Highly Exposed to Disasters, UN DESA Warns on World Cities Day*, 2018. https://www.un.org/development/desa/en/news/population/world-cities-day-2018.html (Accessed 18.09.2018).
101. Schwartz, J. The Cities of Tomorrow. *The New York Times* **2018**, F1–F8.
102. Keim, M.; Floods, E. *Koenig and Schultz's Disaster Medicine*, 2nd ed.; Cambridge University Press, 2016; pp 602–616.
103. National Weather Service. *Flood Safety Tips and Resources*, 2018. https://www.weather.gov/safety/flood (Accessed 22.07.2018).
104. News and Observer. *Florence Bathed NC in Raw Sewage. New Figures Show It Was Even Worse Than We Thought*, 2019. https://www.newsobserver.com/news/business/article223328915.html (Accessed 22.02.2019).
105. Environment. *The EU Floods Directive*; European Commission, 2019. http://ec.europa.eu/environment/water/flood_risk/com.htm (Accessed 11.04.2019).
106. Schwarze, R.; Schwindt, M.; et al. *Natural Hazard Insurance in Europe: Tailored Responses to Climate Change Are Needed*; Wiley Online Library, 2010. https://www.researchgate.net/publication/227523973_Natural_Hazard_Insurance_in_Europe_Tailored_Responses_to_Climate_Change_are_Needed>.
107. Government Technology. *Houston Must Build Resilience to Avoid Next Flood, Hurricane Disaster, Insurer's Report Finds*, 2018. https://www.govtech.com/em/preparedness/Houston-Must-Build-Resilience-to-Avoid-Next-Flood-Hurricane-Disaster-Insurers-Report-Finds.html (Accessed 10.07.2018).
108. Miami Herald. *Your Coastal Property Has Already Lost Value to Sea Rise. This Site Can Tell You How Much*, 2018. https://www.miamiherald.com/news/local/environment/article215421425.html (Accessed 01.08.2018).
109. Miller, J. A. *Credit Downgraded Threat as a Non-regulatory Driver for Flood Risk Mitigation and Sea Level Rise Adaptation*; University of Pennsylvania's Scholarly Commons, 2018. Quoted by Weinstein, S.; et al. disaster_law@lists.berkeley.edu.
110. Penn Libraries Scholarly Commons. *Credit Downgrade Threat as a Non-Regulatory Driver for Flood Risk Mitigation and Sea Level Rise Adaptation*, 2019. https://repository.upenn.edu/mes_capstones/73/ (Accessed 24.01.2019).
111. Houston Chronicle. *Flood Games*, 2019. https://repository.upenn.edu/mes_capstones/73/ (Accessed 18.03.2019).
112. Barron, J. City Soaking Up Lessons From Denmark on Floods. *The New York Times* **2018**, A22.
113. Stratton, J. W. *Earthquakes*, in The Public Health Consequences of Disasters: 1989, A CDC Monograph; Department of Health and Human Services, U.S. Public Health Service, Centers for Disease Control and Prevention, 1989; p 13.

114. Mid-America Earthquake Center. *New Madrid Seismic Zone Catastrophic Earthquake Response Planning Project*, 2018. http://cusec.org/documents/scenarios/2009_Scenario_MAE_Center_Vol_I.pdf (Accessed 09.07.2018).
115. Government Technology. *Catastrophic Earthquakes Could Leave 250,000–400,000 Refugees in California*, 2018. https://www.govtech.com/em/preparedness/Catastrophic-Earthquakes-Could-Leave-250000-400000-Refugees-in-California.html (Accessed 30.10.2018).
116. FEMA. *Building Codes in the New Madrid Seismic Zone (NMSZ)*, 2018. https://www.iccsafe.org/gr/Documents/AdoptionToolkit/nmsz_building_code_adoption.pdf (Accessed 12.07.2018).
117. The New York Times. *San Francisco's Big Seismic Gamble*, 2018. https://www.nytimes.com/interactive/2018/04/17/us/san-francisco-earthquake-seismic-gamble.html?mtrref=undefined&gwh=1E7EFA9CF5D3F253AB8C8B9EF78E0C69&gwt=pay (Accessed 21.09.2018).
118. Strategy+Business. *The Best Management Is Less Management*, 2019. https://www.strategy-business.com/article/The-Best-Management-Is-Less-Management (Accessed 05.01.2019).
119. The National Geographic. *These Are the Most Dangerous U.S. Volcanoes, Scientists Say*, 2018. https://www.nationalgeographic.com/science/2018/10/news-most-dangerous-volcanoes-usgs-list-geology.html.
120. Jones, L. *The Big Ones: How Natural Disasters Have Shaped Us and What We Can Do About Them*; Vols. 1–6; DoubleDay: New York, 2018; pp. 22, 52–56.
121. Baxter, P.; Volcanoes, J. *Koenig and Schultz's Disaster Medicine*, 2nd ed.; Cambridge University Press, 2016; pp 732–736.
122. Stratton, S. L. Tsunamis. In *Koenig and Schultz's Disaster Medicine: Comprehensive Principles and Practices*, 2nd ed; Cambridge University Press, 2016; p. 661–668; Ref. 2, pp. 52–54.
123. Science on a Sphere. *Tsunami Historical Series: Samoa—2009*, 2019. https://sos.noaa.gov/datasets/tsunami-historical-series-samoa-2009/ (Accessed 24.03.2019).
124. NBC. *List: Historic Tsunamis on California's Coast*, 2019. https://www.nbclosangeles.com/news/local/Earthquake-Tsunami-California-Waves-History-Damage-470704043.html (Accessed 24.03.2019).
125. Solomon, B. C. Hope All But Gone, Keeping Vigil for Missing in the Indonesian Disaster. *The New York Times* **2018**, A5.
126. Woods Hole Oceanographic, 2019. https://www.whoi.edu/ (Accessed 26.03.2019).
127. The New York Times. *Satellite Photos of Japan, Before and After the Quake and Tsunami*, 2019. http://archive.nytimes.com/www.nytimes.com/interactive/2011/03/13/world/asia/satellite-photos-japan-before-and-after-tsunami.html?_r=0 (Accessed 26.03.2019).
128. Science on a Sphere. *What Is Science on a Sphere®?*, 2019. https://sos.noaa.gov/What_is_SOS/ (Accessed 27.03.2019).
129. Springer Link. *Observations and Impacts From the 2010 Chilean and 2011 Japanese Tsunamis in California (USA)*, 2019. https://link.springer.com/article/10.1007/s00024-012-0527-z (Accessed 27.03.2019).
130. Ready.Gov. *Voluntary Organizations Active in Disaster*, 2019. https://www.ready.gov/voluntary-organizations-active-disaster (Accessed 15.03.2019).
131. Kidney Community Emergency Response. *Healthcare Coalition List by State*, 2019. https://www.kcercoalition.com/en/resources/professional-resources/cms-emergency-preparedness-rule/state-healthcare-coalitions-list/healthcare-coalition-list-by-state/ (Accessed 15.03.2019).
132. Government Technology. *The World Has Never Seen a Category 6 Hurricane, But the Day May Be Coming*, 2018. https://www.govtech.com/em/preparedness/The-World-Has-Never-Seen-a-Category-6-Hurricane-but-the-Day-May-be-Coming.html.
133. Government Technology. *Bigger, Wetter, Costlier: Studies Suggest Trend of Slower, Wetter Hurricanes as County Reviews Lessons Learned*, 2018. https://www.govtech.com/em/preparedness/Bigger-Wetter-Costlier-Studies-suggest-trend-of-slower-wetter-hurricanes-as-county-reviews-lessons-learned.html (Accessed 10.07.2018).

134. Government Technology. *Hurricane Michael Reminds Us It's Past Time to Get Smarter About Where We Build*, 2018. https://www.govtech.com/em/preparedness/Hurricane-Michael-Reminds-us-its-Past-Time-to-get-Smarter-About-Where-we-Build.html?utm_term=READ%20MORE&utm_campaign=It%27s%20Past%20Time%20to%20be%20Smarter%20About%20Where%20We%20Build&utm_content=email&utm_source=Act-On+Software&utm_medium=email (Accessed 26.10.2018).
135. Pierre-Louis, K. 3 Hurricane Misconceptions Scientists Want to Set Straight. *The New York Times* **2018**, A18.
136. 2017 Hurricane Season FEMA After-Action Report; 2018 (Accessed 12.07.2018).
137. U.S. Department of Health and Human Services. *The Emergency Prescription Assistance Program*, 2019. https://www.phe.gov/Preparedness/planning/epap/Pages/default.aspx (Accessed 02.02.2019).
138. ASPR Blog. *Modernizing the National Disaster Medical System to Meet the Health Security Threats of the 21st Century*, 2018. https://www.phe.gov/ASPRBlog/Lists/Posts/Post.aspx?ID=316.
139. Radio Farda. *Analysis: Iran's Failed Response to Natural Disasters*, 2018. https://en.radiofarda.com/a/iran-response-to-natural-disasters-weak/28864340.html (Accessed 11.12.2018).
140. Wightman, J. M.; Dice, W. H. Winter Storms and Hazards. In *Koenig and Schutlz's Disaster Medicine*, 2nd ed; Cambridge University Press, 2016, p 670.
141. Sanderson, L. M.; Gregg, M. B. Tornados. In *The Public Health Consequences of Disasters*, US Department of Health and Human Services, Public Health Service, 1989, p 39.
142. Patton, A. J. *Surviving the Storm: Sheltering in the May 2003 Tornadoes, Moore, Oklahoma*; Quick Response Report 163, Natural Hazards Research and Applications Center, University of Colorado: Boulder, 2003.
143. Government Technology. *New App Helps People Stay Safe During Natural Disasters*, 2018. https://www.govtech.com/em/preparedness/New-App-Helps-People-Stay-Safe-During-Natural-Disasters.html.
144. Pyne, S. J. *Fire Fundamentals: A Primer on Wildland Fire for Journalists*, 2018. https://en.radiofarda.com/a/iran-response-to-natural-disasters-weak/28864340.html (Accessed 2018).
145. AMS100. *Free Access Water, Drought, Climate Change, and Conflict in Syria*, 2018. https://journals.ametsoc.org/doi/full/10.1175/WCAS-D-13-00059.1 (Accessed 12.03.2018).
146. ReliefWeb. *Editor's Pick: 10 Violent Water Conflicts*, 2018. https://reliefweb.int/report/world/editor-s-pick-10-violent-water-conflicts (Accessed 21.11.2018).
147. National Integrated Drought Information Systems. *Advancing Drought Science and Preparedness across the Nation*, 2018. https://www.drought.gov/drought/ (Accessed 21.08.2018).
148. No-Till Farmer. *Possible Solution for Helping Ogallala Aquifer Woes?*, 2018. https://www.no-tillfarmer.com/blogs/1-covering-no-till/post/6097-possible-solution-for-helping-ogallala-aquifer-woes (Accessed 28.11.2018).
149. Schilling, M. K. Dust to Dust. *Newsweek* **2018**, 32.
150. Government Technology. *Increasingly Intense Wildfires Becoming More of a Threat to Water Supplies*, 2018. https://www.govtech.com/em/preparedness/Increasingly-Intense-Wildfires-Becoming-More-of-a-Threat-to-Water-Supplies.html.
151. Anderson, C.; Cowell, A. A Very Strange Year in Sweden, as Wildfires Reach the Arctic Circle. *The New York Times* **2018**, 15.
152. NCA 2018. *Fourth National Climate Assessment*, 2018. https://nca2018.globalchange.gov/ (Accessed 03.03.2018).
153. Holden, C. How to Live With Wildfires. *The New York Times* **2018**, 7.
154. Serna, J. San Francisco Sets All-Time Heat Record Downtown at 106 Degrees During State's Hottest Recorded Summer. *Los Angeles Times* **2017**.
155. United States Environmental Protection Agency. *The Excessive Heat Events Guidebook*, 2018. https://www.epa.gov/heat-islands (Accessed 22.09.2018).
156. Adrianopoli, C.; Jacoby, I. *Koenig and Schultz's Disaster Medicine* 2nd ed.; Cambridge University Press, 2016; p 699.

157. Why Do Older Patients Die in a Heatwave? *QJM* **2005** https://academic.oup.com/qjmed/article/98/3/227/1538832.
158. Sengupta, S. In India, Summer Heat Becomes a 'Silent Killer': 111 Days Hit Poor the Hardest. *The New York Times* **2018**, A1. A9.
159. Part II, Technological Hazards. In *Principal Threats Facing Communities and Local Emergency Management Coordinators*, FEMA, 1993, pp 249–251.
160. National Center for Biotechnology Information. *Three Mile Island and Bhopal: Lessons Learned and Not Learned*, 2018. https://www.ncbi.nlm.nih.gov/books/NBK217577/ (Accessed 22.07.2018).
161. Kushner, H. W., Ed *Terrorism in the 21st Century*, Sage Publications, 2001. 44(6).
162. Bolz, F., Jr.; Dudonis, K. J.; Schultz, D. P. *The Counterterrorism Handbook: Tactics, Procedure, and Techniques*, 4th ed.; CRC Press: Boca Raton; London; New York, 2009.
163. Dickey, C. *Securing the City: Inside America's Best Counter Force—The NYPD*; Simon and Schuster: New York; London, 2010.
164. Priest, R. *Hot Zone: A Terrifying True Story*; Anchor Books: New York, 1994.
165. FEMA: In or Out; Department of Homeland Security, Office of the Inspector General Report, 2009. Quoted in Haddow, G. D.; Bullock, J. A.; Coppola, D. P. Introduction to Emergency Management, 6th ed.; Elsevier: Oxford and Cambridge, MA, 2017; p. 418, 419.
166. Nixon, R.; Hirschfeld Davis, J.; Glanz, J. Storm Present Test for FEMA: Preparations Driven by Lessons From 2017. *The New York Times* **2018**, 1, 17.
167. GAO: Report to Congresses Addresses. In *2017 Hurricanes and Wildfires—Initial Observations on the Federal Response and Key Recovery Challenges*, 2018, pp 18–472. GAO Report.
168. U.S. Government Accountability Office. *2017 Hurricanes and Wildfires: Initial Observations on the Federal Response and Key Recovery Challenges*, 2018. https://www.gao.gov/products/GAO-18-472 (Accessed 06.09.2018).
169. Countering False Information on Social Media in Disasters and Emergencies: Social Media Working Group for Emergency Services and Disaster Management; US Department of Homeland Security, Science and Technology, 2018.
170. Knowles, G. (Op-Ed.). *The New York Times* **2018**, A29.
171. FEMA. *Report on Costs and Benefits of Natural Hazard Mitigation*, 2018. https://www.fema.gov/media-library/assets/documents/3459 (Accessed 29.10.2018).
172. National Disaster Legal Aid. *The Storm After the Storm*, 2019. https://www.disasterlegalaid.org/news/article.700052-The_Storm_After_the_Storm (Accessed 07.02.2019).
173. The Atlantic. *The Crisis at Puerto Rico's Hospitals*, 2017. https://www.theatlantic.com/health/archive/2017/09/the-crisis-at-puerto-ricos-hospitals/541131/.
174. U.S. Legal News. *Battered Puerto Rico Hospitals on Life Support After Hurricane Maria*, 2019. https://www.reuters.com/article/legal-us-storm-maria-puertorico-hospital/battered-puerto-rico-hospitals-on-life-support-after-hurricane-maria-idUSKCN1C11DA (Accessed 20.02.2019).
175. Kishore, N.; Marquez, D.; et al. Mortality in Puerto Rico After Hurricane Maria. 2017 Hurricane Season FEMA After-Action Report. *New Engl. Med. J.* **2018**, 379, 162–170.
176. KFF. *The Recovery of Community Health Centers in Puerto Rico and the US Virgin Islands One Year after Hurricanes Maria and Irma*, 2018. https://www.kff.org/medicaid/issue-brief/the-recovery-of-community-health-centers-in-puerto-rico-and-the-us-virgin-islands-one-year-after-hurricanes-maria-and-irma/ (Accessed 16.03.2018).
177. Fernandez, M.; Panich-Linsman, I. 1 Year Later: Relief Stalls for Poorest in Houston. *The New York Times* **2018**, A9.
178. Wikipedia. *List of Cognitive Biases*. https://en.wikipedia.org/wiki/List_of_cognitive_biases.
179. Los Angeles Times. *Top FEMA Jobs: No Experience Required*, 2018. https://www.latimes.com/archives/la-xpm-2005-sep-09-na-fema9-story.html (Accessed 24.08.2018).
180. Los Angeles Times. *Put to Katrina's Test*, 2018. https://www.latimes.com/archives/la-xpm-2005-sep-11-na-plan11-story.html (Accessed 13.02.2018).
181. Gaouette, N.; Miller, A. C.; Mazzetti, M.; McManus, D.; Meyer, J.; Sack, K. Put to Katrina's Test. *The Los Angeles Times* **2005**.

182. Fox, T. Advice for Dealing with New Political Appointees in your Agency. *The Washington Post* **2013**.
183. Krumholz, N.; Forester, J. *To Be Professionally Articulate, Be Politically Effective. Making Equity Planning Work*; Temple University Press, 1990. Quoted in Stein, J.; Classic Readings in Urban Planning: An Introduction; McGraw-Hill: New York and St. Lewis, 1995.
184. Government Technology. *Hurricanes Florence, Michael Raise the Issue of Public Health During Disaster*, 2018. https://www.govtech.com/em/preparedness/Hurricanes-Florence-Michael-Raise-the-Issue-of-Public-Health-During-Disaster.html?utm_term=Hurricanes%20Florence%2C%20Michael%20Raise%20the%20Issue%20of%20Public%20Health%20During%20Disaster&utm_campaign=Hurricanes%20Raise%20the%20Issue%20of%20Public%20Health%20During%20Disasters&utm_content=email&utm_source=Act-On+Software&utm_medium=email (Accessed 12.11.2018).
185. Government Technology. *First Responders Are Beginning to Address Their Own Health*, 2018. https://www.govtech.com/em/preparedness/First-Responders-Are-Beginning-to-Address-Their-Own-Health-.html (Accessed 05.10.2018).
186. Psychology Today. *Psychopathy*. https://www.psychologytoday.com/us/basics/psychopathy.
187. The Telegraph. *How to Spot a Psychopath*. https://www.telegraph.co.uk/books/non-fiction/spot-psychopath/.
188. U.S. Government Accountability Office. *Federal Disaster Assistance: Federal Departments and Agencies Obligated at Least $277.6 Billion during Fiscal Years 2005 Through 2014*, 2018. https://www.gao.gov/products/GAO-16-797 (Accessed 22.11.2018).
189. PEW Trusts. *Federal Disaster Assistance Goes Beyond FEMA*, 2018. https://www.pewtrusts.org/en/research-and-analysis/fact-sheets/2017/09/federal-disaster-assistance-goes-beyond-fema (Accessed 22.11.2018).
190. DiIulio, J. *Bring Back the Bureaucrats: Why More Federal Workers Will Lead to Better (and Smaller!) Government. New Threats to Freedom*; Templeton Press: Coonshohocken, 2014, p. 35 citing Ref. 95, p. 2.
191. DiIulio, J. *Bring Back the Bureaucrats, 2014: Why More Federal Bureaucrats Will Lead to Better (and Smaller) Government*, Templeton Press: Conshohocken, 2014; pp 13–16. 39, 41, 42, 59–61, 129, 139, 141–142.
192. Acting Responsibly? Federal Contractors Frequently Put Workers' Lives and Livelihoods at Risk. Majority Committee Staff Report; U.S. Senate, Health, Education, Labor, and Pension Committee, 2013. Quoted in DiIulio, J. Bring Back the Bureaucrats, 2014: Why More Federal Bureaucrats Will Lead to Better (and Smaller) Government. Templeton Press: Conshohocken, 2014.
193. Interagency Contracting Agency Lessons Address Key management Challenges, But Additional Steps needed to Ensure Consistent Implementation of Policy Changes; U.S. Government Accountability Office, 2013. Quoted in DiIulio, J. Bring Back the Bureaucrats, 2014: Why More Federal Bureaucrats Will Lead to Better (and Smaller) Government. Templeton Press: Conshohocken, 2014.
194. Additional Steps Needed to Help Determine the Right Size and Composition of DOD's Total Workforce, and Defence Contracting Actions Needed to Increase Competition; U.S. Government Accountability Office, 2013. Quoted in DiIulio, J. Bring Back the Bureaucrats, 2014: Why More Federal Bureaucrats Will Lead to Better (and Smaller) Government. Templeton Press: Conshohocken, 2014.
195. Pettijohn, S. L. *The Nonprofit Sector in Brief: Public Charities, Giving, and Volunteering*; Urban Institute: Washington, DC, 2013; p 2. Quoted in DiIulio, J. Bring Back the Bureaucrats, 2014: Why More Federal Bureaucrats Will Lead to Better (and Smaller) Government. Templeton Press: Conshohocken, 2014.
196. Sharkansky, I. Policy Making and Service Delivery on the Margins of Government: The Case of Contractors. *Public Adm. Rev.* **1980**, *40*(2), 116–123.
197. Pogo. *Contractors and the True Size of Government*, 2018. https://www.pogo.org/analysis/2017/10/contractors-and-true-size-of-government/ (Accessed 13.11.2018).

198. Cambridge Core. *The 2015 John Gaus Award Lecture: Vision + Action = Faithful Execution: Why Government Daydreams and How to Stop the Cascade of Breakdowns That Now Haunts It*; 2018. https://www.cambridge.org/core/journals/ps-political-science-and-politics/article/2015-john-gaus-award-lecture-vision-action-faithful-execution-why-government-daydreams-and-how-to-stop-the-cascade-of-breakdowns-that-now-haunts-it/8E843F-CEAB511ADC29B57B2CE45DDAF5# (Accessed 04.11.2018).
199. Allison, B. Good Enough for Government Work. *The Washington Post* **2013**. Quoted in DiIulio, J. Bring Back the Bureaucrats, 2014: Why More Federal Bureaucrats Will Lead to Better (and Smaller) Government. Templeton Press: Conshohocken, 2014.
200. The Pew Charitable Trust. *What We Don't Know About State Spending on Natural Disasters Could Cost Us: Data Limitations, Their Implications for Policy-Making, and Strategies for Improvement*, 2018. https://www.pewtrusts.org/en/research-and-analysis/issue-briefs/2018/09/natural-disaster-mitigation-spending--not-comprehensively-tracked.
201. National Institute of Building Sciences. *Natural Hazard Mitigation Saves: 2017 Interim Report*, 2018. https://www.nibs.org/page/mitigation/saves Quoted in The Pew Charitable Trust. What We Don't Know about State Spending on Natural Disasters Could Cost Us: Data Limitations, Their Implications for Policy-Making, and Strategies for Improvement. https://www.pewtrusts.org/en/research-and-analysis/issue-briefs/2018/09/natural-disaster-mitigation-spending--not-comprehensively-tracked.
202. The Pew Charitable Trust. *Natural Disaster Mitigation Spending Not Comprehensively Tracked*, 2018. https://www.pewtrusts.org/en/research-and-analysis/issue-briefs/2018/09/natural-disaster-mitigation-spending--not-comprehensively-tracked.
203. Government Executive. *New Federal Senior Executives Are Being Left in the Dark as They Start Their Jobs*, 2018. https://www.govexec.com/management/2018/02/new-federal-senior-executives-left-in-the-dark/146063/ (Accessed 16.11.2018).
204. FEDWeek. *OPM Reports on Why SES Members Leave Government*, 2018. https://www.fedweek.com/issue-briefs/opm-reports-ses-members-leave-government/ (Accessed 16.11.2018).
205. Knowles, S. G. *The Disaster Experts: Mastering Risk in Modern America*; The University of Pennsylvania Press: Philadelphia, 2011; p 255.
206. Lewis, M. *The Fifth Risk*, W.W. Norton & Company: New York; London, 2018; pp 170–171.
207. Glazer, N. The Attack on the Professions. *Commentary* **1978**, *66*(5), 34.
208. Climate Wire. *Miami Beach Developer Dismisses Rising Waters as 'Paranoia'*, 2019. https://www.eenews.net/climatewire/2019/01/28/stories/1060118683?show_login=1&t=https%3A%2F%2Fwww.eenews.net%2Fclimatewire%2F2019%2F01%2F28%2Fstories%2F1060118683.
209. Columbia Law School: Sabin Center for Climate Change Law. *Breaking the Cycle of "Flood-Build-Repeat": Local and State Options to Improve Substantial Damage and Improvement Standards in the National Flood Insurance Program*, 2019. http://columbiaclimatelaw.com/files/2019/01/Adler-Scata-2019-01-Breaking-the-Cycle-Final.pdf.
210. Barron, J. *Thinking and Deciding*, 4th ed.; Cambridge University Press: New York, 2009.
211. Klein, G. A. *Sources of Power: How People Make Decisions*; MIT Press: Cambridge, 1998.
212. Tversky, A.; Kahneman, D. Extensional Versus Intuitive Reasoning: The Conjunction Fallacy in Probability Judgement. *Psychol. Rev.* **1983**, *90*, 293–315.
213. Tetlock, P. *Expert Political Judgement: How Good Is It? How Can We Know?* New ed.; Princeton University Press: Princeton; Oxford, 2017.
214. Haidt, J. Quoted by Nichols, T.; The Death of Expertise: The Campaign Against Established Knowledge and Why It Matters; Oxford University Press: New York, 2017.
215. Brooks, D. Students Learn From People They Love: Putting Relationship Quality at the Center of Education. *The New York Times* **2019**, A23.
216. The Washington Post. *The Science of Protecting People's Feelings: Why We Pretend All Opinions Are Equal*, 2019. https://www.washingtonpost.com/news/energy-environment/wp/2015/03/10/the-science-of-protecting-peoples-feelings-why-we-pretend-all-opinions-are-equal/?utm_term=.8cf08d8c1062 (Accessed 21.01.2019).
217. PEW Trust *When Disaster Strikes, Governments Put All Hands on Deck*, 2018. https://www.pewtrusts.org/en/research-and-analysis/articles/2017/04/17/when-disaster-strikes-governments-put-all-hands-on-deck (Accessed 19.10.2018).

218. Nichols, T. *The Death of Expertise: The Campaign Against Established Knowledge and Why It Matters*; Oxford University Press: New York, 2017.
219. Fink, S. A. Tech Answer to Disaster Aid is Falling Short. *The New York Times August 11*, **2019**; pp. 1, 14, 15.
220. Keller, R. S. Keeping Disaster Human: Empathy, Systemization, and the Law. *Minn. J. Law Sci. Technol.* 2016, *17*(1), 1.
221. Hsu, S. S.; Glasser, S. B. FEMA. Director Singled Out by Response Critics. *The Washington Post* September 6, 2005. http://www.washingtonpost.com/wp-dyn/conmtent/artcile/2005/09/06/AR2005090501590_p. (Accessed 25.08.2018).
222. Banfield, E. C. *"Ends and Means in Planning" in a Reader in Planning Theory*; Pergamon Press: New York, 1973.
223. Wilson, T. D. Strangers to Ourselves: Discovering the Adaptive Unconscious; The Belknap Press of Harvard University Press: Cambridge, Massachusetts, and London, England, 2012; pp. 31–33, 211, 212.
224. Taleb, N. N. *The Black Swan: The Impact of the Highly Improbable*; Random House: New York, 2007.
225. Finkelstein, S.; Whitehead, J.; Campbell, A. *Boston*. Harvard Business Press: Massachusetts, 2008; p.xii.
226. Thaler, R. H. *Improving Decision Making about Health, Wealth, and Happiness*; Yale University Press: New Haven, CT, 2008.
227. Haider, Ovid. Metamorphoses, Trans *David Raeburn*. Penguin: London, 2003; p. 32.
228. Schwartz, J. Big Storms Get Worse; *And We're Not Helping. The New York Times September* **2018**, *21*, p. 18. http://emergencymgmnt.com/disaster/Emergency-Management-Climate-Change.html.
229. Klein, K. R.; Nagel, N. E. *Disaster Mag Response* **2007**; *5*(2), 56–61. https://www.ncbi.nlm.nih.gov.pubmed/17517364 (Accessed 26.07.2018).
230. Lehman, R. J.; Semelsberger, D. *Take a Load Off Fannie: The GSES and Uninsured Earthquake Risk. RStreet: Free Market Solutions*. https://mail.yahoo.com/neo/ie_blank (Accessed 20.09.2018).
231. Erdman, J. *Heat Records Shattered in German, France; The Netherlands in June/July, 2015 European Heat Wave*; The Weather Channel (weather.com).
232. Richards, E. P. Climate Change Law and Policy Project. https://us-mg204.mail.yahoo.com/neo/launch?.partner=sbc&.rand=0ool53o5qbmcc (Accessed 20.11.2018).
233. Centers for Disease Control and Prevention (CDC). http://www.bt.cdc.gov/masscasualties/research/community.asp. (Accessed 23.06.2013).
234. Coppola, D. *Introduction to International Disaster Management*. Elsevier: New York and Oxford, 2015; p. xxiii.
235. Jacobini, H. B. *International Law: A Text*. Dorsey Press and Die Limited: Wales, Wisconsin, 1968.
236. Anderson, M.; Woodrow, P. *Rising from the Ashes: Development Strategies in Times of Disaster*. Westview Press: Boulder, CO, 1989, p. 19.
237. Edmond, K. *NGOs and the Business of Poverty in Haiti North American Congress on Latin America (NACLA), April 5, 2010*. https://nacla.org/news/ngos-and-business-poverty-haiti (Accessed 13.03.2019).
238. Philipps, B. D.; Neal, D. M.; Webb, G.R *Introduction to Emergency Management*. CRC Press: Boca Raton, London & New York, 2012. pp. 67, 68, 71, 272, 273, 415–420.
239. Dimento, J. F. C.; Doughman, P., Eds.; Climate Change: How the World is Responding, 2007. In *Climate Change; What is Means for Us, Our Children and Our Grandchildren*. MIT Press: p. 125.
240. Rabe, B. *Statehouse and Greenhouse: The Emerging Politics of American Climate Change Policy*. Pew Center on Global Climate Change: Washington, DC, 2002; p. 22.
241. Kahn, M.; Climatopolis, E. *How Our Cities Will Thrive in the Hotter Future*; Basic Books: New York, 2019; pp. 17–46.
242. "Chicago's Recovery." New York Times, October 23, 1881. http://query.nytimes.com/mem/archivefree/pdf?res=9A01E5DD103EE433A25751C1A9669D9609FDCF (Accessed 14.03.2010).

243. "Federal Coordinator for Gulf Coast Rebuilding Douglas O'Dell Hosts Federal Inspectors General Strategy Meeting". Press release, Department of Homeland Security, May 1, 2010. http://www.dhs.gov/xnews/releases/pr_1210791829291.shtm (Accessed 14.03.2010).
244. Dimento, J. F. C.; Doughman, P., Eds. *Climate Change: What is Means for Us, Our Children, and our Grandchildren*; MIT Press: Cambridge, Massachusetts & London, England, 2017; p. viii.
245. Cuny, F. *Disasters and Development*; Doubleday: NY, 1983.
246. Barton, A. *Communities in Disasters*; Intertech Press: Dallas, TX, 1970.
247. Sherlock, M. F.; Ravelle, J. G. *An Overview of the Nonprofit and Charitable Sector*; Congressional Research Service: Washington, DC, 2009; pp. 3, 16.
248. Stauffer, A.; Ford, C. The PEW Charitable Trust: Article, September 6, 2017. In *Natural Disaster Lend Each Other a Hand: Nationwide Mutual Assistance Compact Promises Aid From Neighbors*. Available at: https://www.pewtrusts.org/en/research-and-analysis/articles/2017/09/06/in-natural-disasters-states-lend-each-other-a-hand.
249. Phillips-Fein, K. The Fight over Big Government was Bitter from the Start. *The Atlantic* **2019**, *322*(2), 32–34. Ms. Phillips-Fein was generally citing the Winter War, by Eric Rauchway, New York, Basic Books, 2018.
250. Kahneman, D.; Klein, G. Conditions for Intuitive Expertise: A Failure to Disagree. *American Psychologist* **2009**, *64*(6), 505-26.

索 引

B
本能思维 23
不确定性 12

C
城市热岛 109
创造性破坏 15
锤钉综合征 12

D
地震 84
定位 14
冬季风暴 100
读-做检查清单 47

F
非营利组织 151

G
干旱 105
观察 13
光环效应 29
归纳 188
国际公共卫生和医疗组织 205
国际灾害响应 204
国家突发事件管理系统 164
国家灾害医疗系统 95

H
海啸 90
合作精神 194
"黑天鹅"事件 33
洪水 78

混合扫描 23
火山 88

J
技术性灾害 112
建筑生态学 77
渐进决策 22
经济人 20
飓风 92
决策 16
军事决策程序 10

K
框架效应 27

L
理性决策 20
理性思维 24
联邦承包商 152
联邦工作人员 159
联合国 207
龙卷风 102

P
偏见 188
平等偏见 190

Q
囚徒困境博弈 48
全灾种应对理念 55
确认偏误 28 189
群体决策 121
群体思维 29 121

R

热浪 108
热指数 108
人道主义突发事件 206
"韧性"建设 68

S

山火 106
熟悉效应 27
思维模型 15
算法 33

T

剃刀定律 189
筒仓 182
突发事件 52
突发事件应对计划 52
突发事件指挥系统 164

W

危险信号 45

X

心理健康 143
行动 17
行为经济学 23
OODA 循环 11

Y

营利性组织 151

Z

灾害救济 200
灾害研究 208
灾害医疗救援队 61, 95
政府外包 149
执行-确认检查清单 47